The African Presence in México

From Yanga to the Present

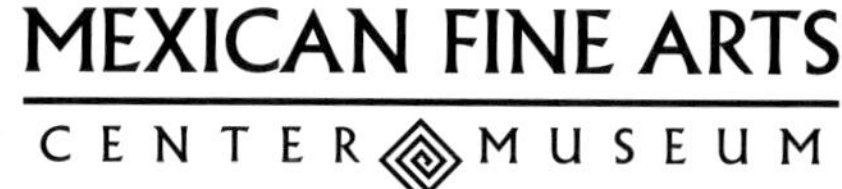

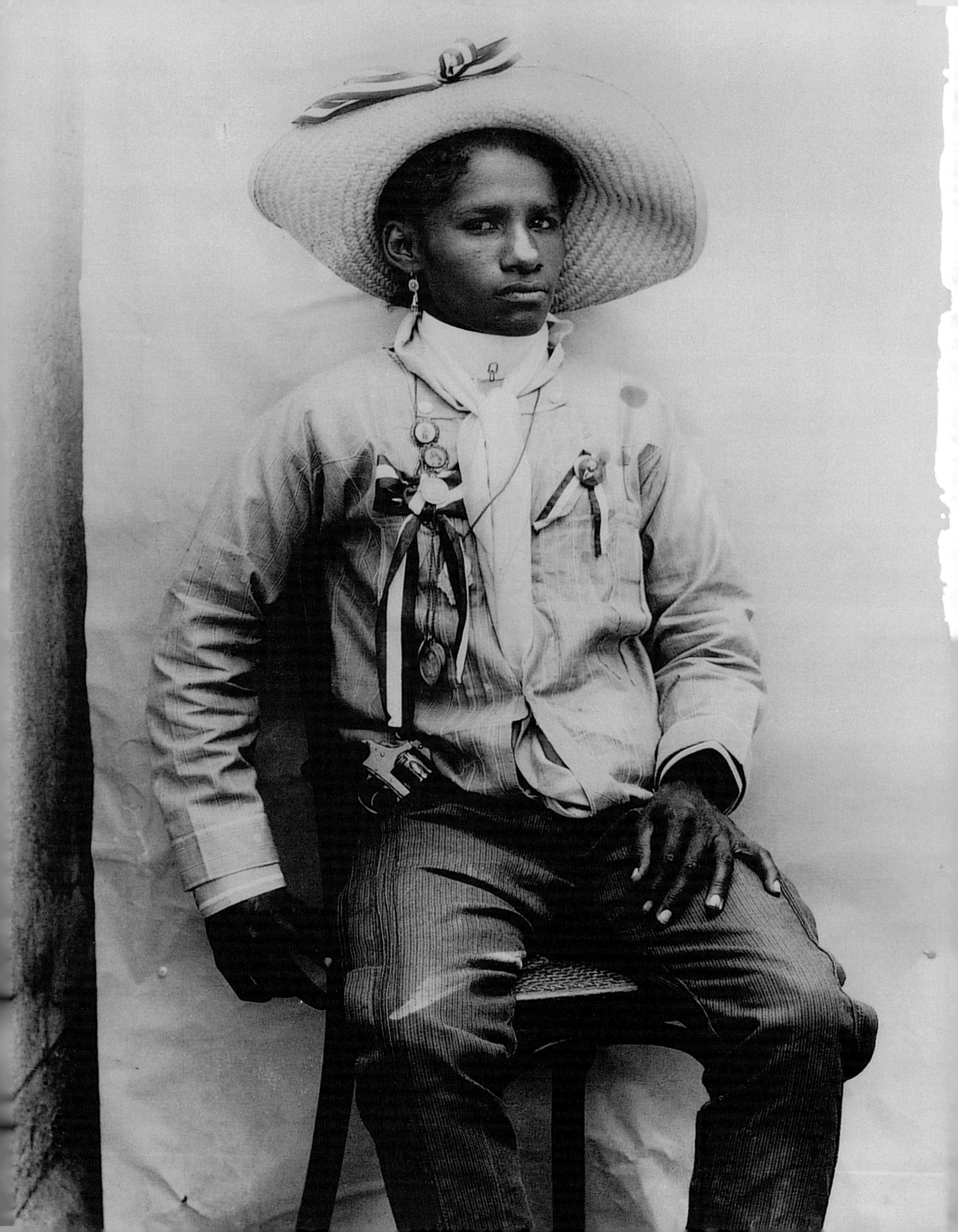

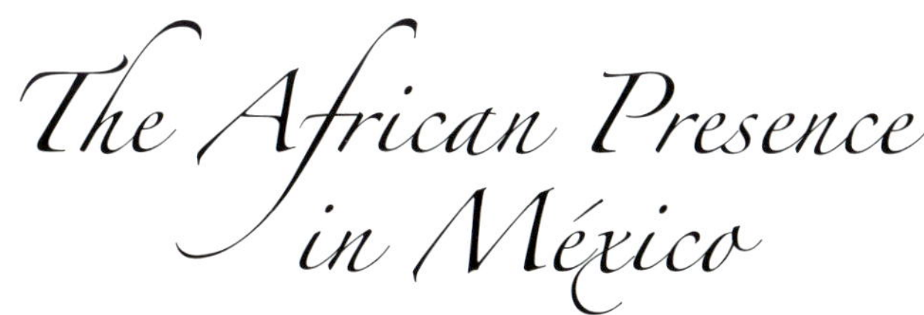

From Yanga to the Present

Exhibition Itinerary 2006-2007:

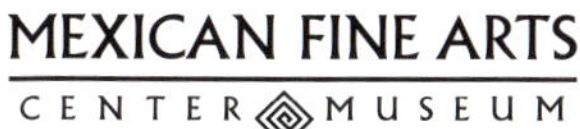

Mexican Fine Arts Center Museum - Chicago
February 11 - September 3, 2006

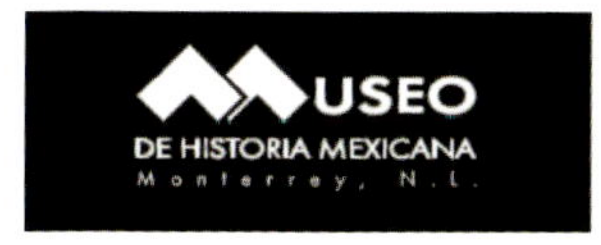

Museo de Historia Mexicana - Monterrey
November 15, 2006 - February 25, 2007

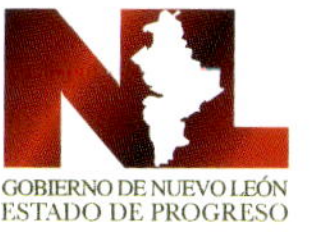

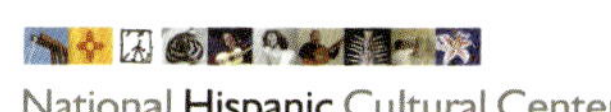

National Hispanic Cultural Center - Albuquerque
March 31 - August 12, 2007

Mexican Fine Arts Center Museum
1852 W. 19th Street, Chicago, IL 60608
www.mfacmchicago.org

Catalogue coordinated by
Claudia Herrera

Catalogue Art Direction / Cover Image Concept & Design
Angelina Villanueva

Catalogue Editorial Consultant
Elsa Saeta

Catalogue printed by Sheffield Press

Inside cover image:
Agustín V. Casasola (1874-1938), Portrait of a Female Soldier from Michoacán / *Retrato de una soldadera de Michoacán,* 1910, sepia-toned enlarged print from original photo negative, 48 15/16" x 35 11/16" (visible image size)
Mexican Fine Arts Center Museum Permanent Collection, 1991.148, Gift of Pilsen Neighbors

Photos by Michael Tropea:

The African Presence in México:
From Yanga to the Present
1-7, 18-19, 22-25, 54-56, 58-59, 60-64, 67-71, 75-84, 89-97, 100, 102-104

Who Are We Now?
Roots, Resistance, and Recognition
1-2, 6, 8-21, 27, 28, 29, 32, 33, 41

ISBN 1-889410-03-9

Contents

6 Acknowledgments / *Agradecimientos*
by Carlos Tortolero
President
Mexican Fine Arts Center Museum

14 The African Presence in México
La presencia Africana en México
by Sagrario Cruz-Carretero
Co-Curator

60 An Historical Survey:
Afro-Mexican Depictions and Identity in the Visual Arts
Una visión histórica:
Representaciones afro-mexicanas e identidad en las artes visuales
by Cesáreo Moreno
Co-Curator, Visual Arts Director
Mexican Fine Arts Center Museum

96 Exhibition Catalogue

132 Who Are We Now? Roots, Resistance, and Recognition
¿Quiénes somos ahora? Raíces, Resistencia, y Reconocimiento
by Elena Gonzales
Curator
Mexican Fine Arts Center Museum

198 Exhibition Catalogue

206 Racism in Mexico: Exposing the Myth
Racismo en México: Develando el mito
by Maria Rosario Jackson

218 Selected Bibliography

226 Credits

Acknowledgments

Since we opened our doors in 1987, the Mexican Fine Arts Center Museum (MFACM) has organized numerous exhibitions, presented a wide array of performers and authors, presented and sponsored film/video projects, participated in and organized conferences. The Museum has also earned a national reputation for its leadership in speaking out about critical issues such as First Voice, cultural equity, and equal access to the arts for everyone. All of these artistic ventures have been extremely important, but *The African Presence in México* project is probably the most ambitious and important project ever undertaken by the Mexican Fine Arts Center Museum.

The greatest failure of the human species has been its inability to celebrate both the commonality and diversity between cultural and racial groups. All of the world's problems pale in comparison to the human problem of discriminating against people because of cultural and racial differences. If we as humans would truly treat each other in an equitable fashion, there isn't any challenge facing our species that we could not overcome. Our collective will to improve the station of others and the world around us would be able to surmount any crisis that we face.

Consequently, *The African Presence in México* project, is a very significant undertaking with crucial relevance for both Mexico and the U.S. In 1992, as part of the 500th anniversary of the *encuentro* (encounter), the arrival of the Spanish in the Americas, the Mexican government officially acknowledged that the African culture represented *la tercera raíz* (the third root) of the Mexican culture. There were small-scale events done on the African legacy in Mexico, but that was it. Our *African Presence in México* project is the largest and most comprehensive ever presented. While this represents a major accomplishment for the MFACM, it is also an indictment of Mexico's continual neglect of its magnificent African legacy.

In the U.S., race relations are unfortunately getting worse. The belief that the mainstream is playing a divide and conquer game between African-Americans and Mexicans is compounding the problem. With Latinos comprising the largest group of people of color in the U.S. and Mexicans comprising by far the majority of Latinos in the U.S., there does appear to be more tension between African-

Agradecimientos

Translated by Sagrario Cruz-Carretero

Desde que abrimos nuestras puertas en 1987, el Centro Museo de Bellas Artes Mexicanas de Chicago (MFACM) ha organizado numerosas exposiciones, ha presentado una amplia gama de intérpretes y autores, ha proyectado y financiado proyectos fílmicos y de video, ha organizado y participado en conferencias. El museo también ha ganado una reputación nacional debido a nuestro liderazgo al abordar aspectos críticos tales como testimoniales en primera persona, equidad cultural e igualdad en el acceso a las artes para todo público. Todas estas empresas artísticas han sido extremadamente importantes, pero el proyecto sobre *La presencia africana en México* es probablemente el proyecto más ambicioso y más importante nunca antes emprendido por el Centro Museo de Bellas Artes Mexicanas.

El error más grande de la especie humana ha sido su incapacidad para celebrar la concordancia y la diversidad entre los grupos culturales y raciales. Todos los problemas del mundo son menores al contrastar el problema humano de la discriminación debido a diferencias culturales y raciales. Si como especie nos tratáramos unos a otros verdaderamente de una forma equitativa, no habría ningún desafío que nuestra especie no pudiera superar. Nuestra voluntad colectiva para mejorar la situación de los demás y el mundo alrededor nuestro permitiría superar cualquier crisis a la que hagamos frente.

Por lo tanto, el proyecto de *La presencia africana en México*, es muy significativo y de gran importancia tanto para México como para los Estados Unidos. En 1992, como parte del quinto centenario del encuentro de los dos mundos, el gobierno mexicano oficialmente reconoció que la cultura africana representó la tercera raíz de la cultura mexicana. Hubo la presentación de eventos a pequeña escala acerca de la herencia africana en México, pero sólo eso. Nuestro proyecto *La Presencia africana en México* es el más grande y más comprensivo jamás presentado. En tanto ésto representa un gran logro para el MFACM, es también una crítica de la continua indiferencia de México hacia su magnífica herencia africana.

En los Estados Unidos, las relaciones raciales están desafortunadamente empeorando. La tendencia de la ideología dominante que aplica el juego de divide y vencerás entre los africano-americanos y los mexicanos está agravando el problema. En la medida que los latinos representan el grupo más grande de la gente de color en los Estados Unidos y que los mexicanos representan la

Americans and Mexicans than ever before. Every time, the media announces the newest census data, the subtext seems to be that the future looks rosy for Mexicans but not for African Americans. In very frank conversations that I have had with individuals from both communities, there is an overwhelming consensus that the relations between both groups have become more tense in nature.

The African Presence in México offers an unusually magnificent opportunity for both African-Americans and Mexicans to celebrate a unique bond. The fact that the first free town of formerly enslaved people in the Americas was founded in Mexico, should serve as a base of celebration for both groups. Yanga, the founder of this town in Veracruz, should be celebrated as a hero for both communities. The Mexican Fine Arts Center Museum believes that this exhibition can serve as a catalyst for a more positive dialogue between African Americans and Mexicans. This project also offers Mexico the opportunity not only to revisit its African legacy but also to actively embrace it as an important element in Mexico's cultural heritage.

The African Presence in México presentation in Chicago featured three exhibitions. The first exhibition, *The African Presence in México: from Yanga to the Present*, focused on the history, culture, and art of the *afromexicanos*. The second exhibition, *Who Are We Now? Roots, Resistance, & Recognition*, examined the complex relationship between African Americans and Mexicans in the U.S. as well as the relationship that African Americans have with Mexico. The third exhibition, *Common Goals, Common Struggles, Common Ground*, featured video presentations with comments by African Americans and Mexicans talking about race relations, additional artwork and poetry, and a section that allowed the public to comment about race relations.

In addition to the exhibitions, The Mexican Fine Arts Center Museum presented a wonderful and extensive complement of public programming – lectures, musical presentations, dance presentations, an academic symposium, and the first annual Martin Luther King Jr./Cesar Chavez Luncheon. These events were scheduled in both the Museum and at downtown locations. There were also other activities planned at schools and community sites.

mayoría de Latinos en los Estados Unidos, parece verdaderamente haber una mayor tensión entre los africano-americanos y los mexicanos que antes. Cada vez que los medios de comunicación anuncian los resultados de los censos más recientes, el subtexto parece ser que el futuro pinta prometedor para los mexicanos pero no para africano-americanos. En conversaciones muy francas que he tenido con miembros de ambas comunidades, hay un consenso abrumador que las relaciones entre ambos grupos han llegado a ser de una naturaleza más que tensa.

La presencia africana en México ofrece una magnífica e inusual oportunidad para que tanto los africano-americanos como los mexicanos celebren un lazo único. El hecho de que el primer pueblo de negros libres en las Américas haya sido fundado en México, debería servir de base para la celebración por parte de ambos grupos. Yanga, el fundador de este pueblo en Veracruz, debería ser reconocido como un héroe de ambas comunidades. El Centro Museo de Bellas Artes Mexicanas cree que esta exposición puede servir de catalizador para un diálogo más positivo entre africano-americanos y mexicanos. Este proyecto también le ofrece a México no sólo la oportunidad de revisar su herencia africana sino también de asumirla activamente como un elemento importante en el patrimonio cultural de México.

La presentación de *La presencia africana en México* en la ciudad de Chicago ofrece tres exposiciones. La primera exposición, *La presencia africana en México: Desde Yanga al presente* (The African Presence in México: from Yanga to the Present), exhibe la historia, la cultura, y el arte de los afromexicanos. La segunda exposición, *¿Quiénes somos ahora? Raíces, Resistencia, y Reconocimiento* (Who Are We Now? Roots, Resistance, & Recognition), examina la compleja relación entre africano-americanos y mexicanos en los Estados Unidos así como la relación que los africano-americanos tienen con México. La tercera exposición, *Metas comunes, luchas comunes, tierra común* (Common Goals, Common Struggles, Common Ground), cuenta con la presentación de videos que ofrecen comentarios hechos por africano-americanos y mexicanos que hablan sobre las relaciones raciales, además de la presentación de obra de arte y poesía adicional, y una sección que le permitirá al público comentar acerca de las relaciones raciales.

Además de las exposiciones, el Centro Museo de Bellas Artes Mexicanas presentó un maravilloso y extenso programa complementario para el público en general: conferencias, presentaciones musicales y de danza, un simposio académico, y el primer almuerzo anual en honor a Martin Luther King Jr./Cesar Chávez. Estos eventos fueron programados en el Museo y en sedes céntricas. Hubo también otras actividades programadas en escuelas y en otros sitios de la comunidad.

The African Presence in México will also tour for several years at locations in both Mexico and the U.S.

Organizing a project of this nature was no easy task and there are a great number of individuals to thank. As part of this project, the MFACM formed a steering committee consisting of Museum staff members and key individuals from the African-American community to help structure all of the components of *The African Presence in México*. Let me applaud the work of the members of this committee – Juana Guzmán, Maria Rosario Jackson, Jacqueline Atkins, Tracye Matthews, Amina Dickerson, Randy Adamsick, Cesáreo Moreno, Raquel Aguiñaga-Martínez, Phillip Thomas, Jorge Valdivia, Nancy Villafranca, Joan Gray, Ricardo Millet, Elena Gonzales, and Angela Rivers.

The Mexican Fine Arts Center Museum was very fortunate in having Mexico's leading expert on *afromexicanos* and the co-curator of *The African Presence in México: From Yanga to the Present*, Sagrario Cruz-Carretero, be an essential part of the project. Congratulations are in order to the Museum's Visual Arts Director Cesáreo Moreno who served as the co-curator of *The African Presence in México* exhibition and to another one of our staff members, Elena Gonzales, who curated the *Who Are We Now?* exhibition. We also need to thank the Museum's Kraft Chicago Gallery committee – Jorge Valdivia, Silvia Rivera, Gabriel Villa, Juan Francisco Orozco, and Oscar Sánchez, who put the *Common Goals, Common Struggles, Common Ground* exhibition together. A big thank you goes out to Rita Arias Jirasek, our Educational Consultant, and Nancy Villafranca, the Museum's Education Director for their development of the educational curriculum. Raquel Aguiñaga-Martinez and Claudia Herrera were amazing in handling so many details of this project. Thanks to Angelina Villanueva for designing this beautiful catalogue. A big *abrazo* goes out to Father Glyn Jemmott from the Costa Chica, who provided insight and expertise that greatly added to this project.

An exhibition of this scope entailed the borrowing of a great number of pieces and we want to thank all of the lending institutions both in the U.S. and in Mexico as well as individuals from both countries for generously allowing us to use their materials.

La presencia africana en México también viajará durante varios años por sedes de México y de los Estados Unidos.

La organización de un proyecto de esta naturaleza no fue una tarea fácil y existe un gran número de individuos a quien agradecer. Como parte de este proyecto, el MFACM formó un comité de dirección conformado por personal del museo e individuos clave provenientes de la comunidad africano-americana que ayudaron a estructurar todos los componentes de *La presencia africana en México*. Debo reconocer el trabajo de los miembros de este comité: Juana Guzmán, María Rosario Jackson, Jacqueline Atkins, Tracye Matthews, Amina Dickerson, Randy Adamsick, Cesáreo Moreno, Raquel Aguiñaga-Martínez, Phillip Thomas, Jorge Valdivia, Nancy Villafranca, Joan Gray, Ricardo Millet, Elena Gonzales, y Ángela Rivers.

El Centro Museo de Bellas Artes Mexicanas fue muy afortunado en tener a la principal experta de México sobre estudios afromexicanos y co-curadora de *La presencia africana en México* desde Yanga al presente, Sagrario Cruz-Carretero, quien es una parte esencial del proyecto. Doy mis felicitaciones al Director de Artes Visuales del Museo: Cesáreo Moreno quien fungió como co-curador de la exposición *La presencia africana en México* así como a otra miembro del personal de nuestro Museo, Elena Gonzales, que realizó la curaduría de la exposición *¿Quiénes somos ahora?* (Who Are We Now?). También tenemos que agradecerle al comité del Museo Galería Kraft de Chicago: Jorge Valdivia, Silvia Rivera, Gabriel Villa, Juan Francisco Orozco y Oscar Sanchez, todos ellos estuvieron a cargo de la exposición *Metas comunes, luchas comunes, tierra común* (Common Goals, Common Struggles, Common Ground). Gran agradecimiento merece Rita Arias Jirasek, nuestra Consultora Educativa y Nancy Villafranca, Directora de Educación del museo, por el diseño de los materiales y programas educativos. Raquel Aguiñaga-Martínez y Claudia Herrera también hicieron un trabajo increíble coordinando muchos de los detalles de este proyecto. Gracias a Angelina Villanueva por diseñar un catálogo tan bello. Le envío un gran abrazo al Padre Glyn Jemmot de Costa Chica, quien nos proporciono su perspectiva y su conocimiento ayudando a enriquecer tremendamente este proyecto.

Una exposición de esta magnitud exigió el préstamo de un gran número de piezas por lo que deseamos agradecer a todas las instituciones que amablemente cooperaron en los Estados Unidos y en México, así como a los coleccionistas particulares de ambos países que generosamente permitieron usar sus materiales.

Securing the necessary funding was also essential in assuring that this magnificent story of *The African Presence in México* be well told. In speaking with funders, the Mexican Fine Arts Center Museum was very excited about our endeavor, but at the same time we were always clear with its funders that there would be some controversy about the project or parts of it. To their credit all of the following funders fully understood the importance of what the Museum was trying to do and wholeheartedly supported the project. We need to acknowledge both their generosity and leadership in this project. To our national sponsor Chase *muchas gracias* for taking the lead funding role. Thank you must also go out to our Chicago sponsors, the Sara Lee Foundation and Boeing, two long-time benefactors of the MFACM. We must also thank our local foundations that supported the project, the Woods Fund of Chicago, the Joyce Foundation, and the Albert Pick, Jr. Fund, Kraft Foods, the Polk Bros. Foundation, and the Chicago Public Schools have made our educational projects possible. On the national scene, the Wallace Foundation, the National Endowment for the Arts, and the Ford Foundation supported this cultural enterprise. We must also thank our local governmental agencies, the Chicago Park District, the Chicago Department of Cultural Affairs, and the Illinois Arts Council. Transportation was provided by our airline partner of many years – American Airlines. Media support was provided by *nuestros amigos* at Univision Chicago and Telefutura Chicago as well as the Museum's radio station, the award-winning Radio Arte 90.5 FM Chicago.

The Mexican Fine Arts Center Museum is very fortunate and honored to be represented by an outstanding group of individuals on our Board of Trustees led by our great Chairperson, Martin R. Castro.

Sinceramente,

Carlos Tortolero
Founder and President
Mexican Fine Arts Center Museum

Asegurar el financiamiento necesario fue también esencial para garantizar que este magnífico proyecto *La presencia africana en México* pudiera ser bien presentado. Al hablar con nuestros patrocinadores, el Centro Museo de Bellas Artes Mexicanas estuvo muy entusiasmado para lograr este esfuerzo, pero al mismo tiempo siempre estuvimos conscientes junto con nuestros patrocinadores que se generaría cierta controversia acerca del proyecto o por ciertos temas tocados en él. Quiero darles el crédito que se merecen a los siguientes patrocinadores que comprendieron plenamente la importancia de lo que el Museo intentaba hacer y apoyaron comprometidamente este proyecto. Es necesario reconocer su generosidad y liderazgo en este proyecto. A nuestro patrocinador nacional Chase Bank muchas gracias por asumir una posición líder en el financiamiento. Gracias también a nuestro patrocinador en Chicago la Fundación Sara Lee y a Boeing, dos de los benefactores que durante un largo tiempo han ayudado al MFACM. Debemos agradecer también a las fundaciones locales que apoyaron el proyecto: la Fundación Woods de Chicago, la Fundación Joyce, y la Fundación Albert Pick, Jr., la empresa Kraft Foods, la Fundación Polk Bros., a las Escuelas Públicas de Chicago (Chicago Public Schools) que hicieron posibles nuestros proyectos educativos. En la escena nacional, la Fundación Wallace, el National Endowment for the Arts, y la Fundación Ford que apoyaron esta empresa cultural. Debemos agradecer también a nuestras Agencias Gubernamentales Locales del Distrito de Chicago Park, al Departamento de Asuntos Culturales de Chicago, y al Consejo de las Artes de Illinois. El transporte fue proporcionado por nuestra línea aérea socia desde hace muchos años: American Airlines. El apoyo en medios masivos de comunicación fue proporcionado por nuestros amigos de Univision Chicago y Telefutura Chicago así como por la Estación de Radio del Museo, ganadora del premio Radio Arte la 90.5 FM de Chicago.

El Centro Museo de Bellas Artes Mexicanas de Chicago se siente muy afortunado y honrado por haber sido representado por tan distinguido grupo de individuos que conformaron nuestro Consejo de Administración encabezados por nuestro gran presidente, Martin R. Castro.

Sinceramente,

Carlos Tortolero
Fundador y Director
Mexican Fine Arts Center Museum

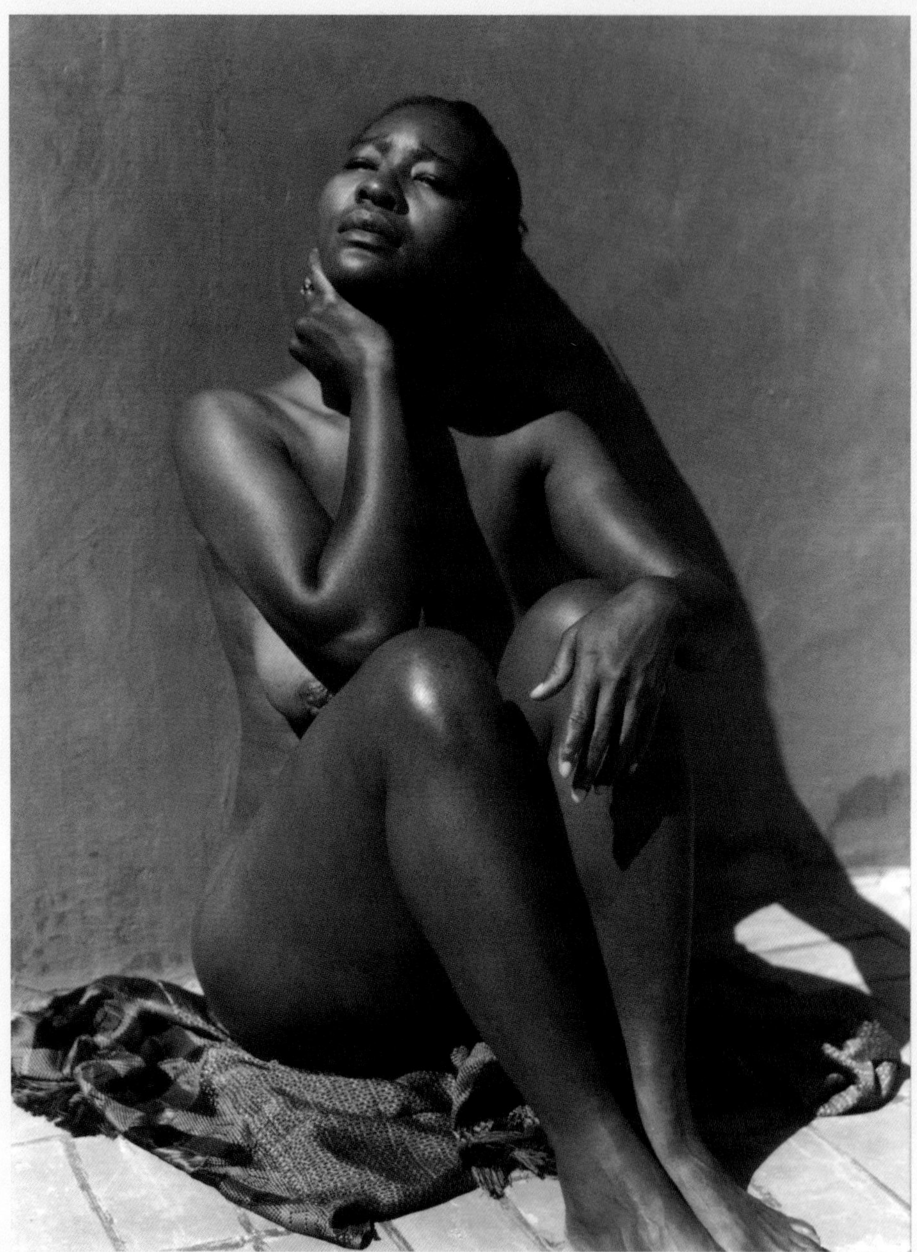

Manuel Alvarez Bravo (1902-2002)
Black Mirror / *Espejo negro*
1947, gelatin silver print
(printed & signed 1999)
9 1/2" x 7 1/4" (24.1 x 18.4 cm.)
Collection of Throckmorton Fine Arts

The African Presence in México

By Sagrario Cruz-Carretero
Translated by Linda Aurora Keller

The Black African Population during the Colonial Period

In Mexico, the population's indigenous and European roots are prominent and clearly evident in historical and anthropological documents. The Mexican population is for the most part *mestizo* [of mixed race]. The official policy of the Mexican government has been to highlight the fact that this heritage is the result of the mixing of indigenous people and Europeans from the time of the Spanish *Conquista* [Conquest] and colonization of the land in the 16th Century. But, Mexico's Third Root[1], the heritage emerging from the African population brought to American territory has yet to enjoy the same degree of attention.

This heritage is visible in cultural traits such as linguistic elements of Mexico's day-to-day speech[2], traditional *fiestas* and costume, religious beliefs, rites, myths, and diverse musical, toponymical and gastronomical roots[3]. These cultural traits are shared within an area that has been defined as the Afro-Andalus Caribbean which includes the south of Spain, the Canary Islands, the insular and continental Caribbean, the Gulf of Mexico, and the Costa Chica of the Mexican Pacific where Spaniards brought a large amount of enslaved Africans since the 15th Century[4]. Historical documents note the arrival of black peoples during the *Conquista* and later during the colonial period (1519-1810). The largest part of this population was brought over primarily from Africa, although in smaller proportion, slaves were brought over from the Pacific Islands, particularly from the Philippines, the original land of "*esclavos negritos*" [little black slaves]. They were *aetas*, part of an ethnic group known also in New Spain as "*chino* slaves", whence the term "*cabello chino*" for curly or tightly coiled hair in Mexico.

Veracruz and Acapulco were the ports authorized for the importing of slaves during the colonial period. Over time, other ports were opened for the importing and distribution of slaves throughout all of New Spain: Tuxpan and Campeche along the Gulf of Mexico, and San Blas on the Pacific Ocean.

La Presencia Negra en México

La población negra en la colonia

En México se han destacado las raíces indígenas y europeas, evidentes en documentos históricos y antropológicos. La población mexicana es mayoritariamente mestiza, y el discurso oficial del Estado mexicano se ha preocupado por subrayar que esta herencia es producto de la mezcla de indígenas y europeos a partir del periodo de conquista y colonización desde el siglo XVI. Sin embargo, nuestra tercera raíz[1], la herencia proveniente de la población africana traída al territorio americano no ha tenido igual atención.

Esta herencia es perceptible en rasgos culturales tales como elementos lingüísticos de nuestra habla cotidiana[2], fiestas y trajes tradicionales, creencias religiosas, ritos, mitos, raíces musicales diversas, topónimos y gastronomía[3]. Estos rasgos culturales son compartidos en un área que ha sido definida como el Caribe afro-andaluz y que abarca el sur de España, islas Canarias, el Caribe insular y continental, el Golfo de México y la Costa Chica en el Pacífico mexicano a donde los españoles llevaron una gran cantidad de esclavos africanos desde el siglo XV[4]. Los documentos históricos refieren la llegada de población negra durante la conquista, y más tarde durante el período colonial (1519-1810). La mayoría de la población fue traída principalmente de África, aunque en menor proporción vinieron esclavos de las islas del Pacífico, particularmente de Filipinas de donde se trajeron los "esclavos negritos" pertenecientes a los aetas, grupo étnico melanésico que en la Nueva España fueron llamados también "esclavos chinos" de ahí que al cabello rizado o afro en México se le llame "cabello chino".

Los puertos autorizados para la importación de esclavos durante la colonia fueron Veracruz y Acapulco. Con el tiempo, otros puertos se abrieron para la importación y distribución esclava por toda la Nueva España: Tuxpan, Campeche a lo largo del Golfo de México; y San Blas en el océano Pacífico.

The number of black people of African origin and Pacific origin is unknown. In his book *La Población Negra de México* (1984), Gonzalo Aguirre Beltrán, a renowned expert on these matters, notes his inability to determine a total number and the precise origin of the slaves due to undercounting, a result of clandestine slave trafficking. Furthermore, slaves were usually recorded in accordance with their port of entry and not by their ethnicity. Slave companies were of Portuguese, Dutch, and English origin; and the peak of the slave trade with New Spain occurred during the 17th and 18th Centuries, coinciding with a greater decline of the indigenous population.

The regulations decreed that one slave shipment would be comprised of one-third female and two-thirds male slaves per shipment. Due to the scarcity of women on slave shipments and the search for a "free womb" (free mother, not enslaved) to obtain freedom for one's children, the black African population sought out marriage alliances mostly with the indigenous population, favoring racial mixing within these groups. This *mestizaje* [racial mixing] brought about a classification by color known as the caste (*casta*) system.

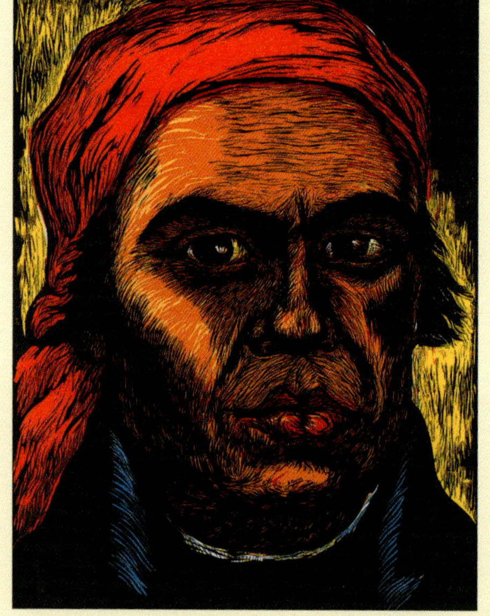

Celia Calderón (1921–1969)
Morelos
1960
Reproduction from original woodcut, N.N.
15 7/8" x 10 5/8"
(40.3 x 27 cm.)
Mexican Fine Arts Center Museum Permanent Collection, 1998.36.11,
Anonymous Gift

Caste Painting

It is not exactly known when the caste system began since it was not decreed by royal order or warrant. The caste system was a socio-racial system of categorization that segregated the mixes between blacks and indigenous people, and sought to favor the hegemonic, or dominant, group comprised of Spaniards and their descendants. According to the law, access to privileged posts in the Church and the military was restricted for castes considered to be inferior. There were even attempts to forbid members of these castes use of certain modes of dress and ornamentation with jewelry. *Rebozos* [shawls] and *mantones de Manila* [embroidered shawls] were for the exclusive use of Spanish women. Also, bearing arms, horseback riding, and literacy were not permitted by the so-called inferior castes.

Thus, it is understandable why Jose María Morelos y Pavón, leader of the Mexican War of Independence, decreed the abolition of slavery and the caste system in 1824. He was a *mulatto* directly affected by this segregationist system.

La cantidad de población negra de origen africano y la proveniente del pacífico es incierta. Gonzalo Aguirre Beltrán, destacado exponente sobre este tema, en su libro *La Población Negra de México* (1984) advierte las inconsistencias para determinar un número total y el origen exacto de los esclavos debido al sub-registro por contrabando; además a los esclavos se les registraba regularmente según el puerto de embarque y no por el origen étnico. Las compañías esclavistas fueron de origen portugués, holandés e inglés y el auge del comercio esclavo con la Nueva España se dio durante los siglos XVII y XVIII cuando el declive de la población indígena fue mayor.

Las regulaciones decretaron que las proporciones de esclavos en un cargamento esclavista fuera de un tercio de mujeres y dos tercios de hombres. Debido a la escasez de mujeres en los cargamentos de esclavos y la búsqueda del "vientre libre" (madre libre, no esclava) para obtener la libertad de los hijos, la población negra buscó alianzas matrimoniales en su mayoría con la población indígena, favoreciendo el mestizaje entre grupos. Este mestizaje dio origen a una clasificación colorida conocida como castas.

Pintura de castas

No se sabe exactamente cuándo se inició el sistema de castas pues no fue decretado por ordenanza o cédula real. Las castas fue un sistema de categorización socio-racial que permitió el segregacionismo de las mezclas entre negros e indios y trató de privilegiar al grupo hegemónico o dominante conformado por los españoles y sus descendientes. Por ley se limitó el acceso de las castas consideradas inferiores a puestos privilegiados de la iglesia y la milicia, y se trató incluso de prohibir ciertos atuendos y ornamentos como joyería; el uso de rebozos o mantones de Manila de uso exclusivo entre las españolas; se les prohibió la portación de armas, montar a caballo, y el aprender a leer y escribir.

Es entendible porqué José María Morelos y Pavón, líder de la guerra de independencia, decretara la abolición de la esclavitud y del sistema de castas en 1824, siendo él mulato y directamente afectado por este sistema segregacionista. Las diferentes mezclas se veían como algo indeseable en medio de una sociedad que aspiraba a la limpieza de sangre y dicha limpieza significaba ser español y blanco. Este ideal social y racial suena absurdo si se

Different racial mixes were seen as undesirable in the midst of a society that aspired to attain purity of blood and such purity meant to be Spanish and white. This social and racial ideal sounds absurd if one thinks of the speedy process of racial mixing that took place from the first encounter of the three groups: the Spanish, indigenous people, and black people. Furthermore, the groups themselves were neither homogenous nor pure.

Nevertheless, the only immigrants the royal order allowed to go from Seville to New Spain were Europeans of "pure" blood. This contributed to the popular belief that their blood was pure, and thus, superior.

Society of New Spain, the colonial name of Mexico, turned out to be truly cosmopolitan and heterogeneous. It encouraged a social control to avoid mixing of races, which turned out to be ineffective. Mixed and common law marriages were seen as "dishonorable" because they threatened the stability of *criolla* society. However, criticism of these marriages could not stop them from happening. The idea of some mixes being considered purer than others emerged. For example, *mestizos* who were the children of Spaniards and indigenous women, and children of Spaniards and *mestizos* were called *castizos*, which means "of a good caste." These two categories were more closely affiliated with the Spanish group in the early days of the colonial period. Consequently, *mestizos* and *castizos* gained a closer level of privilege to the Spanish group than other castes.

As the colonial period advanced, the *mestizo* population increased and a great number of *mestizos* took part in "respectable" economic activities, but there were significant social differences between the Spanish and the Creoles (*Criollos*-Spanish children born in the Americas). Other *mestizos* moved to indigenous republics and took on their ethnic and linguistic identities. A third group of *mestizos* known as *"léperos"* were rootless wayfarers who posed a great threat to the Spanish crown.

In paintings of castes, indigenous people are depicted in an urban environment, already part of colonial financial activities and in interracial marriages. There are other pictorial representations in which whole families of hunter-gatherer indigenous people appear with few elements of material culture, that is, belongings of their own culture, denoting their "savagery" and poverty. Thus, they are called "*índios bárbaros*" [barbaric indigenous people].

piensa en el acelerado proceso de mestizaje que se dio desde el momento del contacto entre los tres grupos: españoles, indios y negros; además, los grupos involucrados no eran ni homogéneos, ni puros.

Sin embargo, la ordenanza real de sólo permitir la entrada desde Sevilla a la Nueva España de los inmigrantes europeos con una supuesta limpieza de sangre, dio la creencia popular de serlo y por ende ser superiores [5].

La sociedad novohispana resultó ser verdaderamente cosmopolita y heterogénea, impulsora de un control social para evitar las mezclas que resultó inefectivo a pesar de condenarse los matrimonios y concubinatos mixtos como "poco honrosos" pues amenazaban la estabilidad de la sociedad criolla (hijos de españoles nacidos en las Américas). Surgieron una serie de mezclas consideradas unas más puras que otras. Ejemplo son los mestizos hijos de español e india; así como los hijos de español y mestiza denominados castizos que significa "de buena casta". Estas dos categorías en la colonia temprana se afiliaban más al grupo de españoles y por consecuencia a sus privilegios.

Conforme avanzó el periodo colonial, la población mestiza aumentó y un gran número de ellos se incorporaron a actividades económicas "respetables" pero con marcadas diferencias sociales con los españoles y criollos (hijos de españoles nacidos en las Américas). Otra parte de mestizos se incorporó a las repúblicas de indios asumiendo una identidad étnica y lingüística indígena. Un tercer grupo de mestizos eran vagabundos sin arraigo y de gran riesgo para la corona española a los que se les conoció como "léperos".

Los indígenas en las pinturas de castas son representados en un ambiente urbano ya incorporados a actividades económicas coloniales y en uniones matrimoniales mixtas. Hay otras representaciones pictóricas en donde aparecen familias completas de indios cazadores y recolectores con escasa cultura material, es decir pertenecias propias de su cultura, que denota su "salvajismo" y pobreza de ahí que se les denomine "indios bárbaros".

Las mezclas de negros e indios eran consideradas inferiores y se les nombró aludiendo a nombres de animales como mulato (mezcla entre español y negro), coyote (mezcla entre indio y mestiza) y lobo (mezcla entre negro e indio); o al color de la piel mora como es el caso de los moriscos (mezcla entre mulato y español); o bien, al supuesto porcentaje de sangre negra que se tuviera como el

Mixes between blacks and indigenous people were considered inferior. Their names allude to animal names such as *mulatto (*mix between Spanish and black*)*, coyote (mix between indigenous and *mestiza*), and *lobo* (mix between black and indigenous), or to the color of Moorish skin as is the case of *moriscos*. Or, they were named in accordance with the supposed percentage of black African blood in their veins such as *el "tercerón, cuarterón, u ochavón"* [the third, fourth, or eighth]. As the population mixed further, it became increasingly difficult to establish the difference between castes. Priests resorted to their good judgment as observers and physiognomists and to the statement made by the congregant who was registering for marriage. However, those attempting to be recorded as a member of another caste for the purpose of obtaining social benefits and to emerge out of marginalization often lied to or bribed priests.

Various historical documents refer to the proclivity of Spanish and Portuguese men to seek out black women as wives or lovers thereby increasing the *mulatto* population in colonies of the Americas. The African features were lightened as the *mestizaje* continued over generations so that descendants of Africans could be accepted as Creole or white[6] in spite of having a clear African ancestry both physically and in surname[7].

Today, there is an ample selection of 18th Century pictorial images of castes exhibited in art museums in Mexico, Spain, and the United States among other countries, .and as part of personal collections. The series were probably painted by commission following a pseudoscientific trend resulting from the Enlightenment period. The names used in these works do not concur with the parish registries of baptisms, marriages, and deaths. In everyday speech one did not use complicated categories like those of the so-called "*castas eruditas*" [higher castes][8] such as, *saltapatrás* [jump backwards], which gave the idea of going backwards in racial mixing, the *notentiendo* [I don't understand you], which was an undefinable mix, or the *tentenelaire* [stay up in the air] which meant there had been neither an advance nor a going backwards in the mix.

In the painting series the form of dress, professions, and even behavior and personality depict racial stereotypes. Spanish and Creole men are depicted as impeccable and wealthy, donning cape and hat, which denote upper class status, as part of families that had produced *mestizo* or *mulatto* children, depending on whether the matches were with indigenous women or black women.

tercerón, cuarterón u ochavón. Conforme más se mezcló la población, más difícil fue establecer las diferencias entre castas. Los sacerdotes apelaban a su buen juicio de observadores y fisonomistas y a la declaración del feligrés que registraban. Sin embargo, el mentir o sobornar a los curas para pasar por otra casta en los registros fue constante con la finalidad de obtener beneficios sociales y salir de la marginación.

Variados documentos históricos refieren la proclividad de los españoles y portugueses a buscar a las negras como esposas o amantes incrementando la población mulata en las colonias de las Américas. Las características negroides se atenuaban conforme aumentó el mestizaje generación tras generación por lo que descendientes de negros podían ser reconocidos como criollos o blancos[6] a pesar de tener una clara ascendencia negroide tanto en el físico como en el apellido[7].

Durante el siglo XVIII encontramos una amplia producción pictórica de castas hoy exhibidas en museos de arte en México, España, Estados Unidos, entre otros y en colecciones privadas. Las series probablemente fueron pintadas por encargo obedeciendo a una corriente pseudocientífica producto de la ilustración. Los nombres usados en estas obras no corresponden con la realidad cotidiana de la época ya que en los registros parroquiales de bautismos, matrimonios y defunciones no se encuentran categorías tan complicadas como las de las castas llamadas "eruditas"[8] tales como saltapatrás, que daba idea de retroceso en la mezcla; el notentiendo cuya mezcla era indescifrable; o el tentenelaire que significaba que no había ni avance, ni retroceso en la mezcla.

En las series pictóricas encontramos la representación de estereotipos raciales en la forma de vestir, en los oficios, hasta en el comportamiento y personalidad. Se presentan pulcros y adinerados hombres españoles y criollos de capa y sombrero que denotan alto estatus, y formando parte de una familia en la que se ha procreado un hijo ya sea mestizo o mulato dependiendo de si la alianza fue india o negra.

Las mezclas con hombres indios o negros se presentan como gente productiva y afanosa dedicada a oficios como zapateros, tabacaleros, tenderos, "buhoneros" (vendedores ambulantes), vendedores de pulque, o de comida, en algunas se sostienen látigos o se monta en mula para demostrar que son capataces o arrieros.

Mixes from black or indigenous men are shown as productive and eager people, devoted professionals such as shoemakers, tobacconists, merchants, traveling merchants, hawkers, and *pulque* or food sellers. In some paintings, they are holding whips or mounted atop a mule to show that they are supervisors or muleteers.

It is noteworthy that some depictions of castes that inlclude blacks, *mulattos,* and other mixes with blacks show violent scenes: blows are being dealt with kitchen utensils, hair is being pulled, or subjects are strewn across the floor in a drunken state to highlight the volatility and danger of the members of these groups. In paintings that depict blacks and their descendants, often the scene is the kitchen, which shows this group was frequently involved in performing domestic chores either as free housekeepers or slaves. Invariably, such kitchen scenes are associated with a jar of chocolate and a whisk, to whip the chocolate, that eventually serves as a weapon. Chocolate is a drink of Mesoamerican origin that was quickly accepted by the population of European and African origin but that does not appear among the indigenous people in paintings of castes.

The depiction of chocolate associated with black women has a symbolic element: it shows the belief that black women had the proclivity to practice witchcraft and cast lovesickness spells with this beverage that was considered an aphrodisiac. At one point, chocolate was even forbidden by the Church[9]. In the Inquisition Archives of New Spain there are abundant cases in which black, brown, or *mulatta* women are accused of practicing witchcraft[10]. Further, there are also some *sones jarocho*s [Veracruz folk songs] dating back to the colonial period[11] that allude to the witches' magic[12].

By favoring a segregationist policy, the caste system provoked ongoing expressions of non-conformity from the black population and its "racial blends." Resistance ranged from sabotage of work being done to bloody and violent rebellion against the masters.

Es de destacarse algunas representaciones de castas en donde los negros, mulatos y demás mezclas con negros se presentan en escenas violentas: se golpean con instrumentos de cocina, se jalan de los cabellos o están tirados en el piso en estado de ebriedad para hacer notar la precariedad y peligrosidad de estos grupos. El escenario de las pinturas donde aparecen negros y sus descendientes es frecuentemente la cocina lo que muestra que este grupo estaba dedicado a los quehaceres domésticos ya fuera como mujeres trabajadoras domésticas libres o esclavas. Inevitablemente a estas escenas de cocina se les asocia con una jarra de chocolate y con el molinillo para batir el chocolate que eventualmente sirve como arma. El chocolate es una bebida de origen mesoamericano que fue rápidamente aceptada por la población de origen europeo y africano pero que no aparece asociada a las representaciones pictóricas de castas entre los indígenas.

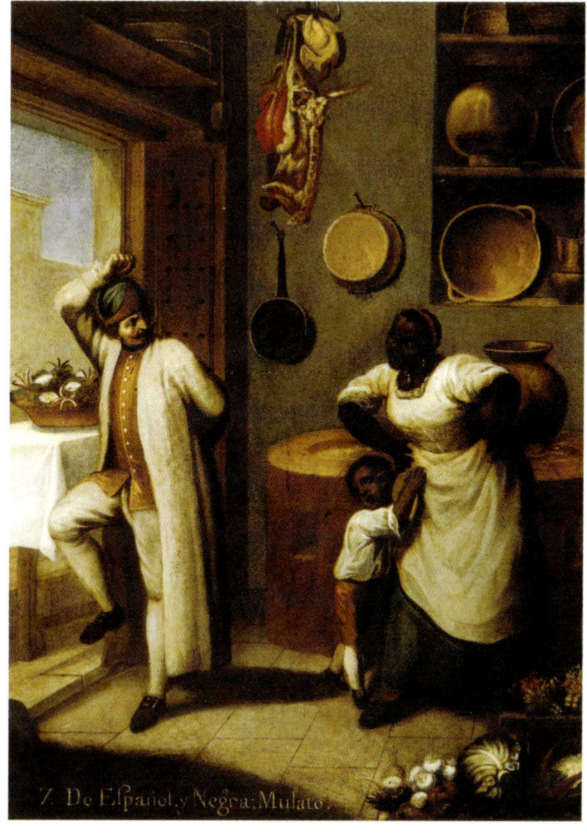

Anonymous / *Anónimo*
Spaniard and Black Produce Mulatto
Español y Negro produce Mulato
18th Century, oil on copper
16 15/16" x 12 5/8"
(43 x 32 cm.)
Collection of Museo Soumaya
Photo: Javier Hinojosa

La representación del chocolate asociado a las negras tiene un contenido simbólico, muestra la creencia de que las negras eran proclives a realizar brujería y mal de amores con esta bebida considerada excitante que incluso llegó a ser prohibida por la iglesia[9]. En los archivos inquisitoriales de Nueva España abundan casos en donde a mujeres negras, pardas (llamadas así a la población con cualquier mezcla de negro) o mulatas se les acusa de práctica brujeril[10]; también algunos sones jarochos que datan de la época colonial[11] hacen alusión a la magia de las brujas[12].

El sistema de castas, al favorecer el segregacionismo, provocó continuas manifestaciones de inconformidad por parte de la población negra y sus mezclas. La resistencia fue desde el sabotaje del trabajo que debía realizarse hasta rebeliones sangrientas y violentas en contra de los amos.

Yanga's Rebellion

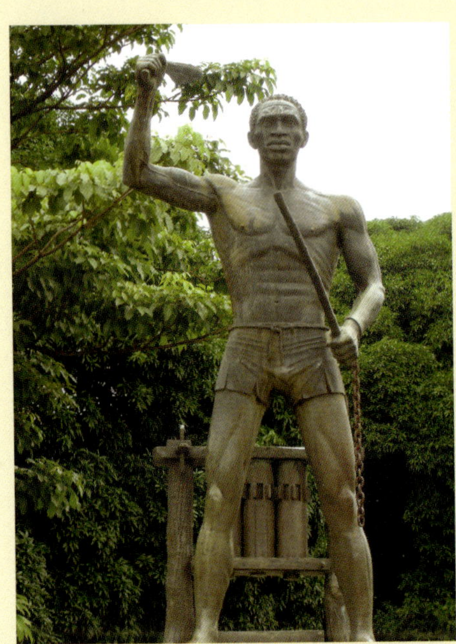

Erasmo Vázquez Lendechy
Bronze sculpture of Yanga in the township of Yanga, Veracruz.
Escultura de bronce de Yanga en el municipio de Yanga, Veracruz
Photo: MFACM

The slaves brought to New Spain were forced to work not only in agricultural settings as is commonly believed but also in many other spheres of colonial economic and social life. There were few activities in which blacks did not take part. But, in protest, black men and women continually resisted the unjust slave system by escaping from it, by attempting to take power, and by violent, armed insurrections that were severely punished as serious crimes in accordance with Catholic law. There were constant slave protests beginning with the colonial period in 1521 and ending when slavery was abolished by decree in 1810, although it only took effect in 1830 once the Mexican Republic was already established.

From the early colonial days significant numbers of indigenous workers and African slaves were assigned to work in the first *haciendas* [plantations] and sugar mills located in today's state of Morelos. Also, during the 16th Century, the first sugar *haciendas* were established in the Orizaba region in the state of Veracruz in the central area along the Gulf of Mexico. Due to the devastation of the indigenous population from wars and disease, by law, only African slave labor was allowed to work on sugar *haciendas*. Gradually, the Spanish demanded more slaves so the Spanish Crown authorized slave companies to increase their imports. The slaves were sent to tropical areas, where death tolls were greater among the indigenous populations, because it was believed that blacks had a special "natural" capacity for adaptation to the insalubrious tropical climate. As the needs of *haciendas* grew, so did the number of slaves working on them.

Fugitive slaves were called "*cimarrones*" [runaways]. By law they were accused of stealing the slaveholders' property. Very severe punishments were allowed but were of little effect in preventing ongoing escapes[13]. Mythic images of savagery grew up around the *cimarrones*[14]. Runaway slaves lived in fortified settlements called *palenques, mocambos,* or *quilombos.* These were used as bases for defense, living quarters, meeting places, and centers to attract other *cimarrones*[15]. A *palenque's* location had to be strategic in order to surprise, attack, and rob the Spanish using guerrilla tactics, camouflage, and the ability to disappear quickly to prevent counterattack and pursuit[16].

Rebelión del negro Yanga

Los esclavos traídos a la Nueva España fueron forzados a trabajar, no solamente en actividades agrícolas como comúnmente se piensa, sino que participaron en muchos otros aspectos de la vida económica y social colonial. Hubo pocas actividades en las que los negros no fueron empleados, pero en protesta, se resistieron continuamente al injusto sistema esclavista con la fuga de esclavos, intentos de toma de poder e insurrecciones armadas y violentas castigadas severamente como graves crímenes acorde a la ley católica. Hubo constantes manifestaciones de protesta esclava desde el inicio de la colonia en México en 1521 hasta cuando se decretó la abolición de la esclavitud en 1810, aunque ésta se hizo efectiva hasta 1830 cuando ya estaba instaurada la república mexicana.

Desde la colonia temprana grandes cantidades de trabajadores indígenas y esclavos africanos se destinaron a trabajar en las primeras haciendas y trapiches azucareros instaladas en lo que hoy es el Estado de Morelos. También durante el siglo XVI, se establecieron en el estado de Veracruz las primeras haciendas azucareras en el área de Orizaba, en la parte central del Golfo de México. Debido a la devastación de la población indígena por enfermedades y guerra, sólo se permitió por ley mano de obra esclava de origen africano en las haciendas azucareras. Los españoles paulatinamente demandaron más esclavos, así que la corona española autorizó a las compañías esclavistas el incremento de las importaciones. Los esclavos fueron enviados a las áreas tropicales donde las incidencias de muerte eran más altas entre la población indígena. Además se creía que los negros tenían una adaptación especial y "natural" al clima tropical e insalubre. Conforme las necesidades de las haciendas crecieron, creció también el número de esclavos en ellas.

Adolfo Quinteros (b. 1928)
Black Rebellion
Rebeliones negros
1960, reproduction from original linocut, N.N.
10 5/8" x 15 3/4" (27 x 40 cm.)
Mexican Fine Arts Center Museum Permanent Collection, 1998.36.06, Anonymous Gift

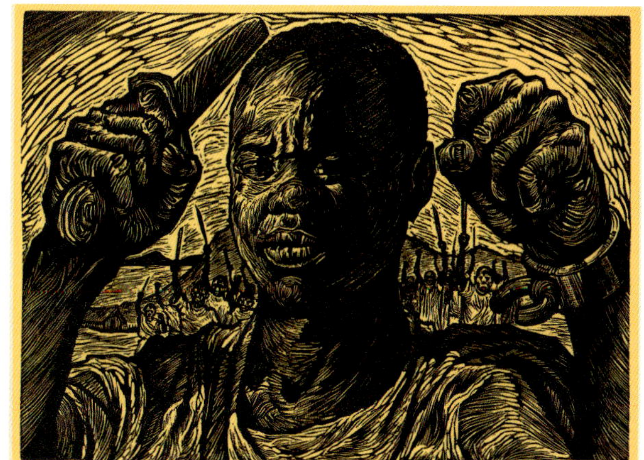

A los esclavos fugitivos se les llamó cimarrones quienes eran acusados por ley de robar la propiedad única del esclavista, y por lo tanto, se decretaron castigos muy severos que no sirvieron para frenar las continuas fugas[13]. Al cimarrón se le crearon imágenes míticas de salvajismo, ferocidad, e indomabilidad[14]. Los esclavos fugitivos se asentaron en poblados fortificados llamados palenques, mocambos o quilombos que funcionaron como bases de defensa, vivienda, punto de la reunión y

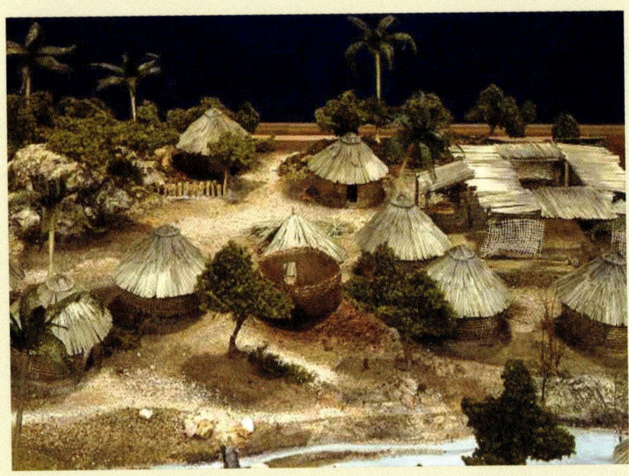

Alejandro García Nelo
(b. 1965)
Palenque Miniature Model
Miniatura de Palenque
2006, mixed media
30" x 90" x 90"
(76.2 x 228.6 x 228.6 cm.)
Mexican Fine Arts Center Museum

From the 16th Century onwards, the mountains of Orizaba, located in the central part of the state of Veracruz, were the perfect hideaway for *cimarrones*. In 1609, the Spanish Crown sent a special army of Spaniards and indigenous archers from the west of Mexico to "pacify" the area and to crush the actions of fugitive slaves[17]. The *cimarrones* of the mountains of Orizaba were led by Yanga[18], an old runaway slave who had lived in the mountains for more than 30 years, and who claimed that, had he not been enslaved, he would have been a king in Africa. Yanga relied upon his commander, Francisco de la Matosa, who was in charge of military affairs. The group of *cimarrones* survived by holding up the Spanish carriages that traveled on the road from Veracruz to Mexico City and by attacking neighboring *haciendas*. To supplement the thefts, they farmed subsistence crops and raised farmyard poultry and livestock. When one of Yanga's *palenques* was destroyed, textile looms and a Catholic chapel were found which demonstrates the assimilation by African blacks of indigenous and Spanish cultures.

The military campaign against Yanga was difficult for the Spanish. After several *cimarrón* victories, the victors demanded from the Spanish Crown the establishment of a free town inhabited exclusively by black runaway slaves who had escaped prior to 1608. The Crown finally acquiesced to the *cimarrones*' conditions so they settled in a temporary camp on a hillside called Palmillas. Years later, they requested a better place in the surrounding area and, in 1630, the African blacks officially established the free town of San Lorenzo de los Negros, located close to Córdoba, Veracruz.

It is not known what exactly happened to Yanga and his descendants. In 1640, his son, Gaspar, was denounced, accused of hiding black runaways from the neighboring *haciendas* which breached the agreement made with the Spanish. There is no information available about what later transpired or the reason why the Yanga dynasty did not continue.

focos de atracción para otros cimarrones[15]. La localización de los palenques tuvo que ser estratégica para sorprender, atacar y robar a los españoles, aplicando técnicas de guerrilla, camuflaje y desaparecer rápidamente para evitar el contraataque y la persecución[16].

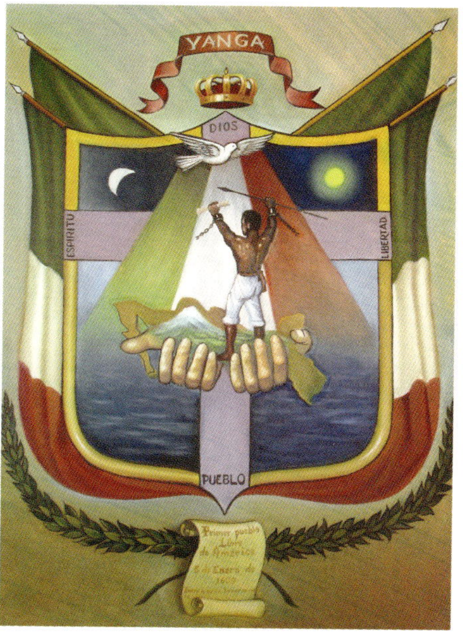

Yanga township Coat of Arms. (Original design by Dr. Hermenegildo González Fernández) / *Escudo del municipio de Yanga, Veracruz (Diseño original por Dr. Hermenegildo González Fernández).* Photo: MFACM

Las montañas de Orizaba, situadas en la parte central del estado de Veracruz, eran un refugio perfecto para los cimarrones desde el siglo XVI. La corona española envió a un ejército especial conformado por españoles e indios flecheros del occidente de México a "pacificar" la zona en 1609, y poner fin a las acciones de los esclavos fugitivos[17]. Los cimarrones de las montañas de Orizaba eran comandados por Yanga[18], hombre viejo que había sido un fugitivo por más de 30 años en las montañas y quien afirmaba que de no haber sido esclavo hubiera sido un rey en África. Yanga contaba con un comandante encargado de las cuestiones militares llamado Francisco de la Matosa; el grupo de cimarrones sobrevivieron robando los carruajes españoles que transitaban por el camino de Veracruz a México y atacando a las haciendas vecinas. Los robos fueron complementados por cultivos de subsistencia y cría de aves de corral y ganado. Cuando uno de los palenques de Yanga fue destruido, se encontraron con telares y una capilla católica lo que evidencia la aculturación por parte de las culturas indígenas e hispanas sobre los negros.

La campaña militar contra Yanga fue difícil para los españoles. Después de varias victorias de los cimarrones exigieron a la corona española establecer un pueblo libre habitado exclusivamente por negros esclavos fugados antes de 1608. La corona finalmente aceptó las condiciones de los cimarrones y se establecieron en un asentamiento temporal en un lomerío conocido como Palmillas. Años después solicitaron un mejor sitio en las cercanías y en 1630 los negros se establecieron oficialmente en "el pueblo libre de San Lorenzo de los Negros" ubicado cerca de Córdoba, Veracruz.

No se sabe exactamente qué pasó con Yanga y su descendencia. En 1640 se reportó al hijo de Yanga, llamado Gaspar al ser acusado por esconder negros fugitivos de las haciendas vecinas, hecho que iba en contra de lo pactado con la corona española. Se carece de más datos para saber qué ocurrió posteriormente y el porqué se descontinuó con la dinastía de los Yanga.

During the colonial period, the Spanish and indigenous populations coexisted uneasily with the black Africans of San Lorenzo. There were reports that the Spanish invaded lands and burned sugar mills and the blacks' liquor production installations because they were market competitors for colonial Spanish society. Gradually, *mestizaje* [racial mixing] occurred in spite of ordinances that solely allowed black Africans to settle in the town. During the 18th and 19th Centuries, the population of San Lorenzo was mostly brown and it had many indigenous and Spanish residents. In 1930, San Lorenzo changed its name to Yanga, Veracruz. Its black population has blended but it is not difficult to see African characteristics in the population's phenotype.

Carnival in Yanga

Carnival is one of the most important events in the city of Yanga. It is the celebration of the victory of the *cimarrones* over the Spanish and the celebration of the founding of "the first free African town in America." The carnival attracts visitors from other communities and many migrants take advantage of this time to return home from the United States. During the carnival, the peace of this little city is suddenly shattered. Townspeople recall the events of the past, almost four centuries ago, and they reenact the scenes in a carnival celebrated on the 10th of August, Feast of Saint Lorenzo. This celebration is different from *carnestolendas* or Mardi Gras[19]. The carnival festivities include: open-air dances, horse races, cockfights, bullfights, dance and crowning of the *Reina y Rey Feo* [King and Queen of Fools], fireworks, a costume parade, and cacophonous music. The festival closes with a mass and procession in honor of San Lorenzo, martyr and saint and, on this day, no other "pagan" activity takes place. Between the sacred and the profane, the carnival is a moment of chaos before returning to the normal order of everyday life.

Today, carnival has taken on a new meaning: it is a celebration dedicated to black African culture. The setting in which Yanga supposedly lived together with the *cimarrones* who founded San Lorenzo de los Negros is recreated. During the carnival, a spirit of *negritud* [blackness] emerges. Yanga, the black African slave, the man who led the first anti-colonial rebellion in America, and founder of the city, appears as the main character. Knowledge of Yanga as a symbol and as a black hero is somewhat vague and confused among the people, but that is certainly not the case with regard to his importance as a symbol: Yanga is the black leader, the catalyst of freedom in the Americas.

Durante el período colonial, las poblaciones españolas e indígenas coexistieron con muchos problemas con los negros de San Lorenzo. Hubo reportes de que los españoles invadieron las tierras, quemaron los trapiches para hacer azúcar, así como las fábricas de aguardiente de los negros quienes llegaron a competir económicamente con la sociedad española colonial. Paulatinamente el mestizaje se dio en el pueblo a pesar de que las ordenanzas sólo permitían el asentamiento de negros. Durante el siglo XVIII y XIX, San Lorenzo tenía una población mayoritariamente parda y contaba con vecinos indios y españoles en la villa. En 1930, San Lorenzo cambió su nombre por el de Yanga, Veracruz. Su población negra se ha mezclado aunque no es difícil identificar características negroides en el fenotipo de la población.

Carnaval en Yanga

El carnaval es uno de los acontecimientos más importantes en la ciudad de Yanga, es la celebración de la victoria de los cimarrones sobre los españoles y el festejo de la fundación "del primer pueblo libre en América". El carnaval congrega a los habitantes de otras comunidades y a muchos migrantes que aprovechan esta fecha para retornar de los Estados Unidos. Durante el carnaval la paz de esta pequeña ciudad se rompe repentinamente. La gente retoma los acontecimientos que ocurrieron hace casi cuatro siglos y los recrea en un carnaval celebrado el 10 de agosto, día de San Lorenzo, celebración distinta a las carnestolendas o martes de carnaval[19]. Los festejos de carnaval incluyen: verbena popular, carreras de caballos, peleas de gallos, corrida de toros, baile popular de coronación de la reina y rey feo, fuegos artificiales, desfile de disfraces y música estridente. El festejo culmina con la misa y procesión en honor a San Lorenzo santo y mártir, día en que no se realiza ninguna otra actividad "pagana". Entre lo sagrado y lo profano, el carnaval es un momento del desequilibrio antes de que se restablezca el orden de la vida cotidiana.

El carnaval ha adquirido hoy un nuevo significado: es una celebración dedicada a la cultura negra. Se recrea el ambiente en el que Yanga supuestamente vivió junto con los cimarrones que fundaron San Lorenzo de los Negros. Durante el carnaval, cobra vida un espíritu de negritud, Yanga, el esclavo negro, el hombre que dirigió a la primera rebelión anticolonial significativa en América y fundador del pueblo, aparece como el personaje principal. El conocimiento sobre Yanga como símbolo y héroe negro es algo vago y confuso entre la población, pero no así su importancia que reside en ser un símbolo: el líder negro catalizador de la libertad en las Américas.

The two extremes of carnival, the sacred and the profane, are united in celebration of a historic moment: the founding of San Lorenzo de los Negros, Yanga's struggle to bring improved living conditions to enslaved African peoples and, above all, acknowledgement of them as free human beings. The scope of the *fiesta* extends from the veneration of Yanga represented in a majestic sculpture in the town's park to the satire made of black Africans during the carnival with masks and costumes. The carnival holds a contradiction that is reconciled in one figure, the African man depicted in opposite ways: with mockery and with respect.

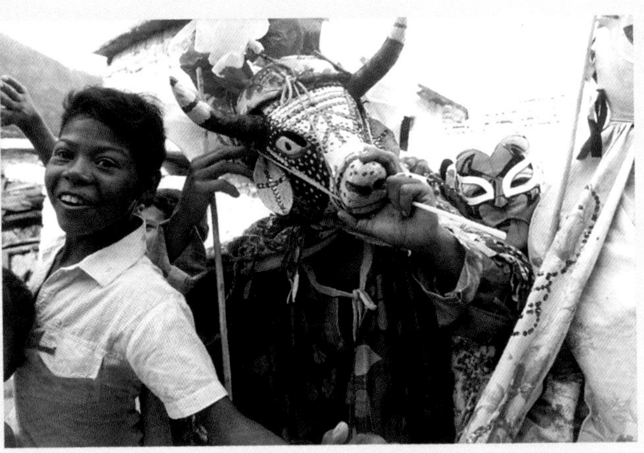

Manuel González de la Parra
(b. 1954)
Bull in the Center
Toro al centro
Coyolillo, Veracruz
1992, silver gelatin print
16" x 20" (40.6 x 50.8 cm.)
Mexican Fine Arts Center
Museum Permanent Collection,
2006.48, Museum Purchase
Fund

Carnival attracts people from other communities. Indeed, there is visible solidarity between non-Afro-Mexicans and Afro-Mexicans during the *fiesta*. In 1988, officials from the embassy of the Ivory Coast were special guests during carnival[20]. The presence of diplomatic representatives gave a new impetus to the celebration. New elements were added that residents considered to be "African," and were adopted as belonging to the collective identity, thus reinforcing their "black" identity. It was clear that the participants in carnival were proud to belong to a city founded by free Africans. Big signs and T-shirts read "Yanga, the first free town of America." Since 1986, the carnival has contributed to the revitalization of black culture, which in turn allows the opening of conversation regarding acknowledgment of the right to equal treatment vis-à-vis racial and cultural differentiation. Also, it softens interracial relations which at times are significantly strained in the communities of the region.

The Legal and Social Situation of Afro-Mexicans in Mexico and the United States

In Mexico, the black population does not currently have a recognized separate legal and judicial status. There is no official document that allows for a different racial category for black individuals. The census solely distinguishes between the indigenous peoples and the national or *mestizo* population. Classification as "indigenous" is based solely on one's ability to speak a vernacular language and not on racial traits. Article four of the constitution states that every Mexican is

Los dos extremos del carnaval, el sagrado y el profano, se unen celebrando un hecho histórico: la fundación de San Lorenzo de los Negros y la lucha de Yanga por mejores condiciones para los esclavos africanos y, sobretodo, el reconocimiento del hecho de que eran seres humanos y hombres libres. La fiesta va de la veneración que se hace a Yanga representado en una escultura majestuosa en un parque del pueblo, hasta la sátira que se hace de los negros durante el carnaval con máscaras y disfraces. La fiesta del carnaval encierra una contradicción y se reconcilia en una misma figura, el ser negro expresado en dos posiciones contrarias: burla y homenaje.

El carnaval congrega a los habitantes de otras comunidades, incluso se puede hablar de solidaridad aparente entre mestizos no negros y afromestizos durante la fiesta. En 1988, autoridades de la embajada de Costa de Marfil fueron invitados especiales durante el carnaval[20]. La presencia de autoridades diplomáticas le dio entonces un nuevo ímpetu a la celebración, incorporando nuevos elementos que los habitantes reconocieron como "africanos" y que adoptaron como propios, reforzando su identidad como "negros" o afromestizos, término antropológico usado para la población negra contemporánea. Se evidenció en los participantes del carnaval un orgullo por pertenecer a una ciudad fundada por esclavos negros. En grandes letreros y camisetas se lee "Yanga el primer pueblo libre en América". El carnaval ha sido desde 1986 una contribución a la revitalización de la cultura negra que permite poner sobre la mesa el tema del reconocimiento al derecho a un trato igualitario ante la diferenciación racial y cultural, además, suaviza relaciones interraciales a veces muy tensas entre las comunidades de la región.

La situación legal y social del afromestizo en México y en los Estados Unidos

En México la población negra o afromestiza no tiene actualmente una situación judicial y legal diferenciada. No hay un documento oficial que indique una categoría racial diferencial para los individuos negros. El censo de población distingue solamente entre los indios y la población nacional, es decir población mestiza. La clasificación de indígena se da solamente por la capacidad de hablar una lengua vernácula y no por características raciales. El artículo 4° constitucional indica que todo mexicano es igual bajo la ley, sin embargo, la práctica diaria muestra una situación diversa. Mis investigaciones sobre la

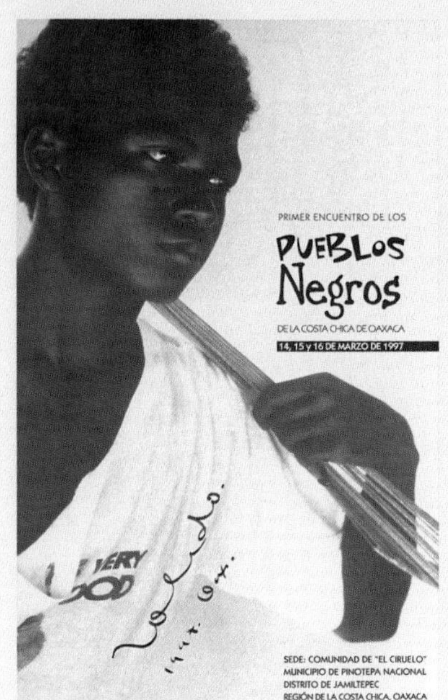

Poster from the First Gathering of Afro-Mexican Communities.
Cartel del Primer Encuentro de Pueblos Negros.

equal under the law. However, daily practice tells a different story. My research of the identity of the black population in Mexico faced several methodological problems, one of which was to locate a black or Afro-Mexican population that, according to law, does not exist. In 1987, Dr. Gonzalo Aguirre Beltrán covered the area close to the city of Yanga in the central region of the state of Veracruz and he chose Mata Clara, a community whose people have a clearly pronounced heritage of afro-genetic traits. As Aguirre Beltrán's research assistant, I was assigned the task of conducting an ethnographic study. This was harshly criticized by the academic community, which referred to us as "black African hunters." What could we do in a country that denies specific judicial status for blacks, in spite of the fact that black people recognize themselves as being black, and others also define them as black? I found myself immersed in legal and academic schizophrenia.

The first step of the study was to discover how the black population sees its collective identity. After interviewing 10% of Mata Clara's nearly 3,000 residents, I found a general negation to openly consider oneself to be black. It was believed preferable to be called "brown" or "Cuban."[21] Also, I discovered a classifying structure in use by the same study participants in terms of skin color, hair type, facial features, and other hardly perceptible subjective factors that differentiate between "fine" black Africans and "common" black Africans amongst various other categories. Such classifications are not related to financial status but rather to physical traits. While they were not obvious to me, the categories were clearly distinguishable to the participants in the study.

Something that caught my attention in the course of the interviews was the general rejection of the study participants to consider marrying someone with darker skin than their own. Rather, "refinement" was hoped for in one's descendants in order for one's progeny to ascend to a higher social status[22]. Social "refinement" is analogous to sugar refinement. In Mexico, white sugar is refined and it is considered to be of superior quality because it is processed for longer while brown sugar is considered to be of lesser quality because it goes through less processing[23]. This analogy does not work in the United States because brown sugar is more expensive.

The second step of the study was to discover the identity that the neighboring communities attributed to black Africans. The generalized attitudes of non-black

identidad de la población negra en México, presentaron varios problemas metodológicos. Uno de ellos fue localizar a una población negra o afromestiza, que según ley, no existe. En 1987, el Dr. Gonzalo Aguirre Beltrán, recorrió la zona cercana a la ciudad de Yanga en la región central del estado de Veracruz y seleccionó Mata Clara, comunidad que contiene un bagaje afro-genético más evidente. Como su becaria, Aguirre Beltrán me asignó la tarea de realizar una investigación etnográfica, situación que fue sumamente criticada por la comunidad académica, que nos refirió como cazadores de negros ¿Qué podíamos hacer en un país que niega la personalidad jurídica específica para los negros, a pesar del hecho de que existe un autorreconocimiento de ser negros, así como un reconocimiento de otros que los definen como negros? Me encontraba en medio de la esquizofrenia legal y académica.

El primer paso en la investigación fue descubrir cómo la población negra se veía así misma en términos de una identidad colectiva. Después de entrevistar al 10% de la población en Mata Clara de un total de casi 3000 habitantes, encontré una negación general para considerarse abiertamente como negros. Preferían llamarse morenos o cubanos[21]. Además, encontré una estructura clasificatoria, usada por los mismos afromestizos dependiendo del color de su piel, del tipo de cabello, de los rasgos faciales y de otros factores subjetivos apenas perceptibles que los clasifican como negros finos y negros corrientes, entre otras tantas categorías. Estas clasificaciones no se relacionan con el estatus económico sino más bien con las características físicas. Las categorías son claramente distinguibles para los actores sociales y no fueron obvias para mí.

Algo que llamó mi atención durante las entrevistas fue la negación generalizada de los informantes a casarse con alguien de piel más oscura que ellos mismos, pues se pretende lograr un refinamiento en la descendencia teniendo hijos con piel más clara, es decir, acceder a un estatus social más alto para la progenie[22]. El refinamiento es un fenómeno análogo al proceso de depuración del azúcar: en México, el azúcar blanca es refinada y se considera mejor porque tiene un período más largo de depuración, mientras que el azúcar morena, es de menor calidad porque atraviesa por menos pasos del proceso[23]. Esta analogía no es aceptable en los Estados Unidos ya que el azúcar morena es más costosa.

El segundo paso en la investigación fue descubrir la identidad de los negros en relación con las comunidades vecinas. La opinión generalizada de los mestizos no negros que habitan en los alrededores a Mata Clara, evidenció actitudes

mestizos who live in the surrounding areas of Mata Clara were racist, prejudicial, and stigmatizing. Concepts and opinions expressed about the black African population referred to their sexual activity, body odor, hygiene, work, intellectual and physical abilities, a tendency to tell lies, and even an association dating back to colonial times that linked black Africans with the devil in religious images. There were also absurd accusations that black Africans initiated drug trafficking in Mexico. In sum, few opinions were positive. Nevertheless, all of the interviewees inevitably concluded that, in spite of differences, we are all children of God. However, when asked if they would marry a black person (male or female) as applicable to their case, the antipathy surfaced again and sometimes the question was thrown back at me with irritation.

Racist and stigmatizing attitudes set certain limits, sometimes very subtle and indefinable, between all manner of social, commercial and political exchange among the black African and *mestizo* communities. One example is the rejection of marriages between black Africans and *mestizos* as the general tendency is to "refine" or whiten the population.

The social boundaries between blacks and non-blacks are a form of segregation and discrimination that has slowly been changing, allowing blacks to hold political positions in the municipal government. Racist, discriminatory and stigmatizing attitudes are also evident in verbal assaults known as to *negrear* [blacken][24] and are characterized by insults alluding to skin color and body odor. Although the black population does not openly admit the existence of such verbal assaults, I witnessed many such incidents in the street, in conversations among friends, and during baseball games. Confidentially, my study subjects admitted being subject to such verbal assaults in their childhood although not so much in their own community but certainly frequently in neighboring communities and schools.

In the early 1990's, a group of people from Mata Clara was jailed in Mexico City. They were believed to be illegal immigrants from Central America. The police acted under the assumption that there are no blacks in Mexico and the fact that the detainees were not carrying any identification. Consequently, they were jailed. They were finally released after the intervention of the municipal president of Cuitlahuac, Veracruz, who confirmed to and convinced the Mexico City police that there were indeed black people in this territory, and that the detainees were from Mata Clara and not undocumented immigrants. Nevertheless, when the

racistas, prejuiciosas y estigmatizantes. Los conceptos y opiniones que expresaron sobre la población negra se refirieron a su actividad sexual, olor corporal, higiene, capacidad laboral, intelectual y física, tendencia a mentir; incluyendo una asociación que data de la época colonial presente en imágenes religiosas en donde se relaciona a los negros con el demonio. Hubo también acusaciones absurdas de que los negros comenzaron el narcotráfico en México. En resumen, pocas opiniones fueron positivas, sin embargo, todos los entrevistados inevitablemente concluyeron que, a pesar de las diferencias, "todos somos hijos de Dios", pero cuando se les preguntaba si se casarían con un negro (hombre o mujer), dependiendo del caso, la antipatía se manifestaba otra vez y en ocasiones la pregunta se revirtió molestamente hacia mí.

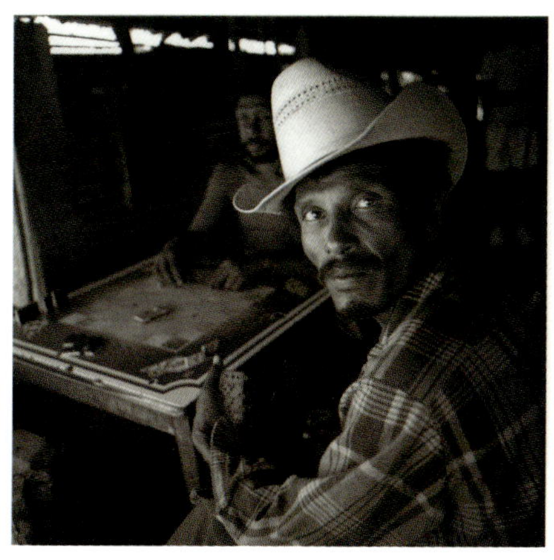

Tony Gleaton (b. 1948)
Dominos / *Dominós*
1990, archival gelatin silver print
20" x 16" (50.8 x 40.6 cm.)
Mexican Fine Arts Center Museum Permanent Collection, 2005.123, Gift of Susan Branagan and Museum Purchase Fund

Las actitudes racistas y estigmatizantes marcan ciertos límites, a veces límites muy sutiles e indefinibles, entre todo tipo de intercambio social, comercial y político entre la comunidad negra y la mestiza. Un ejemplo es el rechazo de las uniones matrimoniales entre negros y mestizos, aún cuando la tendencia general sea la de refinar o blanquear la población.

Los límites sociales entre los negros y no negros son una forma de segregación y discriminación que ha ido cambiando lentamente permitiendo el acceso a posiciones políticas de los negros en el gobierno municipal. Las actitudes racistas, discriminatorias y estigmatizantes son también evidentes en las agresiones verbales conocidas como negrear[24], son caracterizadas por ofensas alusivas al color de la piel y olor corporal. Aunque la población negra no reconoce abiertamente estas agresiones verbales, fui testigo de muchos de estos eventos en la calle, en charlas entre amigos así como durante los juegos del béisbol. Confidencialmente, mis informantes reconocieron estas agresiones verbales durante su niñez, no tanto dentro de su propia comunidad pero si frecuentemente en comunidades vecinas y en las escuelas.

A principios de los años 90 un grupo de mataclareños fueron encarcelados en Ciudad de México por ser considerados inmigrantes ilegales de Centroamérica. La policía actuó bajo el supuesto de que en México no hay negros y de que los detenidos no portaban ninguna identificación personal por lo que fueron encarcelados. Finalmente fueron liberados después de la intervención de la

president of the municipality was asked about the incident, he did not comment on the violation committed by the Mexico City police but simply recommended that blacks carry their identification because, when they travel out of the area, they are frequently detained and forced to sing the national anthem to prove that they are Mexican.

The final part of my study attempted to discover the contradictions of identity among Afro-Mexicans. On the one hand, black pride is strengthened by the celebration of carnival. On the other hand, one finds racist, prejudicial, and stigmatizing attitudes manifested by verbal assaults and rejection of being called black. Black people in Mexico instead show a preference for being called brown or Cuban. We also found that they prefer their descendants to have a lighter or "refined" skin color. These contradictions between positive and negative black identity in Mexico will be eliminated to the extent that civil society and government institutions work effectively, with actions and laws, against racism and discriminatory attitudes.

Migrant Afro-Mexicans in the United States

Afro-Mexicans also discover contradictions in defining themselves when they cross the border between Mexico and the United States as undocumented immigrants. Afro-Mexicans and indigenous communities share the worst social and economic conditions. A high percentage of immigrant indigenous people and Afro-Mexicans are illiterate or have minimal schooling and are malnourished. In addition to being mistreated and discriminated against, they compete for low wage jobs in the United States.

During a brief field study in North Carolina, Chicago, Texas, and Florida, I observed the relationships that Afro-Mexicans establish with other minority groups. Afro-Mexicans and Mexican *mestizos* pretend to be Cuban to receive better treatment in Florida. Likewise, Central Americans pretend to be Mexican so that if they are deported, it is only as far as Mexico. The relationship between Afro-Mexicans and African-Americans in the United States is complex since they consider themselves to be members of different racial groups. African-Americans consider black Mexicans to be Latinos, a vague and unknown term according to these immigrants. In the United States, the Afro-Mexican is not considered to be black, as he or she is in Mexico. Many Afro-Mexicans expect to find affinity and

presidencia municipal de Cuitláhuac, Veracruz, quien confirmó y convenció a la policía de la Ciudad de México que efectivamente había negros en este territorio, y que los detenidos eran de Mata Clara y no inmigrantes ilegales. Sin embargo, cuando se le preguntó sobre el asunto al presidente municipal, éste no opinó sobre la violación cometida por la policía de la Ciudad de México y sólo recomendó que cuando los negros salgan del pueblo lleven su identificación pues cuando viajan fuera de la región frecuentemente son detenidos y forzados a cantar el himno nacional para comprobar que son mexicanos.

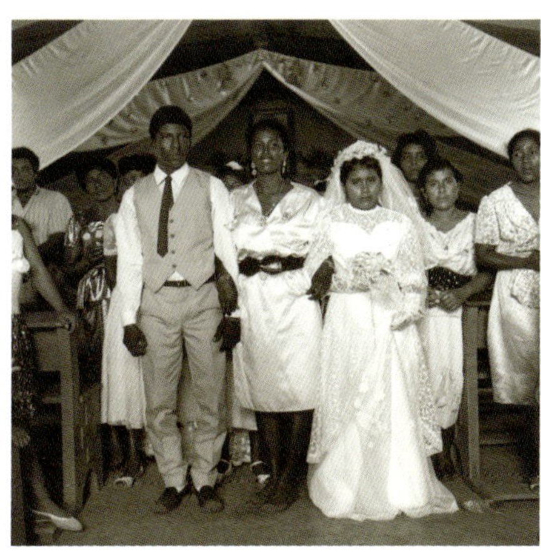

Tony Gleaton (b. 1948)
The Marriage of Maurillio and Teresa
La boda de Maurillio y Teresa
1990, archival gelatin silver print
16" x 20" (40.6 x 50.8 cm.)
Mexican Fine Arts Center Museum Permanent Collection, 2005.120, Museum Purchase Fund

La parte final de mi investigación intentó descubrir las contradicciones de la identidad entre los afromestizos. Por un lado, se refuerza el orgullo de ser negro a partir de la celebración del carnaval. Por otra parte, se encuentran actitudes racistas, prejuiciosas y estigmatizantes que se manifiestan a través de las agresiones verbales, así como el rechazo a ser llamado negro y en su lugar prefieren llamarse morenos o cubanos. También encontramos que prefieren procrear una descendencia con un color de piel más claro o "refinado". Estas contradicciones entre una identidad positiva y negativa de los negros en México se eliminarán en la medida que la sociedad civil y las instituciones gubernamentales actúen efectivamente con acciones y leyes en contra del racismo y las actitudes discriminatorias.

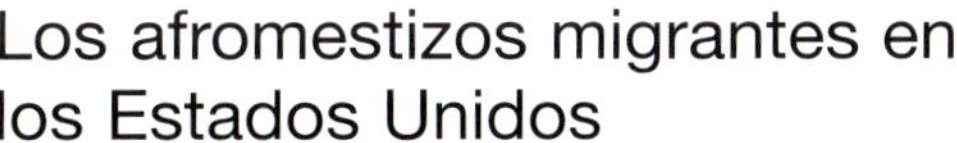

Los afromestizos migrantes en los Estados Unidos

Los afromestizos también descubren contradicciones para definirse a si mismos cuando cruzan la frontera entre México y los Estados Unidos como inmigrantes ilegales. Las comunidades afromestizas e indígenas en nuestro país comparten las peores condiciones económicas y sociales. Un alto porcentaje de inmigrantes indígenas y afromestizos son analfabetas o con baja escolaridad y desnutridos. Compiten por los trabajos de menor calidad en los Estados Unidos además de someterse a maltrato y discriminación.

Durante una breve temporada de campo en Carolina del Norte, Chicago, Texas y Florida pude apreciar las relaciones que los inmigrantes afromestizos establecen con otros grupos minoritarios. Los afromestizos y mestizos mexicanos fingen ser cubanos para obtener mejor trato en la Florida. De igual manera los inmigrantes

solidarity from the African-American community, but instead find strained and competitive relations with this group just as they do with other Latino, Asian, and European groups as they all compete for the same space and jobs. Linguistic and cultural barriers turn into greater obstacles than skin color when Afro-Mexicans initiate relationships with African Americans, other black Latinos, and other groups of color with which they coexist. Fights and facing aggression on the street are the more common problems Afro-Mexicans have with African Americans in the Chicago area, where I completed several interviews. Afro-Mexicans are apparently cordial with the Chinese, who they seek out to address medical problems. The worst racist and discriminatory incidents the study subjects related to me occurred with Polish people living in Chicago, with whom the subjects share the Catholic faith and thus meet at church. Most of the migrants are young, single, male adults. On attempting to initiate serious romances with Polish girls, they find themselves abruptly rejected by some of them.

Institutional Measures against Discrimination and Racism in Mexico

Racism and discrimination are not exclusive to the United States or the central area of Veracruz. Rather, they persist wherever different racial groups coexist. Racism and discrimination are deeply rooted in Mexican culture and are evident in the mass media, specifically television[25], as well as in fashion, the beauty ideal[26], language, and labor relations. They are even present in the constitutional arena and in many other spheres of daily life. Academic projects such as "The Third Root: Presence of African Cultures in Mexico" deny that racism and discrimination are serious issues in Mexico compared to other countries such as the United States or South Africa, thus diminishing the importance of taking measures to confront them.

The founding of the *Consejo Nacional para Prevenir la Disciminación* [CONAPRED – Spanish acronym of the National Council for the Prevention of Discrimination] in 2001 was surprising[27] as was the anti-discrimination campaign undertaken by this entity in May, 2005. CONAPRED has focused its efforts on battling discrimination of the handicapped, homosexuals, and people with HIV-AIDS. However, it has not sufficiently addressed the serious racial discrimination suffered by indigenous people and blacks. Awareness needs to be raised at the

ilegales de Centroamérica fingen ser mexicanos, de modo que si los deportan sean enviados solamente a México. La relación que se establece en Estados Unidos entre afroamericanos y los afromestizos mexicanos es compleja ya que se consideran pertenecientes a grupos diferenciados. Los afroamericanos consideran al mexicano negro como latino, un término vago y desconocido para estos inmigrantes. En Estados Unidos no se considera al afromestizo mexicano como negro, tal como en México sucede. Muchos afromestizos esperaban encontrar solidaridad y afinidad entre la comunidad afroamericana pero lo que se encuentran son relaciones competitivas y tensas con este grupo al igual que con otros latinos, asiáticos y europeos del este pues compiten por el espacio y por los trabajos. La barrera del lenguaje y la cultura se convierten en obstáculos más fuertes que el color de la piel al entablar relaciones entre los afroamericanos, afromexicanos, demás latinos negros y otras minorías con las que conviven. Pleitos y persecuciones callejeras son las quejas más comunes de los afromestizos en contra de los afroamericanos en el área de Chicago donde hice varias entrevistas. Con los chinos hay una aparente cordialidad y afinidad pues a ellos acuden para solucionar problemas médicos; las situaciones más racistas y discriminatorias que los migrantes me narraron ocurren con los polacos que habitan Chicago con quienes comparten la fe católica y eventualmente coinciden en la iglesia. La mayoría de los migrantes son hombres jóvenes y solos por lo que al tratar de entablar una relación de noviazgo con las chicas polacas se enfrentan a un abrupto rechazo de parte de algunas de ellas.

Acciones institucionales contra la discriminación y el racismo en México

El racismo y la discriminación no son fenómenos exclusivos de los Estados Unidos o de la parte central de Veracruz, sino que es persistente en todo lugar donde coexistan grupos raciales diferenciados. El racismo y la discriminación están fuertemente arraigados en la cultura mexicana y son evidentes en medios masivos de comunicación, específicamente en televisión[25], en la moda, en el ideal de belleza[26], en el lenguaje, en las relaciones laborales, incluyendo el ámbito constitucional y muchos otros aspectos de la vida diaria. Proyectos académicos como el de “La tercera raíz. Presencia de las culturas africanas en México”, han negado que el racismo y la discriminación sean graves en nuestro país en comparación con otros países como los Estados Unidos o Sudáfrica, restándole importancia a una posible toma de acciones.

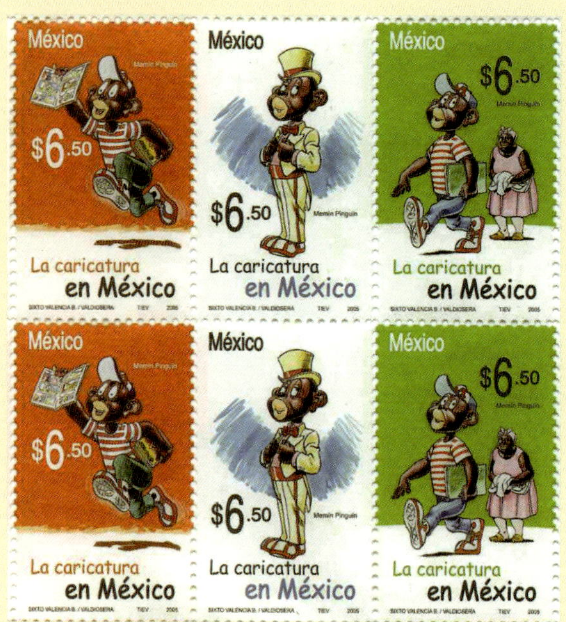

50th Anniversary Commemorative postage stamp of Memín Pinguín. Mexico, 2005
Estampilla postal conmemorativa de 50 años de Memín Pínguin. México, 2005

government level and the hierarchal reality of actions that affect minorities in Mexico needs to be changed. The creation of an institution that specifically deals with discrimination against minorities gives these communities hope of battling the shoddy, discriminatory treatment that has festered within official institutions and in civil society.

In 2001, for the first time in its history, Mexico participated in the round table on racism at the United Nations in preparation for the World Conference against Racism, Xenophobia, Intolerance and Discrimination held in South Africa in November, 2001. According to the United Nations, Mexico never previously reported having racial problems to this international organization.

Few academic projects in Mexico confront the problem of racism. It would seem that this topic provokes discomfort or it is considered politically incorrect. Gradually, Mexico is beginning its battle against racism and discrimination while other countries like the United States have been well ahead of Mexico in the fight for civil rights for minorities since the 1950s, 1960s, and 1970s. The recent controversy over the issuing of Memín Pinguín stamps[28] did not sensitize the Mexican people to the racism contained in this very popular character. The uproar evolved into an anti-American battering ram criticizing racism in the United States while remaining oblivious to existing racism in Mexico. Unfortunately, the advances against racism in Mexico are limited.

Black Mexico: the Afro-Mexican Population of Costa Chica in Guerrero and Oaxaca

The only state that recognizes the category of "African" in its political constitution is Oaxaca. Africans are included in the same legal terms as the indigenous, giving them the right to preserve their culture and customs as well as the use of and rights to communal property. This legal victory came after the gathering of black towns of Costa Chica, held in Oaxaca since the end of the 1990s. The first gathering was organized by a Catholic priest, Father Glyn Jemmott (originally from Trinidad and Tobago), pastor in El Ciruelo, Oaxaca. This legal victory was

Fue sorprendente el establecimiento del Consejo Nacional para Prevenir la Discriminación (Conapred) desde el año 2001[27], así como la campaña antidiscriminación llevada a cabo por esta institución durante mayo de 2005. Conapred se ha enfocado a combatir la discriminación contra discapacitados, homosexuales y enfermos de VIH-sida y no ha atendido suficientemente a los indígenas y negros sometidos a una grave discriminación racial. Se requiere sensibilizar a nivel legislativo y cambiar la relación vertical de acciones que afectan a las minorías en México. La creación de una institución que atiende específicamente la discriminación hacia las minorías da la esperanza de combatir y reparar el trato diferencial negativo tan larvado en instituciones oficiales y en la sociedad civil.

México participó en 2001 por primera vez en su historia en la mesa de trabajo sobre racismo en las Naciones Unidas como preparación para la Conferencia Mundial contra el racismo, la xenofobia, la intolerancia y la discriminación celebrado en Sudáfrica durante noviembre del 2001. México, acorde a las Naciones Unidas, nunca antes había reportado ante esta organización internacional haber tenido problemas raciales.

Pocos proyectos académicos en México afrontan el problema del racismo pues pareciera que este tema provoca incomodidad o se considera políticamente incorrecto tratarlo. México, paulatinamente, está comenzando una batalla contra el racismo y la discriminación mientras que otros países como los Estados Unidos nos aventajan en la lucha por los derechos civiles de las minorías desde los años 50, 60 y 70. La reciente controversia por la aparición de las estampillas de Memín Pinguín[28] no sirvió para sensibilizar a la población mexicana sobre el racismo contenido en este personaje tan popular. El suceso terminó siendo un ariete anti-yanki de crítica hacia el racismo en Estados Unidos sin ver el que se vive en México. Por desgracia los avances en contra del racismo en México son limitados.

México Negro: La población afromestiza de Costa Chica de Guerrero y Oaxaca

El único estado que reconoce la categoría del negro en su constitución política es el estado de Oaxaca. Se incluyen a los negros en los mismos términos legales que los indios, dándoles el derecho de preservar su cultura, usos y costumbres, así como el usufructo y defensa de la propiedad comunal. Esta victoria legal vino

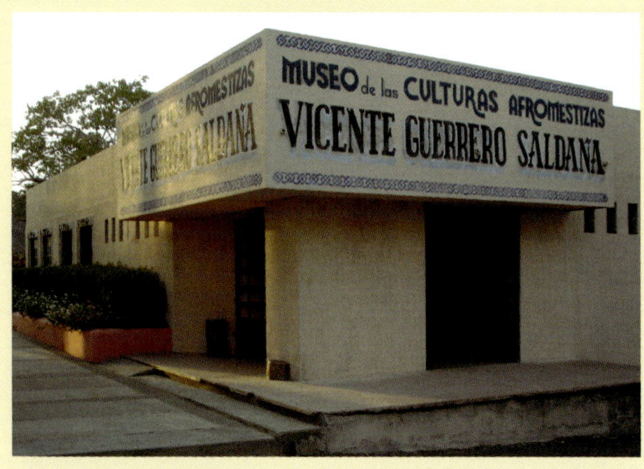

Vicente Guerrero Saldaña
Musuem of Afromestiza Cultures / *Museo de las Culturas Afromestizas Vicente Guerrero Saldaña*
Photo: MFACM

achieved because of his foundation, *México Negro, and* the contributions of many local, national, and foreign social activists who fought to revindicate African culture and to coexist in peace and equality despiste the differences. In the rest of the country, the African population does not officially exist.

The Costa Chica is the area that has the greatest density of Afro-Mexicans in the country. Given the lack of census it is difficult to know exactly what percentage of the Mexican population is of African origin [29]. Gonzalo Aguirre Beltrán's work Cuijla, first published in 1948, marked the beginning of modern ethnographic studies of the Afro-Mexicans communities in Mexico. This work describes and analyzes the social dynamic of the Afro-Mexican population of Cuajinicuilapa, Guerrero, an important commercial community of the Costa Chica. Later, other studies about the black population in Mexico researched other cultural features such as identity[30], creation myths[31], music, rhythm[32], poetry[33], systems of kinship, social organization[34], oral tradition[35], *fiestas* such as the *fandango*[36] and carnivals[37]. All of these cultural traits have shown surprising similarities between the Afro-Mexican populations of Costa Chica and the Gulf of Mexico. Dances such as *La tortuga , Los apaches, El toro de petate, Los diablos, El son de artesa,*[38] which are accompanied with instruments of African origin such as the *marimbol* or *marímbula*, the *cajón*, the *bote*, and the *quijada de burro,* have given new meaning to Afro-Mexican music of the Costa Chica and *jarocha* music of the Gulf of Mexico. Annual gatherings of the black towns of the Costa Chica have breathed new life into the dances and the dance associations as a clear expression of identity. Communities such as Morelos, Collantes, El Chivo, and San Nicolás on the Costa Chica have youth associations through which young people take part in different festivities with their dancing. While migration to the United States has seriously affected these communities because the emigrants are mostly young, the dances stay alive and are an important symbol of Afro-Mexican identity.

The establishment of the only museum of Afro-Mexican cultures in Mexico, located in Cuajinicuilapa, Guerrero, has created a place for teaching and developing awareness about the importance of African origin cultures in Mexico. The museum also highlights the creation of artist workshops of engraving, painting and sculpture in El Ciruelo, Oaxaca. These workshops have been

después de la primera reunión de pueblos negros de Costa Chica, celebrado en Oaxaca desde fines de los años 90, convocada por un sacerdote católico, el padre Glyn Jemmott originario de Trinidad y Tobago y párroco de El Ciruelo, Oaxaca que con su fundación "México Negro" y gracias a la colaboración de muchos otros actores sociales locales, nacionales y extranjeros han luchado para reivindicar la cultura negra y coexistir, a pesar de las diferencias, en paz e igualdad. En el resto del país la población negra oficialmente no existe.

La Costa Chica es la zona en donde hay mayor densidad de población afromestiza en el país. Ante la falta de censos es difícil saber exactamente qué porcentaje del total de la población mexicana es de origen africano[29]. La obra *Cuijla* de Gonzalo Aguirre Beltrán publicada por primera vez en 1948 marcó el inicio de las investigaciones etnográficas modernas de las comunidades afromestizas de México. Este texto describe y analiza la dinámica social de la población afromestiza de Cuajinicuilapa, Guerrero importante comunidad comercial de la Costa Chica. Posteriormente otras investigaciones sobre población negra en México abordaron rasgos culturales como la identidad[30], mitos de origen[31], la música, la rítmica[32], la versística[33], los sistemas de parentesco, la organización social[34], la oralidad[35], las fiestas como el fandango[36] y los carnavales[37]. Todos estos rasgos han mostrado sorprendentes similitudes entre la población afromestiza de Costa Chica y del Golfo de México. Danzas como "La tortuga", "Los apaches", "El toro de petate", "Los diablos", "el son de artesa"[38] musicalizados con instrumentos de origen africano como el marimbol o marímbula, el cajón, el bote, y la quijada de burro han dado una nueva significación a la música afromestiza de Costa Chica, así como a la música jarocha del Golfo de México. Los encuentros anuales de pueblos negros de la Costa Chica han revitalizado las danzas y las organizaciones de danzantes como una clara manifestación de la identidad. Comunidades como Morelos, Collantes, El Chivo y San Nicolás en la Costa Chica tienen organizaciones de jóvenes que participan en diferentes festividades con sus danzas. La migración hacia los Estados Unidos ha afectado gravemente estas comunidades debido a que los migrantes son predominantemente jóvenes pero aún así las danzas siguen vivas y son un fuerte símbolo de identidad afromestiza.

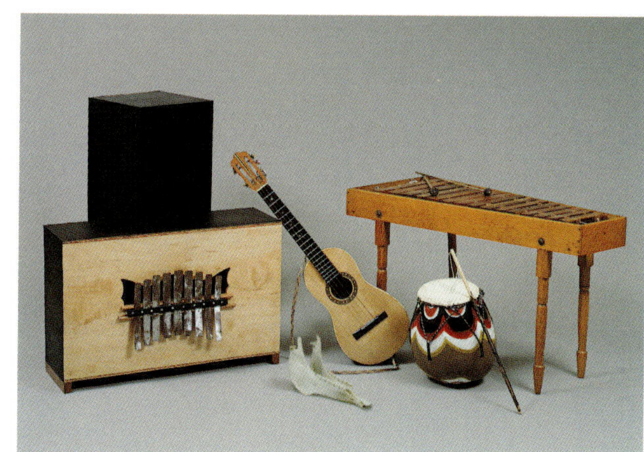

Instruments used in Afro-Mexican Communities
Instrumentos usados en las comunidades Afro-Mexicanas.
(Counter-clockwise: Cajón, Quijada, Marimba, Jarana, Bote, Marimbol)

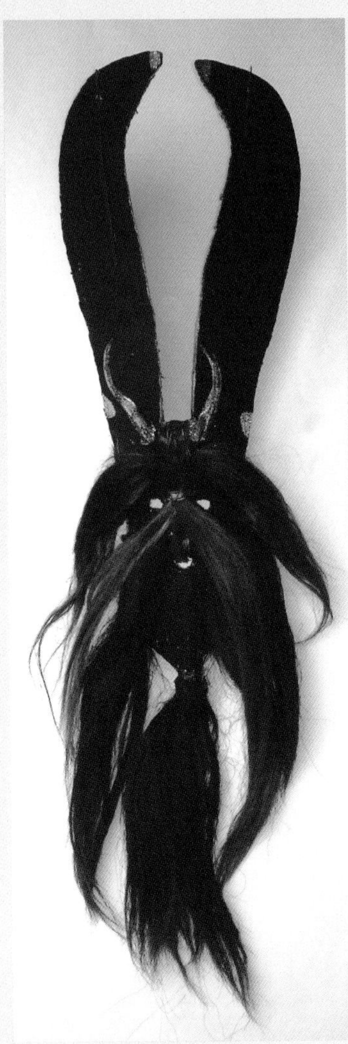

La Danza de Diablos Mask from Costa Chica, 2006.

successful in showing Afro-Mexican culture through art created by children and young people. For example, a totem or twin soul of a person symbolized by an animal manifests a belief with clear indigenous and African roots. African roots have been a theme of artistic inspiration[39] of daily life, economic activities, and various features of the belief systems that appear in graphic, pictorial and sculptural work of the workshops in El Ciruelo, Oaxaca.

The Costa Chica is a lively and dynamic area of Afro-Mexican cultures which coexist in a multicultural region that is also home to native Mixtecos, Amusgos, Tlapanecos, Chatinos, and Mestizos. This area is not spared from interracial and interethnic conflict. Social relations are marked with a high degree of racism and discrimination within the context of sadly unmet financial, educational, and social needs of minorities of this region, Afro-Mexicans and indigenous people alike.

Research studies on the Afro-Mexican populations of Costa Chica of Guerrero and Oaxaca, and on the state of Veracruz, increased from the 1990s with the observance of the quincentennial of the meeting of the two worlds in 1992[40]. Today there are also black peoples in the state of Coahuila called *Moscogos*, descendants of Seminoles, a group of black Indians from the Florida area who migrated to Mexico in 1850, fleeing dispossession of their lands and discrimination in the United States, turning into the country's border-keepers[41].

African Presence in the Americas during the Prehispanic Age: Myth or Reality?

In academia, when one speaks of the African presence in Mexico, it is assumed that one is referring to the enslaved people brought over from Africa and the Pacific during the period of the *Conquista* and European colonization. However, one cannot ignore the controversy around a possible African presence on the American continent long before anyone arrived from Europe. One of the more widely known texts on this topic is *They Came Before Columbus* by Ivan Van Sertima, a linguist and historian from Guyana who attempted to methodically prove a series of encounters between Africans and the Americas. Reactions from

El establecimiento y mantenimiento del único museo de las culturas afromestizas en México ubicado en Cuajinicuilapa Guerrero ha sido un centro didáctico y de concientización sobre la importancia de las culturas de origen africano en nuestro país. Destaca también la creación de talleres artísticos de grabado, pintura y escultura en El Ciruelo, Oaxaca. Estos talleres han logrado mostrar la cultura afromestiza a través del arte hecho por jóvenes y niños. Por ejemplo: el tona o alma gemela de las personas representado por un animal, es una creencia con claras raíces indígenas y africanas que ha sido tema de inspiración artística[39], la vida cotidiana, las actividades económicas y variados rasgos del sistema de creencias se muestran en la obra gráfica, pictórica y escultórica de los talleres de El Ciruelo, Oaxaca.

La Costa Chica es una zona viva y dinámica de las culturas afromestizas que conviven en una región multicultural donde también habitan mixtecos, amuzgos, tlapanecos, chatinos y mestizos. Es una zona que no está exenta de conflictos interraciales e interétnicos; las relaciones sociales se dan con un alto contenido de racismo y discriminación, en un contexto de lamentables carencias económicas, educativas y sociales que como minoría padecen los afromestizos de esta región al igual que los indígenas.

Los trabajos de investigación sobre la población afromestiza de Costa Chica de Guerrero y Oaxaca, y sobre la que habita el estado de Veracruz aumentaron a partir de la década de los noventa con la celebración del quinto centenario del encuentro de dos mundos en 1992[40]. Actualmente también existen pueblos de origen africano en el estado de Coahuila llamados moscogos, descendientes de seminoles, grupo de indios y negros de la zona de Florida, que migraron a México en 1850, huyendo del despojo de tierras y de la discriminación en los Estados Unidos, convirtiéndose en guardafronteras de nuestro país[41].

Presencia Africana en las Américas durante la época prehispánica ¿Mito o realidad?

Cuando se habla de la presencia negra en México en el ámbito académico se supone que nos referimos a la población traída de África y del Pacífico durante el periodo de conquista y colonización europea. Sin embargo, no podemos ignorar la controversia alrededor de una posible presencia africana en el

the academic world was, for the most part, rejections and even derogatory ones. A good number of Mexican archeologists and anthropologists dismissed the idea of such pre-European contact and contradicted Van Sertima's positions with minute details to prove the impossibility of such an African migration while insisting that the splendid Prehispanic Mesoamerican cultures did not require any outside influence to flourish as they did. The few archeologists who accepted that there were encounters said these were accidental and thus their influence was not great on Amerindian cultures because an important archaeological complex has yet to be discovered and remote evidence for the most part results from archeological looting, bereft of any context whatsoever[42].

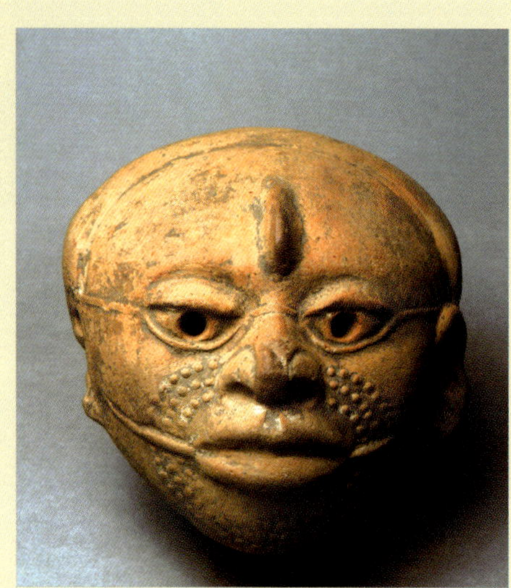

Central Veracruz
(Cuenca de Papaloapan)
Anthropomorphic Head
Cabeza Antropomorfa
600 – 900 C.E., ceramic
4 3/10" x 3 3/4" (11 x 9.5 cm)
Collection of Museo de Antropología de Xalapa, Universidad Veracruzana, Reg. 49 P. J. 65

The positions for and against a possible pre-European African migration to the Americas have allowed the development of studies that feed the controversy. Van Sertima published a new edition of his work with impressive findings about possible African contacts in America and American contacts in Africa[43]. In the 1960s, art historians such as Alexander von Wuthenau presented a collection of Prehispanic Mesoamerican archeological pieces that had African features. He founded a small museum in Mexico City where he exhibited them. Gladys Casimir highlights the African features in some Prehispanic archeological pieces from the Darien in Panama, and other Prehispanic archeological evidence that is not Amerindian but rather of Asian and European origin in the Americas[44]. Unfortunately, many sources make statements about this topic that lack any archeological or historical basis, thus sabotaging actual scholarship about the probable African presence prior to European contact. Van Sertima provides a convincing analysis of ocean currents, of comparative linguistic register, and of historic sources of medieval Europe, of 11th Century Africa, and of early colonial America, including the diaries of Columbus. He presents Mesoamerican archeological pieces with Negroid features of Olmec, Totonaca, Huasteca, and Mexica origin. He provides a botanical analysis of autochthonous plant species of America such as tobacco and cotton appearing in Africa prior to contact with Europe. He shows medieval Arabian cartography showing part of the Brazilian Coast that proves knowledge of the existence of America prior to the voyage of Christopher Columbus in 1492. I've cited the most notable evidence. Even though few Mexican archeologists dare to speak openly about this topic in academic forums, the seemingly African features in many Prehispanic pieces cannot be denied. Among the more controversial of these are the colossal Olmec heads, with platyrrhine noses and

continente americano mucho antes de la llegada europea. Uno de los textos más conocidos que abordan este tema es *They came before Columbus (Ellos vinieron antes de Colón)* escrito por Ivan Van Sertima, lingüista e historiador de origen guyanés quien de una manera metódica trató de probar una serie de contactos entre el continente africano y las Américas. Las reacciones del mundo académico fueron en su mayoría de rechazo, incluso de burla. Gran parte de los arqueólogos y antropólogos mexicanos reaccionaron en contra de tal contacto pre-europeo y trataron de contradecir a Van Sertima con minuciosos detalles a fin de probar la imposibilidad de dicha migración africana, subrayando que las esplendorosas culturas mesoamericanas pre-hispánicas no necesitaron de ninguna influencia externa para florecer como lo hicieron. Los pocos arqueólogos que aceptaron que sí hubo contactos, reconocen que fueron accidentales y por lo tanto no trascendentes en las culturas amerindias ya que no se ha descubierto un complejo arqueológico significativo sino evidencias aisladas, producto, en su mayoría, del saqueo arqueológico y sin contexto alguno[42].

Las posturas a favor y en contra de una posible migración africana pre-europea a las Américas han permitido el desarrollo de investigaciones que mantienen la controversia. Van Sertima publicó una nueva edición de su obra con hallazgos impresionantes sobre posibles contactos africanos en América y americanos en África[43]. Historiadores del arte como Alexander Von Wuthenau, en la década de los 60, presentó una colección de piezas arqueológicas prehispánicas mesoamericanas con rasgos negroides y fundó un pequeño museo en la ciudad de México donde las exhibió; Gladis Casimir ha destacado los rasgos negroides en algunas piezas arqueológicas prehispánicas provenientes del Darien en Panamá, así como otras evidencias arqueológicas prehispánicas no amerindias sino de origen asiático y europeo en las Américas[44] Por desgracia, muchas referencias sobre este tema hacen afirmaciones sin fundamento arqueológico e histórico, convirtiendo la probable presencia africana antes del contacto europeo en un acto de fe más que como un hecho histórico posible y probable. Van Sertima provee un análisis convincente de las corrientes oceánicas; de registro lingüístico comparativo; de fuentes históricas de la Europa medieval, africanas del siglo XI, así como de la colonia temprana en América, entre ellas los diarios de Colón; presenta piezas arqueológicas mesoamericanas de origen olmeca, totonaca, huasteca y mexica con rasgos negroides; provee análisis botánico de especies oriundas de América como el tabaco y el algodón aparecidas en África antes del contacto europeo; muestra cartografía árabe medieval en donde se registró parte de las costas de Brasil con lo que se comprueba el conocimiento

thick lips, and the nail-shaped Olmec sculpture known as "*El Negro*" [The Black One] from El Zapotal, Veracruz, which dates from the late pre-classic period (800-600 B.C.E.). It is exhibited today in the Museum of Santiago Tuxtla, Veracruz and the archeologists themselves have dubbed it "Cassius Clay."

Studies of the human genome will unveil many mysteries about the possible contacts between Africa and America before the 15th Century. It will be possible to trace the antiquity and source of Mexico's genetic heritage and to prove the idea that global contacts occurred far earlier than we had originally imagined. Even while modern expeditions that duplicate navigation conditions that may have existed between Africa and America before the 15th Century are so controversial, they have proven that, for mankind, oceans are more agents of unity rather than of separation.

Gradually, interest is being sparked about the black African presence in Mexico. Nevertheless, one can say that the identity and historic and cultural heritage of Afro-Mexicans in Mexico will neither be recognized nor sufficiently valued as long as society purports that the value of a person depends on the lightness of his/her skin. I will conclude with a phrase I once heard from a *jarocho* musician: the African presence in Mexico is like sugar in coffee: it cannot be seen but it improves the flavor.

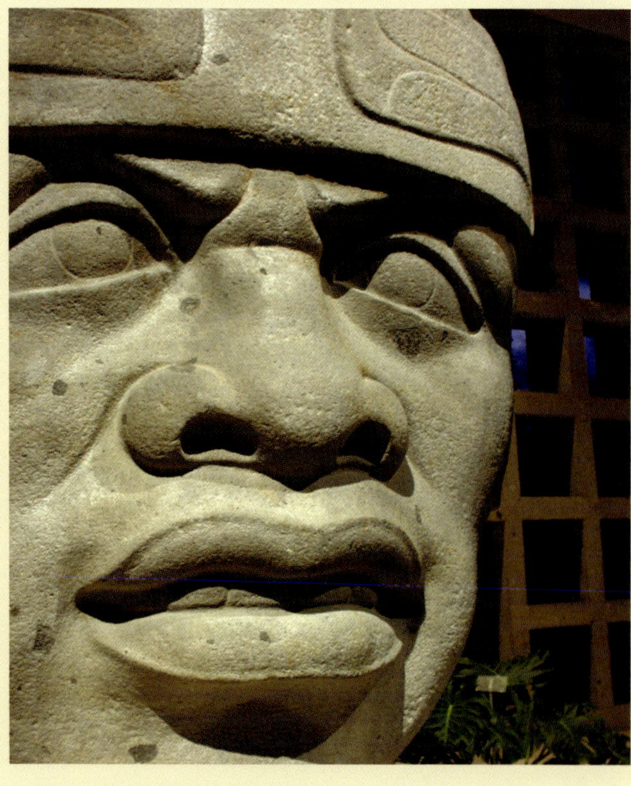

San Lorenzo
Olmec Head 8
2.20 m (7.22 ft.) tall.
Collection of Museo de Antropología en Xalapa, Veracruz
Photo: MFACM

de la existencia de América antes del viaje de Cristóbal Colón en 1492, por citar las evidencias más notables. Aunque pocos arqueólogos mexicanos se atreven a hablar de este tema abiertamente en foros académicos, son innegables los rasgos negroides en muchas piezas prehispánicas. Entre las más controversiales tenemos a las cabezas colosales olmecas con nariz platirrina y labios gruesos; destaca también una escultura olmeca claviforme (en forma de clavo) conocida como "El negro" proveniente de El Zapotal, Veracruz que data del Preclásico tardío (800-600 a.c.), que hoy se exhibe en el Museo de Santiago Tuxtla, Veracruz y que los mismos arqueólogos apodaron "Cassius Clay".

Las investigaciones sobre el genoma humano revelarán muchas de las incógnitas sobre los posibles contactos entre África y América antes del siglo XV. Será posible rastrear la antigüedad y procedencia de nuestro bagaje genético y probar que la idea de contacto global se dio mucho antes de lo que pensamos. Aún cuando las expediciones contemporáneas que reprodujeron las condiciones de navegación que posiblemente se dieron entre África y América antes del siglo XV son tan controversiales, han demostrado que los mares han sido un factor de unión, más que una frontera para el ser humano.

Paulatinamente se despierta el interés por saber más de la presencia negra en México Sin embargo podemos decir que la identidad y la herencia histórica y cultural de los afromestizos en México no serán reconocidas, ni valoradas lo suficientemente en la medida que la sociedad sostenga que el valor de un individuo depende de la claridad de su piel. Termino con la frase que alguna vez le oí a un músico jarocho: la presencia negra en México es como el azúcar en el café: no se le ve, pero hace que sepa mejor.

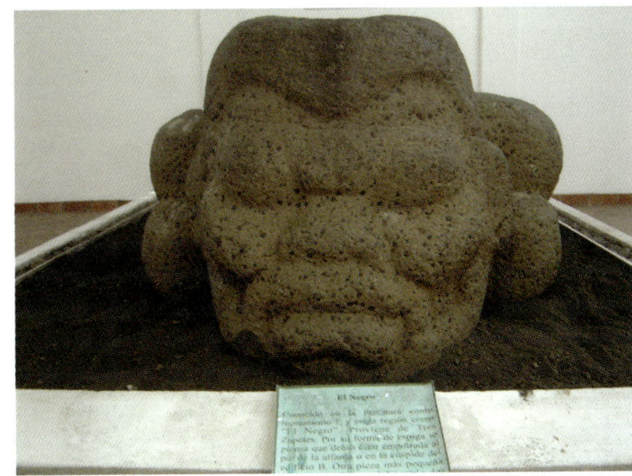

Tres Zapotes
The Black One / *El Negro*
(Monument F)
Collection of Museo de Antropología en Xalapa, Veracruz

ENDNOTES

1. The project *"La Tercera Raíz. Presencia de las Culturas Africanas in Mexico"* [The Third Root. Presence of African Culture in Mexico] began in 1989 and was supported by Guillermo Bonfíl-Batalla, director of the Dirección General de Culturas Populares (DGCP). Dr. Luz María Martínez Montiel coordinated this historic and ethnographic project prior to the observance of the quincentennial of the Discovery of America in 1992.

2. There is no reference text to trace words of African origin in Mexico's Spanish but a good source is the work of Fernando Ortiz (1974), in which he analyzes several words of African origin used in Cuba that are also used colloquially in Mexico. Some words of African origin are: *bemba, chamba, mondongo, moronga, ñapa, panga,* and *timba*, among others.

3. Place names show us the superposition of hegemonic cultures in different periods of history. It is worth noting how *nahua* names were used in cultures of Mesoamerica as far reaching as Nicaragua. The Mexicas, who spoke nahuatl, were the hegemonic group in the Prehispanic period. Spanish names were used throughout the colonial period in New Spain but we can also see African origin names of places such as *Congo, Cabo Verde, Mandinga, Mocambo, Mozambique,* and *Mozomboa* to name some towns in the state of Veracruz. Other place names allude to the black African presence with names such as *Paraje del Cimarrón* [Place of the Runaway], *Paso Mulato* [Mulatto Pass], among others (Cruz 1991). See Torres and Carreaga (2000) with regard to the African heritage in gastronomy.

4. This cultural region was defined by Antonio García de León (1992) who, in turn, completes the concept by using sources from several authors. Another essential trait included in this cultural mix is livestock.

5. Heraldry and the study of surnames are useful to identify possible origins of the heterogeneous formation of the population of New Spain. Spaniards of Jewish and Muslim heritage crossed the Atlantic and mixed during the colonial period. Even though the hypothesis about the possible origin of surnames has been refuted, it is affirmed that those names that refer to the trades of *Carretero* (wheelmaker), *Herrero* (ironmonger), *Marrero* (metal-worker), *Carpintero*, (carpenter), *Zapatero* (shoemaker), and *Sastre* (tailor), among others, or such common names as Pérez and Espinoza, regardless of spelling, are of Jewish origin. Surnames with the prefix "Al-" such as Alarcón, Alcalá, Aldama, Alcántara, Alcócer, Almeída, Alpuche, and Almanza, among others, are of Muslim or Moorish origin. All of them are very common among colonial migrants.

6. Negroid traits such as macroskelia (long legs) and platyrrhina (wide nose), thick lips, and black, tightly coiled hair were not as important in classifying persons as their skin color. In the United States, persons with one drop of black blood are considered black, which was not the case in New Spain, or modern Mexico where skin and hair color are essential considerations.

7. Again, heraldry and the study of the origins of surnames are useful to recognize a Negroid ascendance. Surnames such as Negro (black), Pardo (brown), Lobo (wolf), Coyote and Prieto (black) allude to names of the castes. Surnames such as Canela (cinnamon), Tostado (toasted), Delgado (skinny/thin), and Obeso (obese) refer to physical traits such as the skin color or physical shape of enslaved people who were referred to in purchase/sale documents in that way. Over time, these descriptions became surnames. Other surnames assigned to the population of African origins on the Costa Chica are Liberio which alludes to being a free man, Malherba which means Mala Hierba (weed) and describes an enslaved person, probably an indomitable slave, in derogatory terms. Surnames such as Habana, Panama, or Caracas or any other place name refers to the origin of Creole slaves, that is, enslaved blacks born on the American continent, the sale of which increased during the 18th Century in the markets of the Gulf of Mexico and the West Indies /Caribbean Basin (See Cruz 2004).

8. Gonzalo Aguirre Beltrán notes this difference between "differentiated" castes and the names used on a daily basis. See (1984).

9. See Velásquez Guitíerrez María Elisa (2001:34).

10. Alejandra Cárdenas's work (1997) offers vivid examples of cases in which black, brown, and *mulatta* women are accused of practicing witchcraft.

11. The word *"jarocho"* has been defined as a derogatory term for the black and brown population in the Veracruz port area during the colonial period. This word evolved to include all the inhabitants of the state of Veracruz and no longer conveys this derogatory sense. It is disconnected from any black or Afro-Mexican identity (see Pérez Monfort, unpublished).

12. *Sones jarochos* such as *La Bruja* and *La vaca ligera* allude to acts of witchcraft and inducing lovesickness, a practice known as "ensnaring" a man. These witches had the ability to transform themselves into animals such as cows, coyotes, turkeys, and buzzards among others. One sees the syncretism of the Prehispanic "*nagual*" here. That is, the belief of a man or woman with magical and transmuting abilities who was adopted by the Afro-Mexican population.

NOTAS

1. El proyecto "La Tercera Raíz. Presencia de las Culturas Africanas en México" comenzó en 1989 apoyado por Guillermo Bonfil-Batalla, director de la Dirección General de Culturas Populares (DGCP). La Dra. Luz María Martínez Montiel coordinó este proyecto histórico y etnográfico previo a la celebración del quinto centenario del Descubrimiento de América en 1992.

2. No existe un texto que refiera las palabras de origen africano en el castellano de México pero una buena referencia es el trabajo de Fernando Ortiz (1974) donde analiza muchas palabras de origen africano usadas en Cuba y que también son usadas en el habla coloquial de México. Algunas palabras de origen africano son *bemba, chamba, mondongo, moronga, ñapa, panga, timba*, entre otras.

3. Los toponímicos nos muestran las superposiciones de las culturas hegemónicas en diferentes periodos de la historia. Es notable ver cómo nombres nahuas se impusieron en pueblos de Mesoamérica hasta Nicaragua pues los mexicas que hablaban esta lengua era el grupo hegemónico en época prehispánica. Los nombres castellanos se impusieron a lo largo del periodo colonial en Nueva España pero podemos encontrar topónimos de origen africano como *Congo, Cabo Verde, Mandinga, Matamba, Mocambo, Mozambique, Mozomboa* por citar algunos pueblos del Estado de Veracruz; otros topónimos hacen alusión a la presencia negra como *Paraje del Cimarrón, Rincón de los negros, Paso Mulato*, entre otros (Cruz 1991). En cuanto a la herencia africana en la gastronomía con véase Torres y Careaga (2000)

4. Esta región cultural fue definida por Antonio García de León (1992) quien a su vez toma y completa el concepto tomando referencia de varios autores. Otro rasgo de gran importancia incluido en este complejo cultural es la ganadería.

5. La heráldica y el estudio del origen de los apellidos ha sido útil para identificar posibles orígenes de la heterogénea conformación de la población de Nueva España. Españoles de origen judío y musulmán cruzaron el Atlántico y se mezclaron durante la colonia. Aunque ha sido rebatida la hipótesis sobre el posible origen de los apellidos, se afirma aquellos que refieren oficios como *Carretero, Herrero, Marrero, Carpintero, Zapatero, Sastre*, entre otros; o los tan comunes *Pérez* y *Espinoza* cual fuere la ortografía son de origen judaico. Los apellidos con prefijo "Al-" como *Alarcón, Alcalá, Aldama, Alcántara, Alcocer, Almeida, Alpuche, Almanza* entre otros, son de origen musulmán o "moro". Todos ellos muy comunes entre los migrantes coloniales.

6. Características negroides como macroskelia (piernas largas), nariz platirrina (nariz ancha), labios gruesos y cabello negro rizado no fueron tan importantes para clasificar a los individuos como el color de la piel. En los Estados Unidos, los individuos con una gota de sangre negra son considerados negros, no fue el caso de Nueva España, ni del México contemporáneo donde el color de la piel y del cabello importa mucho.

7. Nuevamente la heráldica y el estudio del origen de los apellidos es útil para reconocer una ascendencia negroide. Apellidos tales como *Moreno*, *Pardo, Lobo, Coyote* y *Prieto* hacen alusión a los nombres de las castas; Apellidos como *Canela*, *Tostado*, *Delgado* y *Obeso* refieren características físicas como el color de piel o complexión física de los esclavos que se registraban en los documentos de compra-venta. Estas descripciones pasaron con el tiempo a conformarse como apellidos. Otros apellidos asignados a población de origen africano en Costa Chica son *Liberio* que alude a la condición de hombre libre; *Malherba* que significa "mala hierba" y que refiere una persona negativa probablemente un esclavo indomable; Apellidos como *Habana, Panamá, Caracas* o algún otro topónimo refiere el origen de esclavos criollos, es decir, esclavos negros nacidos en el continente americano, cuyo comercio se incrementó durante el siglo XVIII en el mercado del Golfo de México y Circumcaribe por resultar más baratos que los traidos de África (Véase Cruz 2004).

8. Gonzalo Aguirre Beltrán hace esta diferencia entre castas eruditas y las usadas cotidianamente véase (1984)

9. Véase Velásquez Gutiérrez María Elisa (2001:34)

10. El texto de Alejandra Cárdenas (1997) presenta ilustrativos casos en donde se acusa a negras, pardas y mulatas de actos de brujería.

11. La palabra "*jarocho*" se ha definido como una forma despectiva de referirse a la población negra y parda de la zona del puerto de Veracruz durante el periodo colonial. Esta palabra pasó a identificar a los habitantes de todo el Estado de Veracruz aunque ya desprovista de este carácter derogatorio y sin relación con una identidad de negro o afromestizo (véase Pérez Monfort, inédito)

13. Both Aguirre Beltrán (1984:23) and David Davidson (1981) refer to early escapes and cases of slave rebellion during the first half of the 16th Century.

14. Aguirre Beltrán, (1988)

15. García Bustamente, (1988)

16. The *palenques* or runaway slave settlements existed in most of the American continent. Richard Price's book Las sociedades cimarronas (1981) shows a selection of runaway slave settlements in Spanish, Portuguese, British, and Dutch colonies across the Americas.

17. Juan Florencio Laurencio was the priest who accompanied the royal army and described the military campaign against Yanga and the *cimarrones* in 1609. The original letter written by this Jesuit friar disappeared. Jesuit historians Andrés Pérez de Rivas (1645) and Francisco Javier Alegre (1746) reproduced the document (National General Archive, History Section 3148) (Aguirre Beltrán, 1988:131).

18. Yanga's birthplace is unknown. Documents mention that he belonged to the "Brong, Brang or Barang nation" of Atabubu, which arrived in New Spain during the 16th Century from the north of Ghana (Aguirre Beltrán, 1984:128,336).

19. *Martes de Carnaval* [Mardi Gras], the day before Ash Wednesday is the first day of Lent observed before Holy Week. There is a difference between *carnestolendas* [Mardi Gras] and those celebrated on other dates defined as "*carnavales de calentura*" which are usually held during the Patron Saint feast day activities.

20. Yanga, Veracruz has the Instituto de Mejoramiento del la Producción de Azúcar (IMPA) [Institute for Improvement of Sugar Production]. In 1989, the ambassador of the Ivory Coast in Mexico, Jeanot Zoro-Bi-Ba, contacted this entity and initiated a cultural and scientific exchange with the Municipality of Yanga. In 1989, the ambassadors of the Federal Democratic Republic of Ethiopia, and from Western Sahara, also participated in the carnival festivities.

21. The blacks of Veracruz are considered to be descendants of Cubans given the close historic ties between this Caribbean island and Mexico since the 16th Century. During the colonial period, maritime travel between Havana and Veracruz was easier and more fluid than land travel between Veracruz and Mexico City. In the state of Veracruz, the generalized idea that all Cubans are black persists. In the central part of Veracruz, when a person is very black, the qualifier is doubled to "*Cubano, Cubano*" [Cuban Cuban] to avoid using the word black as this would be offensive.

22. The factor of social class was not considered in this study for marriage preferences as a factor that could come to bear on the result of an interracial marriage.

23. In regions with interracial populations, a pigmentocracy (Cruz, 1989) emerges. It denotes classifications or categories of persons in a hierarchy based on skin color. Lighter skin color is considered to be of higher status and quality as is the case with the "refining" of progeny. Marriage with a person of a higher status or classification as is the case of castes in India is known as hypergamy. It represents a way of social climbing for the lower caste spouse and the progeny. Hypergamy occurs in central Veracruz.

24. It is considered an insult to call someone "*negro*" [black], "*prieto*" [very dark, almost black], "*retinto*" [very dark brown], or "*cambujo*" [very dark]. It is considered derogatory to refer to Afro-Mexicans in this way. The terms "people of color" or "*morenos*" [brown people] are used and considered more appropriate, particularly in mass media communications.

25. The physical appearance of the people who appear on Mexican television is predominantly white, blonde with blue or green eyes. The Anglo-Saxon phenotype is the stereotype of beauty and it bears no resemblance to the phenotype of most Mexicans.

26. There is a classification within Mexican families in accordance with skin color. In Mexican Spanish, the word *"güero"* [blond, fair-skinned] means to have light/white skin and/or blond hair and generally it is used as a compliment or praise. Upper and middle class Mexican women like to dye their hair blonde, or lighten their natural color, as the average Mexican has predominantly dark skin and dark brown or black hair. If one were to analyze the symbolism contained in being *"güero"* or *"güera"* in Mexico, following the conceptual framework of Clifford Geertz (1973: 432-434), one may discover the deep meaning or "deep play," which is the true meaning behind the pretense of being blond. It implies belonging to a higher status in the hierarchy of a pigmentocratic society, which classifies its people by skin and hair color.

27. Gilberto Rincón Gallardo presides over CONAPRED.

12. Sones jarochos como *"La Bruja"* y *"La vaca ligera"* hacen alusión a actos de brujería y mal de amores, práctica conocida como *"engreir"* al hombre. Estas brujas tienen la capacidad de transformarse en animales como vacas, coyote, guajolotes, zopilotes, entre otros. Vemos aquí el sincretismo del "nagual" prehispánico, es decir, la creencia en un hombre o mujer con capacidades mágicas y de transmutación que fue adoptada por la población afromestiza.

13. Tanto Aguirre Beltrán (1984:23) como David Davidson (1981) refieren las tempranas fugas y rebeliones esclavas durante la primera mitad del siglo XVI.

14. Aguirre Beltrán, 1988

15. García Bustamante, 1988

16. Los palenques o establecimientos de esclavos fugitivos se dieron en casi todo el continente americano. El libro *Las sociedades cimarronas* de Richard Price (1981) presenta una selección de establecimientos de esclavos fugitivos en colonias españolas, portuguesas, británicas y holandesas a lo largo de las Américas.

17. Juan Florencio Laurencio fue el sacerdote que acompañó al ejército real y describió la campaña militar contra Yanga y los cimarrones en 1609. La carta original escrita por este fraile jesuita desapareció. Andrés Pérez de Rivas (1645) y Francisco Javier Alegre (1746), ambos historiadores jesuitas, reprodujeron el documento (Archivo General de la Nación. Ramo Historia 3148) (Aguirre Beltrán, 1988:131)

18. El lugar de nacimiento de Yanga es desconocido. Los documentos mencionan que perteneció a la "nación Brong, Brang o Barang" de Atabubu que llegó a Nueva España durante el siglo XVI proveniente del norte de Ghana (Aguirre Beltrán, 1984:128, 336).

19. El martes de Carnaval, día antes del miércoles ceniza, es el primer día de la cuaresma antes de la semana santa. Se hace diferencia entre el carnaval de carnestolendas y los celebrados fuera de esta fecha definidos como "carnavales de calentura" que regularmente se realizan durante las fiestas patronales.

20. Yanga, Ver. cuenta con el Instituto de Mejoramiento de la Producción de Azúcar (IMPA). En 1988 el embajador de Costa de Marfil en México, Jeanot Zoro- Bi - Ba, contactó a este centro e inició un intercambio cultural y científico con el Municipio de Yanga. En 1989, participaron también en el carnaval embajadores de la República Democrática de Etiopía y de Saharahui.

21. Los negros de Veracruz se consideran descendientes de cubanos debido a los lazos históricos tan estrechos entre esta isla caribeña y México desde el siglo XVI. Durante la colonia la comunicación entre la Habana y Veracruz por vía marítima era más fluida y fácil que entre Veracruz y la Ciudad de México por vía terrestre, de ahí la conexión tan cercana. En el Estado de Veracruz persiste la idea generalizada de que todos los cubanos son negros. En la zona central de Veracruz cuando una persona es muy negra duplican el calificativo "cubano, cubano" evitando usar la palabra "negro" por ser ofensiva.

22. En esta investigación no fue considerado el factor clase social para preferencias matrimoniales que podría influenciar el resultado de la unión interracial.

23. La pigmentocracia (Cruz 1989) se aplica en regiones de convivencia inter-racial. Describe clasificaciones o categorías de individuos jerarquizados acorde al color de su piel. La piel más clara se considera de una calidad y estatus superior como es el caso del proceso de refinamiento de la progenie. La unión matrimonial con una persona de estatus o categoría más alta como es el caso de las castas en la India se le conoce como hipergamia y representa una forma de ascenso social del cónyuge de casta inferior y de la progenie. La hipergamia es aplicable en Veracruz central.

24. El llamar a alguien "negro", "prieto", "retinto" o "cambujo" se consideran ofensas o formas despectivas para referirse a los afromestizos. Se usas los términos "gente de color" o "morenos" como más apropiadas sobre todo en medios masivos de comunicación.

25. El aspecto físico de la gente que aparece en la televisión mexicana es predominante blanco, rubio con ojos azules o verdes. El fenotipo anglosajón es el estereotipo de belleza y no hay correspondencia con el fenotipo de la mayoría de los mexicanos.

28. In 2005, in homage to caricature in Mexico, stamps were issued depicting *Memín Pinguín*, a comic book character who is a black child. This drew serious protest from organizations such as La Raza in Washington D.C. and complaints from Rev. Jesse Jackson who demanded apologies from the Mexican government. Apologies were not forthcoming and the request to remove the stamps from circulation went unheeded. This created a controversy and diplomatic tensions, both in Mexico and the United States. In Mexico, this caricature is not considered racist, though several authors have specifically noted otherwise (Cruz, 2005; Hernández Cuevas, 2003).

29. In the absence of statistics and censuses that include racial distinctions, the approximate calculation of the Afro-Mexicans population in Mexico is between 4% and 6% (verbal information provided by Father Glyn Jemmott in March, 2005).

30. See Cruz (1989) and Vaughn (1999).

31. See Lewis (2001) who makes reference to a supposed shipwreck as a creation myth of the black people of Costa Chica. It denotes a live, historic memory that narrates having arrived on a ship and settling in the area after a shipwreck. Rebollar (1994) also refers to this myth in his documentary "*La Tercera Raíz*" [The Third Root] and he recreates it as part of the dance of "the devils" in a highly creative way.

32. See Pérez Montfort (2000:35) who explains that the rhythm of the music of the *fandango jarocho* (and I extend this to include the *fandango de Costa Chica)* has clear African influences among so many other perceivable African influences.

33. Gabriel Moedano (1980) was a pioneer in the study of artistic expressions of the Costa Chica. He obtained musical recordings, transcriptions and analysis of the poetic verse and social context of this region (1988). Another author who has approached the topic of poetic verse and oral tradition of the Costa Chica is Miguel Angel Gutíerrez Avila (1988), as well as Rolando A. Pérez Fernández (1990) who analyzes Afro-Mexican music from several parts of Mexico.

34. Cristina Díaz Pérez (2003) analyzes kinship systems among Afro-Mexican families and discuses the *queridato* [lover] system in which the male keeps a socially tolerated, bigamous relationship. Díaz Pérez also approaches the topic of *matrifocalidad* [matrifocality], that is, families in which the mother is head of the household, and there is one (or more) absent father(s).

35. See Díaz et al (1993). Here the oral tradition among the Afro-Mexican people(s) of the Costa Chica is studied.

36. See Perez Montfort (2000).

37. See Cruz et al 1990a and 1990b.

38. Documentary videos of Rebollar (1994) and Olivares (2001) present a good ethnographic recording of the main dances of the region.

39. The documentary "African Blood" gives an excellent review of the Costa Chica and belief in the "*tona*" (Olivares, 2001).

40. Vinson III and Vaughn (2005) provide a thorough hemerographic and bibliographic compilation of historic and modern texts about the black African presence in Mexico.

41. See the Rebollar documentary (2002) about *Moscogos*.

42. Lorenzo's work (1989) shows detailed archeological, historical and geographic data to contradict the argument of the possible African and Polynesian migration to America before the European arrival during the 16th Century.

43. See Van Sertima (1998).

44. See Casimir (1996).

26. Hay una categorización al interior de las familias mexicanas acorde al color de piel. La palabra "güero" en el castellano de México significa poseer un color de piel clara y/o cabello rubio, y se utiliza generalmente como un elogio. Las mujeres mexicanas de clase media y alta gustan de teñirse el cabello de rubio o aclararse su color natural pues el mexicano promedio es de piel predominante oscura y cabello castaño oscuro o negro. Si analizamos el contenido simbólico de ser "güero" o "güera" en México siguiendo el marco conceptual de Clifford Geertz (1973:432-434) podemos descubrir el significado profundo o juego profundo ("deep play"), es decir, el significado verdadero de pretender ser rubio, implica pertenecer a una jerarquía más alta en una sociedad pigmentocrática que clasifica a las persona por su color de piel y cabello.

27. Gilberto Rincón Gallardo preside el Conapred

28. Como un homenaje a la caricatura en México, durante 2005 se emitieron estampillas de Memín Pinguín, personaje de cómic que representa a un niño negro el cual generó serias protestas de organizaciones como La Raza en Washington DC y quejas del Reverendo Jessie Jackson quien reclamó disculpas por parte del gobierno mexicano. Éste se negó a ofrecer disculpas y a retirar las estampillas de circulación, provocando controversia y tensión diplomática tanto en México como en Estados Unidos. En México no se reconoce que esta caricatura sea racista pero varios autores han subrayado lo contrario (Cruz, 2005; Hernández Cuevas, 2003).

29. Ante una carencia de estadísticas y censos que hagan distinción racial se calcula que aproximadamente la población afromestiza en México es entre 4 y 6% (información oral proporcionada por el padre Glyn Jeamott en marzo del 2005)

30. Véase Cruz 1989 y Vaughn 1999

31. Véase Lewis (2001) donde se refiere un supuesto naufragio como mito fundacional de los pueblos negros de la Costa Chica que da cuenta de una memoria histórica viva que narra el haber llegado en barco y establecerse en la región después de naufragar. Rebollar (1994) también refiere este mito en su documental "La tercera raíz" y la recrea como parte de la danza de "los diablos" de una manera ingeniosa.

32. Véase Pérez Montfort (2000: 35) en donde se explica que la rítmica de la música del fandango jarocho y lo hago extensivo al fandango de Costa Chica tiene claras evidencias africanas entre otras tantas influencias distinguibles para este autor.

33. Gabriel Moedano (1980) fue pionero en el estudio de manifestaciones artísticas de la Costa Chica, logrando grabaciones musicales, transcripción y análisis de la versística y del contexto social de esta región (1988). Otro autor que ha abordado el tema de la versística y oralidad de Costa Chica es Miguel Ángel Gutiérrez Ávila (1988); así como Rolando A. Pérez Fernández (1990) quien analiza la música afromestiza de varias partes de México

34. Cristina Díaz Pérez (2003) hace un análisis del sistema de parentesco entre las familias afromestizas de la Costa Chica y discute el queridato, sistema en el que el hombre mantiene una relación de bigamia socialmente tolerada; Díaz Pérez también aborda la matrifocalidad, es decir, familias cuya cabeza es la madre y hay uno o varios padres ausentes.

35. Véase Díaz et al (1993). Aquí se analiza la oralidad entre los pueblos afromestizos de la Costa Chica

36. Véase Pérez Montfort (2000)

37. Véase Cruz et al 1990a y 1990b

38. Los videos documentales de Rebollar (1994) y Olivares (2001) presentan un buen registro etnográfico de las principales danzas de la región.

39. El documental "African Blood" hace un excelente registro de la Costa Chica y la creencia en el tona (Olivares 2001)

40. Vinson III y Vaughn (2005) hacen una muy completa recopilación bibliográfica y hemerográfica de textos históricos y contemporáneos sobre la presencia negra de México.

41. Véase el documental sobre los moscogos de Rebollar (2002)

42. El texto de Lorenzo (1989) presenta detallados datos arqueológicos, históricos y geográficos para contradecir la posible migración africana y polinésica a América antes de la llegada europea durante el siglo XVI.

43. Véase Van Sertima (1998)

44. Véase Casimir (1996)

Bibliography / *Bibliografía*

Aguirre Beltrán, Gonzalo. *La Población Negra de México*. México. Fondo de Cultura Económica, 1984.

——. *Cuijla. Esbozo Etnográfico de un Pueblo Negro.* México. Fondo de Cultura Económica, 1985.

——. "Nyanga y la controversia en torno a su Reducción a Pueblo". *Jornadas de Homenaje a Gonzalo Aguirre Beltrán*. Veracruz, Ver. Instituto Veracruzano de la Cultura, 1988, pp. 129-135

Cárdenas, Alejandra. *Hechicería, saber y transgresión. Afromestizas en Acapulco: 1621*. Chilpancingo Gro. México, 1997.

Casimir de Brizuela, Gladys. "Algunas noticias de contactos africanos antes de 1492" *Lotería*. No 408 Agosto-Septiembre Año MCMXCVI, 1996. pp 102-109

Cruz Carretero, Sagrario. *Identidad en una Comunidad Afromestiza del Centro de Veracruz: La Población de Mata Clara.* Tesis de licenciatura. México. Universidad de las Américas – Puebla, 1989.

——. "La Herencia Negra en Veracruz" presentada en "El 2° Encuentro de Afromexicanistas" en junio en Taxco, Gro, México. Presentada en el XI Festival del Cultura Caribeña en Santiago de Cuba en junio del mismo año, 1991.

——. "De Florida a México. Migración de negros e indios durante el siglo XVIII". *Población Negra en México. Boletín Archivo General de la Nación* México. Num. 6 Octubre Diciembre 6ª época, 2004, pp. 103-126.

——. "Racist Mexicans? Dissecting the cultural Politics of Memín Pinguín." Unpublished Conference presented in Georgia State University, Atlanta Georgia on September 15th, 2005.

——. *El Carnaval en Yanga: Notas y Comentarios sobre una Fiesta de la Negritud.* México D.F. Serie Ollin No. 2 Dirección General de Culturas Populares, 1990ª.

——. "Los negros Disfrazados". *México Indígena*. México D.F. 10:41-45, 1990b.

Davidson , David. "El Control de los Esclavos Negros y su Resistencia en el México Colonial 1519-1650". *Sociedades Cimarronas.* Compilado por Richard Price. México. Siglo XXI. pp. 79-100

Díaz Pérez, María Cristina. M,C. Aparicio Prudente, F. García Casarrubias. *Jamás fandango al cielo*. México. Dirección General de Culturas Populares, 1993.

——. *Queridato Matrifocalidad y crianza entre los afromestizos de la Costa Chica.* México. Consejo Nacional para a Cultura y las Artes, 2003.

García Bustamente, Manuel. "Dos aspectos de la Esclavitud Negra en Veracruz Durante el Siglo XVII: Trabajo Especializado en Trapiches e Ingenios Azucareros y Cimarronaje." *Jornadas de Homenaje a Gonzalo Aguirre Beltrán*. Veracruz, Ver. Instituto Veracruzano de la Cultura, 1988, pp. 151-260.

García de León, Antonio. "El Caribe afroandaluz: permanencias de una civilización popular", *La jornada semanal*, num. 135 (12 de enero), México. 1992, pp. 27-33.

Gutiérrez Ávila, Miguel Ángel. *Corrido y violencia*. Chilpancingo. Universidad Autónoma de Guerrero, 1988.

Geertz, Clifford. "Thick description: toward an interpretative theory of culture" *The Interpretation of Cultures*, New York, Basic Books, 1973.

Hernández Cuevas, Marco Polo. "Memín Pinguín: uno de los cómics mexicanos más populares como instrumento para codificar al negro". *Afro-Hispanic Review*. Spring, 2003, pp.52-59.

Katsew, Ilona. *La pintura de castas. Representaciones raciales en el México del Siglo XVIII.* México, CONACULTA, Turner, 2004.

Lafaye, Jacques. "De sangre limpia y castas de mezcla ". *Espejos Distantes, los rostros mexicanos del siglo XVIII.* México. BBVA Bancomer, Clío-Espejo de Obsidiana. 2001, pp.109-163

Lewis, Laura. "Of ships and saints: history, memory and place in the making of Moreno Mexican Identity" *Cultural Anthropology*. 16 (1):62-82, 2001.

Lorenzo, José Luis. "Los descubrimientos de América". *Jornadas de Homenaje a Gonzalo Aguirre Beltrán*. Veracruz, Ver. Instituto Veracruzano de la Cultura. 1988, pp. 1- 12.

Moedano, Gabriel. El estudio de las tradiciones orales y musicales de los afromestizos de México. *Antropología e Historia*. Boletín de INAH. Época III, No. 31 jul - sep. 1980, pp 19 – 29.

——. "El corrido entre la población afromestiza de la Costa Chica de Guerrero y Oaxaca" *Jornadas de Homenaje a Gonzalo Aguirre Beltrán*. Veracruz, Ver. Instituto Veracruzano de la Cultura. 1988, pp. 119-128.

Naveda Chávez-Hita, Adriana. *Esclavos negros en las Haciendas Azucareras de Córdoba, Ver. 1630-1830*. México. Centro de Investigaciones Históricas de la Universidad Veracruzana, 1987.

Pérez Monfort, Ricardo. "El fandango veracruzano y las fiestas del Caribe". Estampas de nacionalismo popular mexicano. *Diez ensayos sobre cultura popular y nacionalismo*. 2ª Edición. México. Centro de Investigaciones y Estudios Superiores de Antropología Social. 2000, pp. 31-45.

——. "Lo negro en la formación del estereotipo jarocho" Mecanoescrito, Inédito, pp 1-22.

Ortiz, Fernando. *Nuevo Catauro de cubanismos.* La Habana. Editorial de Ciencias Sociales, 1974.

Price, Richard. (comp.) *Sociedades Cimarronas.* México. Siglo XXI, 1981.
Pérez Fernández, Rolando A. *La música afromestiza mexicana*. Xalapa, Ver. México. Universidad Veracruzana, 1990.
Twillie, Gwendolyn B. "The contributions of slaved Africans and their descendants to the growth and development of the Americas". *Journal of Black studies*, Vol 25 No. 4 March 419-430, 1995.
Torres Cerdán, Raquel and Dora Careaga Gutiérrez. *Recetario afromestizo de* Veracruz. Serie Cocina indígena y popular. México. Instituto Veracruzano de Cultura. CONACULTA, 2000.
Van Sertima, Ivan. *Early America Revisited.* New Brunswick and London Transaction Publishers, 1998
Vaughn, Bobby. Grant proposal draft 1999. Mecanoescrito inédito
Velásquez Gutiérrez, María Elisa. "Orgullo y despejo" Iconografía de las mujeres de origen africano en los cuadros de castas del México virreinal". *Pardos mulatos y libertos. Sexto encuentro de afromexicanistas.* Adriana Naveda compiladora. Xalapa, Ver. México. Universidad Veracruzana, 1991, pp. 25-38.
Vinson III y Vaughn Bobby. *Afroméxico.* México. Fondo de Cultura Económica, 2005.

VIDEOS

Rebollar, Rafael. *La tercera raíz*. México. CONACULTA, 1994.
——. *De Florida a Coahuila.* México, 2002.
Olivares, Roberto. *African Blood*. México, 2004.

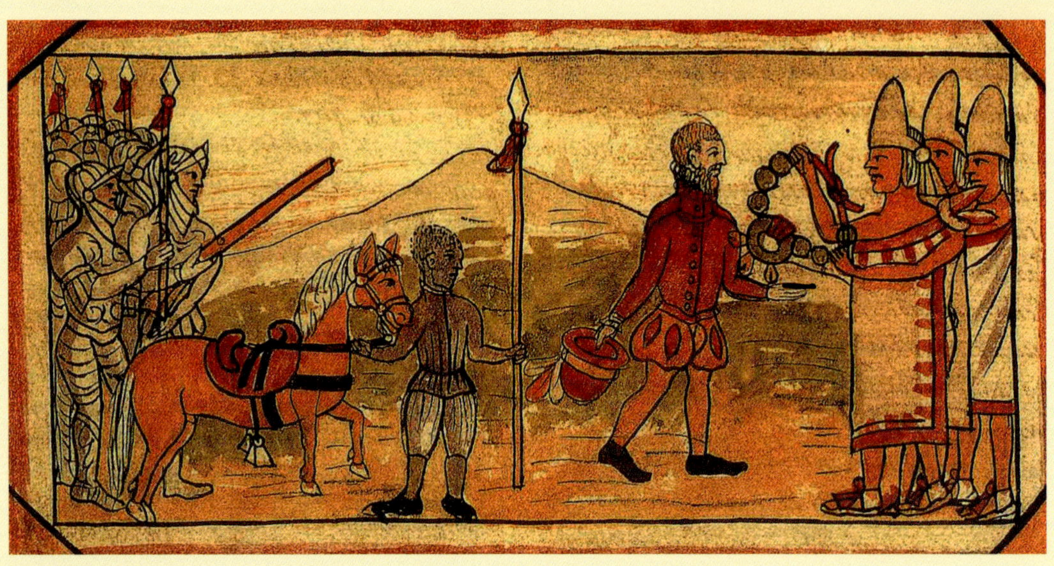

Anonymous / Anónimo

The encounter of Cortez and Moctezuma, in Fray Duran, *"Historia de las India de Nueva España y Yslas de Tierra Firme"* / *El encuentro de Cortez y Moctezuma, en Fray Duran, "Historia de las India de Nueva España y Yslas de Tierra Firme"*

1579-1581, ink on paper

11" x 8 1/2" (27.9 x 21.6 cm.)

Courtesy of La Biblioteca Nacional

An Historical Survey: Afro-Mexican Depictions and Identity in the Visual Arts

By Cesáreo Moreno

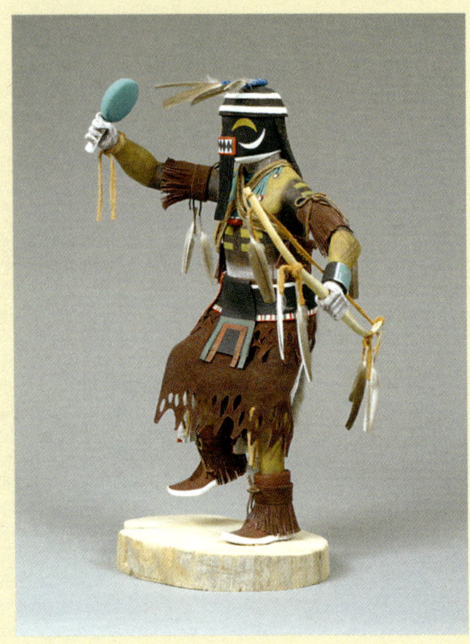

Anthony Briones (b.1958)
Black Chakwaina Katsina from First Mesa area on Hopi reservation
Chakwaina Katsina Negra del area First Mesa en la reserva Hopi
2005, carved cotton wood root and mixed media
12 3/4" x 7 1/2" x 5 1/2"
(32.4 x 19.1 x 14 cm.)
Mexican Fine Arts Center Museum Permanent Collection, 2006.15, Museum Purchase Fund

The academic term Afro-Mexican emerged with Dr. Gonzalo Aguirre Beltrán (1908-1996) in the 1940s and, even though it has not been integrated into the Mexican vernacular, the term properly refers to individuals and the material culture that came from Mexico's third root – Africa. Since their arrival in Mexico[1] the depiction of the African descendents has been a process of documentation by non-Africans rather than a first person portrayal by Afro-Mexican artists. Since the 16th Century when Spanish friars first immigrated to the Americas (1524)[2] and recorded all they encountered, and Native American Pueblo artisans first rendered Esteban de Dorantes (an enslaved African Moor)[3] in the form of a Chakwaina Kachina doll, the African presence has been unmistakable. Yet their existence and historic contributions in Mexico, although well-known by most historians, have seldom been celebrated in the visual arts until recently. Contemporary Afro-Mexican artists who have been inspired by their "third root" are primarily from the Veracruz and Costa Chica (along the Oaxaca and Guerrero state border) areas of Mexico. Most of the fine art and popular art in the past five centuries depicting Afro-Mexicans has been ignored as vestiges of the African presence, though they are among the most indispensable pieces of evidence that further clarify the role the African diaspora has played in *Mexicanidad* (Mexican-ness). The African presence in Mexico has never been viewed or dealt with as a category within Mexican art history. Even the simplest depictions contain information about Afro-Mexican participation in society and the society's prejudices. This historical survey only skims the surface of the immense and rich history of such art in this part of the world. There remains a vast amount of artistic work that must still be uncovered, compiled and made public in order to get a more complete and accurate picture of the African presence in Mexico.

Una visión histórica:
Representaciones afro-mexicanas e identidad en las artes visuales

Translated by Sagrario Cruz-Carretero

El término académico afromexicano surgió con Gonzalo Aguirre Beltrán (1908-1996) en la década de los años cuarenta y aunque no ha sido integrada al habla vernácula mexicana, el término adecuadamente se refiere a los individuos y a la cultura material proveniente de la tercera raíz de México: África. Desde su llegada a México[1], las representaciones de estos descendientes de africanos han sido parte de un proceso de documentación hecho por no africanos, más que un retrato hecho en primera persona realizado por artistas afromexicanos. Desde el siglo XVI cuando los frailes españoles emigraron por primera vez a las Américas (1524)[2] y registraron todo lo que encontraron, los artesanos de los indios pueblo por primera vez representaron a Esteban de Dorantes (un esclavo moro africano)[3] al diseñar la muñeca Chakwaina Machina. Desde entonces la presencia africana ha sido evidente. A pesar de que su existencia y contribuciones históricas en México son bien conocidas por la mayoría de los historiadores, rara vez han sido representados en las artes visuales hasta tiempos recientes. Los artistas afromexicanos contemporáneos que han sido inspirados en su "tercera raíz" son principalmente originarios de las regiones de Veracruz y Costa Chica (en la frontera entre Oaxaca y Guerrero). La mayoría de las obras de arte y de arte popular que representan a los afromexicanos en los últimos cinco siglos han sido ignoradas como evidencia de la presencia africana, sin embargo, son algunas de las pruebas indispensables que en un futuro aclararán cual fue el rol que la diáspora africana jugó en la *mexicanidad.* La presencia africana en México nunca había sido vista o manejada como una categoría en la historia del arte Mexicano. Aún las representaciones más simples contienen información acerca de su participación en la sociedad y de las tendencias de dicha sociedad. Este esbozo histórico sólo echa un vistazo por encima de la vasta y rica historia del arte de esta parte del mundo. Aún queda una gran cantidad de trabajo artístico que debe ser descubierto, compilado y hecho público para poder dar una imagen más exacta y completa de la presencia africana en México.

Colonial Mexico: 1521 - 1810

Christopher Columbus (1451-1506) brought enslaved Africans with him on his second voyage to the New World from Spain in 1493. However, it was a full decade later that the first merchant boat carrying enslaved Africans reached the Caribbean island of Hispañola (present day Dominican Republic and Haiti) to begin work in the highly profitable but labor intensive sugar cane industry[4]. These Africans, including one named Juan Garrido, first learned Western European ways on the Iberian Peninsula or on one of the Spanish/Portuguese islands. The Spanish valued these "experienced" Africans greatly, and referred to them as *Ladinos.* The newly captured, "inexperienced," Africans were known as *Bozales*. This process of re-identifying Africans was a ruthless attempt to strip away an Africans' own identity and impose new sets of values on the captive people. By the time the Spanish *conquistadores* and the religious orders (Franciscans, Dominicans, and Augustinians) occupied Mexico in the 16th Century, many stereotypes and misguided beliefs regarding both the African and indigenous populations pervaded the newly developing multicultural society. The indigenous people were labeled as excellent craftspeople while Africans were believed to be remarkable laborers.

Many of the subsequent racially based notions and labels would be used as a means to further justify the expansion of the Spanish empire, the continuation of their slave trade from Africa[5], and the destruction of indigenous religions and culture[6]. Pope Julius II commissioned Michelangelo to fresco the ceiling of the Vatican's Sistine Chapel with depictions of the creation of the universe and thus illustrate the world's natural order. One of the initial ceiling frescos (1508) was "The Drunkenness of Noah," the biblical story Christians used to justify slavery.[7] This story from the Old Testament (Genesis 9: 25-27) tells of how Noah cursed his son Ham and his descendants to live indentured lives as slaves. Labeling the Africans as descendants of Ham typifies the Renaissance objective of using biblical accounts to arrive at a "scientific" truth.

Michelangelo Buonarroti
(1475-1564)
The Drunkeness of Noah
La embriaguez de Noe
1509, fresco from the ceiling of the Sistine Chapel, Vatican City
67" x 102 3/8" (170 x 260 cm.)

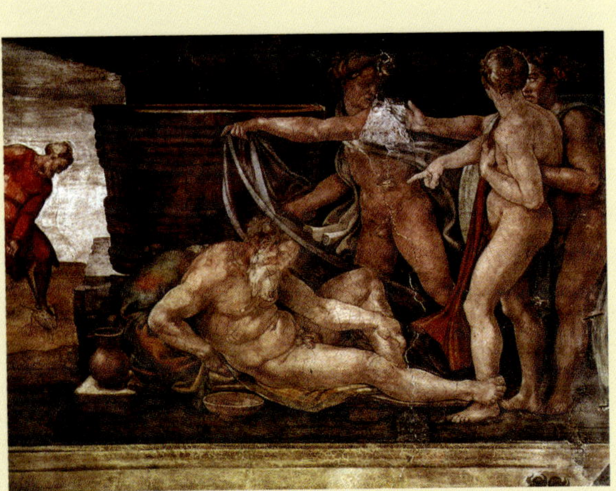

Another very successful image that was used in both the subjugation and the spiritual conquest of non-Christians by the Spanish Crown was that of their patron warrior saint. Santiago Matamoros (Saint James the Killer of

La Conquista y México Colonial: 1521 - 1810

Cristobal Colón (1451-1506) trajo con él esclavos africanos en su segundo viaje al nuevo mundo desde España en 1493. Sin embargo, fue una década después que el primer barco mercante cargado con esclavos africanos llegó a la isla del Caribe llamada la Española (lo que actualmente es República Dominicana y Haití) para destinarlos a trabajar en la altamente redituable pero laboriosa e intensiva industria azucarera[4]. Los africanos capturados, incluyendo a Juan Garrido, primero aprendieron el modo de vida de la Europa Occidental en la península ibérica, o bien en alguna de las islas españolas o portuguesas. Los españoles valuaron en mucho a estos "experimentados" esclavos africanos a quienes se les denominaba *ladinos*. Los africanos recién capturados e "inexpertos" eran conocidos como *bozales.* Este proceso de re-identificación de los africanos fue una forma burda de arrancar la propia identidad africana e imponer nuevas formas de valores entre los cautivos. Al mismo tiempo, tanto conquistadores españoles como órdenes religiosas (franciscanos, dominicos y agustinos) ocuparon México durante el siglo XVI, cuando muchos estereotipos y creencias distorsionadas mostraban a la población africana e indígena como algo perjudicial para el desarrollo de la nueva sociedad multicultural. Los indígenas fueron etiquetados como excelentes artesanos mientras que los africanos se pensaba que eran notables trabajadores.

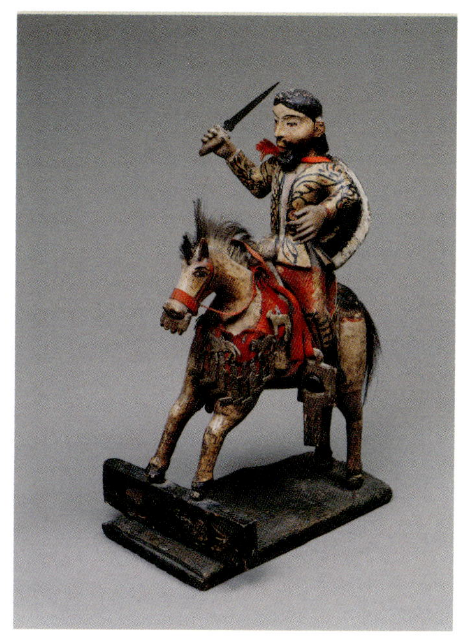

Anonymous / *Anónimo*
Saint James Killer of Moors
Santiago Matamoros
ca. 1850, polychromed wood
15" x 6 1/2" x 9 1/2"
(38.1 x 16.5 x 24.1 cm.)
Collection of Gerardo Morelos

Muchas de las nociones y etiquetas raciales subsecuentes se usaron como un medio para posteriormente justificar la expansión del imperio español, la continuación de la trata esclava proveniente de África[5], y la destrucción de la religión y cultura indígena[6]. El papa Julio II comisionó a Miguel Ángel para realizar el fresco del techo de la Capilla Sixtina en el Vaticano, representando la creación del universo y así ilustrar el orden natural del mundo. Uno de los frescos iniciales del techo (1508) fue la "Embriaguez de Noé", historia bíblica que los cristianos usaron para justificar la esclavitud[7]. Este pasaje del viejo testamento (Génesis 9: 25-27) nos cuenta cómo Noé maldijo a su hijo Ham y a sus descendientes condenándolos a vivir en la esclavitud. Siendo identificados los africanos como descendientes de Ham, se representó un objetivo renacentista, usando los textos bíblicos para llegar a una verdad "científica".

Moors[8]) was believed to have miraculously appeared on a white horse to lead the Catholic armies in their war to re-conquer Spain from the African Moors in the late 15th Century[9]. To this day he is venerated all over Mexico in elaborate outdoor processions (July 25th), including the Afro-Mexican region of Costa Chica. Many communities perform an ancient war dance that depicts the triumphant battle between Christians and Moors with swords, costumes, and wooden masks. Santiago is represented as a Spanish deity of war whose equestrian powers swept over the Americas as they had the Iberian Peninsula. In venerating this Christian war god and performing the masked dance, the early Christian converts in Mexico sought to appropriate some of his power for themselves[10].

The 16th Century production of didactic works of art, ritualistic objects, and Christian icons to express and inculcate a European view of life were fundamental to the Spanish / Roman Catholic cause. Friar Pedro de Gante set up what could be seen as the first formal art school in the Americas (by 1529) at the chapel of San José de los Naturales in the Franciscan convent in Mexico City[11]. It was there that the propagation of Eurocentric values in the visual and applied arts began. For approximately 40 years, an Indo-Christian style of art known as *Tequitqui*[12], which purposely incorporated a number of indigenous techniques and aesthetics into Christian works of art and architecture, excluded any trace of African influence[13]. Other friars such as Diego Valades[14] and the *conquistador* turned Dominican friar, Bartolomé de las Casas (1470-1566), separately traveled to the Vatican and made the case in favor of the natural human rights of the "noble" indigenous people, while opposing these same rights for the growing population of enslaved Africans.

In 1563 during the Vatican Council of Trent (1545-1564), the leaders of the Church and ecclesiastic art theorists took control of all artistic production in Spain's territory. Within three years, the official Papal authority of the Holy Office of the Inquisition only propagated strict Roman Catholic attitudes and beliefs. Quickly and systematically they filled Mexico with orthodox works of art and terminated the creation of ritual objects in the more tolerant *Tequitqui* style. In Europe, America, and eventually Asia,[15] the Vatican and Spain censored any first-voice artistic expressions, the stories of the native and conquered peoples that could have been identified as heretical. This was one of several strategies the Vatican implemented to counter the spreading Protestant movement and to more effectively impose a new world order.

Otra imagen importante que fue usada tanto para el sometimiento como para la conquista espiritual de los no cristianos por parte de España fue el santo patrón guerrero. Se creía que Santiago Matamoros[8] milagrosamente apareció montado en su caballo blanco para dirigir los ejércitos católicos durante la guerra de reconquista de España contra los moros islámicos a finales del siglo XV[9]. Actualmente es venerado en todo México con fastuosas procesiones el 25 de Julio, incluyendo la región afromexicana de Costa Chica. En muchas comunidades se representa esta danza tradicional en donde se muestra la batalla triunfal de los cristianos sobre los moros, ambos armados con espadas y disfrazados con trajes y máscaras de madera. El Señor Santiago es representado como una deidad bélica española con poderes ecuestres que les permitió un triunfo arrasador en las Américas tal y como sucedió en la Península Ibérica. Al venerar a esta deidad bélica cristiana y representarlo en esta danza con máscaras, los primeros cristianos conversos en México intentaron apropiarse de algunos de sus poderes para su propio beneficio[10].

Los trabajos artísticos, didácticos, objetos rituales e iconos cristianos del siglo XVI expresaron e inculcaron la visión europea del mundo fundamental para la causa española católica y romana. Fray Pedro de Gante estableció en 1529 lo que podría ser la primera escuela formal de artes en las Américas dentro de la capilla de San José de los Naturales en un convento franciscano de la ciudad de México[11]. Inició así la propagación de los valores eurocéntricos en las artes visuales y aplicadas. Durante aproximadamente 40 años el estilo indo-cristiano del arte conocido como *tequitqui*[12], intencionalmente incorporó un buen número de técnicas y estética indígenas en las obras de arte y arquitectura cristiana, excluyendo cualquier trazo de influencia africana[13]. Otro fraile llamado Diego Valadés[14], así como el conquistador convertido a fraile dominico, Bartolomé de las Casas (1470-1566), por separado, viajaron al Vaticano para presentar un juicio a favor de los derechos humanos de los "nobles" pueblos indígenas, mientras que estos mismos derechos se contraponían a los de la creciente población esclava africana.

En 1563 durante el Concilio Vaticano de Trento (1545-1564), los líderes de la iglesia y teóricos clericales del arte tomaron control de toda la producción artística de los territorios de España. En tres años, la autoridad oficial del Papa en el Santo Oficio de la inquisición sólo propagaron estrictas actitudes y creencias de la iglesia católica romana. Rápida y sistemáticamente esparcieron en México obras de arte ortodoxo y terminaron con la creación de objetos rituales pertenecientes al tolerante estilo *tequitqui.*

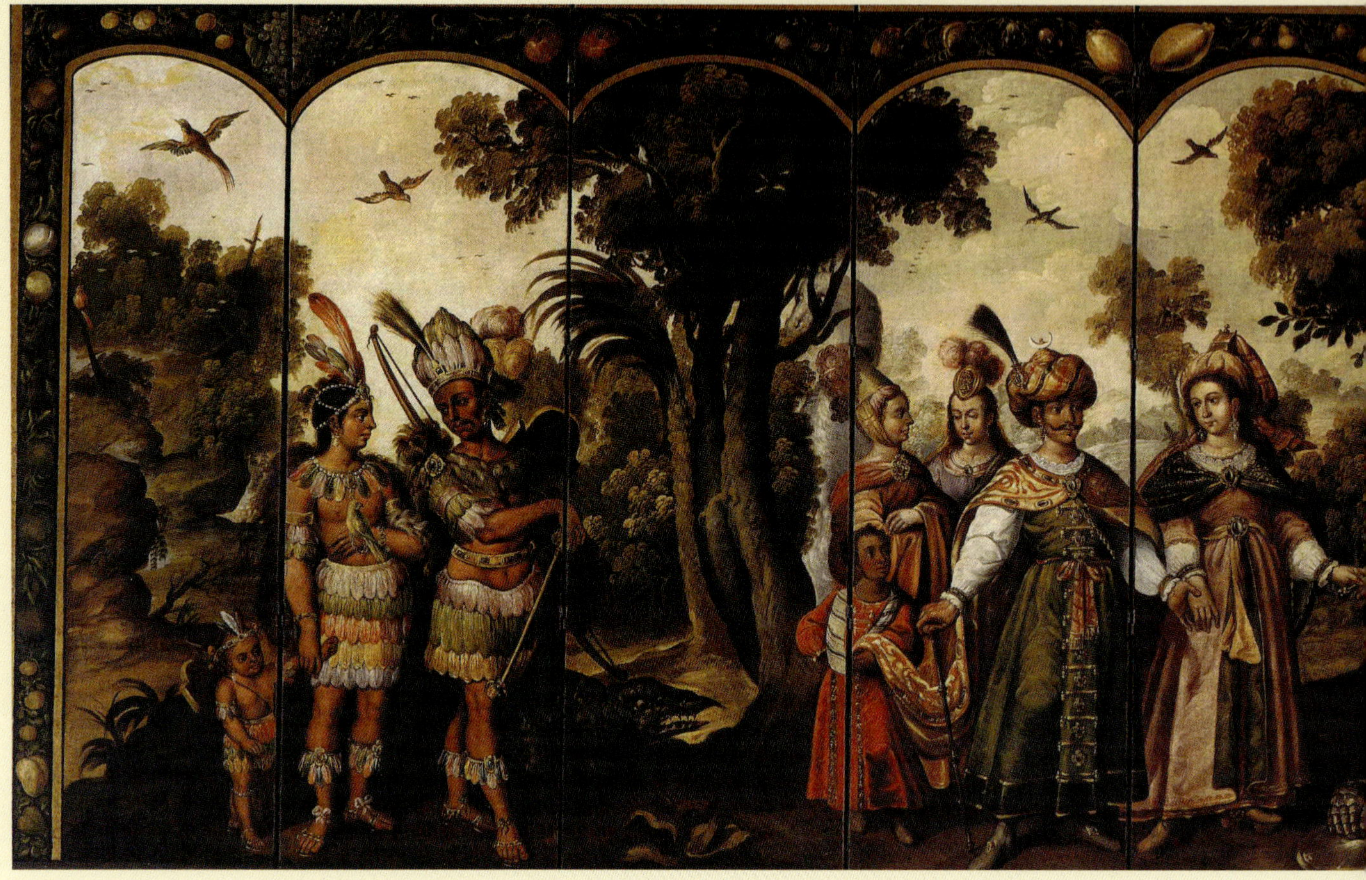

Colonial Mexico established its first painters guild after the arrival of the European artists trained in the Mannerist school[16], with their Renaissance ideas and a higher view of the artist's status in society[17]. A century later, many established and prosperous art studios themselves embodied elements of the diverse society that they served. The multi-cultural diversity was growing quickly as individuals from different castes were intermingling. By the time two of the most talented *mulatto*[18] artists, Juan Correa (ca.1645-1717) and José de Ibarra (1685-1756), were painting under the patronage of both the Church and the Spanish aristocracy[19], the social status of a fine artist was considerably greater than that of many other positions in society. The artist's training was regarded as a somewhat higher form of education given that he had to understand and interpret theological, philosophical, and scientific concepts of the day. This marked a great change, as previously artists were craftspeople who simply fabricated objects. By the advent of Baroque art in colonial Mexico (ca. 1675)[20], some Afro-Mexican artists were well positioned within society and well prepared to assist in creating works of art

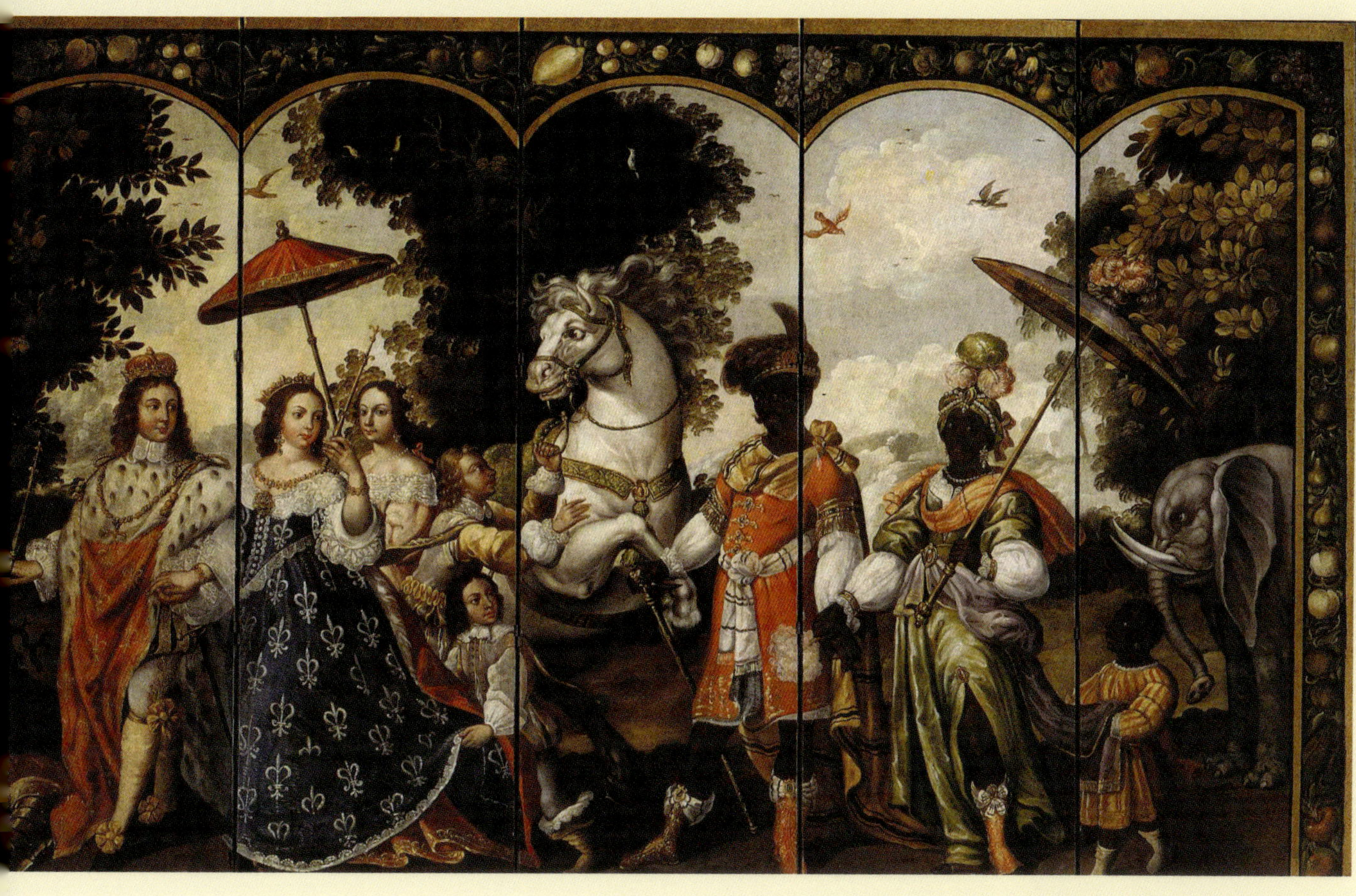

Juan Correa (1645-1716)
The Four Parts of the World
Las cuatro partes del mundo
End of 17th Century, oil on canvas
78 7/16" x 219" (199 x 556 cm.)
Collection of Museo Soumaya

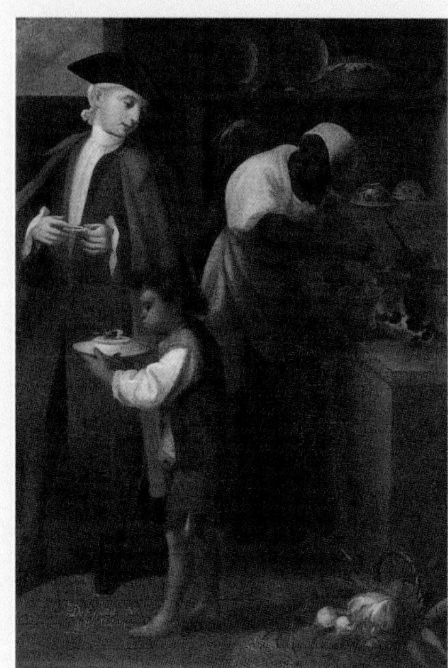

José de Ibarra (1688-1756)
From Spaniard and Black, Mulato
De Español y Negra, Mulato
ca. 1725, oil on linen
64 5/8" x 35 7/8" (164 x 91 cm.)
Collection of Museo de América de Madrid

that were strictly Mexican – these works were based on European models, but they expressed unique visions of life in America and ancient indigenous history. The 17th Century imagery began expressing the multiracial and multiethnic realities of life in the Spanish caste system, as well as conveying a distinctly Mexican consciousness[21].

By the time of Juan Correa's birth, slave trade from Africa had gone into decline while at the same time Afro-Mexicans had taken on and contributed to the evolving Mexican identity[22]. They, like so many of the individuals who lived in the Americas, embraced the identity of "New World." Afro-Mexicans had become highly skilled, extremely efficient workers and all realms of urban and rural society heavily depended upon them. In what can only be regarded as one of the most prestigious distinctions of the time, the ecclesiastic authorities called upon the guilds of both Juan Correa (in 1666) and José de Ibarra (in 1721) to render "true images" of Mexico's best known and most revered icon, the Virgen de Guadalupe[23]. She is believed to have appeared to Saint Juan Diego, a converted indigenous man, in 1531 on a former sacred indigenous site outside of Mexico City. In order to carry out this request and assist in the propagation of this icon, special permission was granted for the artists to trace an outline on oily paper from the original sacred image "emblazoned" on the *ayate* displayed at the Basilica de Guadalupe in Mexico City.

José de Ibarra also worked in what many now consider to be one of the 18th Century's most significant pictorial genres – the *casta* (caste) painting[24]. These works of art depict the interracial mixing among the indigenous, African, and Spanish inhabitants during the final century of Colonial Mexico and are among the first substantial models of racial profiling in the Americas. The paintings always represent a man and a woman of different races with one or two of their children. A written caption naming the different races is included in order to clearly define the three distinct racial groups that the family members represent. In total, the Spanish ruling classes formulated 16 racial categories. They implied the socioeconomic status of each class through the clothes and the setting in which the families were placed. The *casta* paintings were a popular way in which the Spanish authorities attempted to comprehend, classify, and (most importantly) control their uncertain and complicated situation as a ruling minority group. However, even though these Enlightenment Era works of art relied

En Europa, América y eventualmente en Asia[15], el Vaticano y España censuraron las expresiones artísticas en primera persona, las historias de nativos y gente conquistada que pudieran haberse identificado como manifestaciones heréticas. Esta fue una de las tantas estrategias que implementó el Vaticano para frenar el movimiento de propagación protestante y más efectivamente imponer un nuevo orden del mundo.

En el México colonial se estableció el primer gremio de pintores justo a la llegada de los artistas europeos educados en la escuela manerista[16], quienes traían ideas renacentistas y una concepción de alto estatus del artista en la sociedad[17]. Un siglo más tarde muchos establecieron prósperos estudios de arte en donde plasmaron los aspectos de la diversa sociedad a la que servían. La diversidad multicultural fue creciendo rápidamente y los individuos de las diferentes castas se fueron mezclando entre sí. En ese tiempo dos de los más talentosos artistas *mulatos*[18], Juan Correa (ca.1645-1717) y José de Ibarra (1685-1756), pintaron bajo el mecenazgo tanto de la iglesia católica como de la aristocracia española[19], quienes tenían en alta estima el estatus social de los artistas más que cualquier otra posición en la sociedad. La experiencia de los artistas era vista, de alguna manera, como una alta forma de educación dada a aquéllos que tenían que entender e interpretar conceptos teológicos, filosóficos y científicos de la época. Esto marcó un gran cambio, pues anteriormente se consideraban sólo como artesanos que simplemente fabricaban objetos. Con la llegada del arte barroco en el México colonial (ca. 1675)[20], algunos de los artistas afromexicanos lograron colocarse en buena posición social y se prepararon bien para auxiliar en la producción de arte estrictamente mexicano. Dichas obras se basaron en modelos europeos pero que expresaban una visión única de la vida en las Américas y de la historia indígena antigua. La imaginería del siglo XVII empezó expresando las realidades multiétnicas y multirraciales de la vida del sistema de castas español, así como trasmitiendo una conciencia mexicana distintiva[21].

Por el tiempo en el que Juan Correa nació, el comercio esclavo proveniente de África había venido a menos, mientras que al mismo tiempo los afromexicanos habían asumido y contribuido a una evolutiva identidad mexicana[22]. Ellos como muchos de los individuos que vivieron en las Américas, adoptaron una identidad del "Nuevo Mundo". Los afromexicanos llegaron a ser altamente calificados, trabajadores extremadamente eficientes y por todo el reino la sociedad urbana y rural dependía en mucho de ellos. Un hecho que puede ser visto como una de las distinciones más prestigiosas de su tiempo, fue el que las autoridades

completely upon the use of visual stereotypes to try and predict class, behavior, and occupation, the central ideas they dealt with were those of race and its association to identity. The *casta* paintings documented many aspects of Mexico's evolving self-identity, independent from Europe and Africa[25]. The pictorial language that emerged from this genre permitted Spanish society to carry on a quiet conversation in relation to the rising multicultural identity of America. Yet even though these images predicted a slide down the social ladder with the introduction of "African blood," the reality experienced within Colonial Mexican society was something else. The fact that they did not truthfully reveal the complex and interconnected nature of the caste society was even known by some of the very artists who created them. The actual meanings of the *casta* painting genre and how it both accurately and inaccurately depicted Colonial Mexico in the century before independence from Spain are far too extensive to be fully dealt with in this summarizing text.

Independence from Spain: 1810 -1876

The War of Independence from Spain lasted from 1810-1821. As Colonial Mexico grew prosperous, the *criollos* (Spanish individuals born in America) felt that it was unjust to be ruled by the Spanish *peninsulares* (Spanish individuals born in Spain). The majority of the population of Colonial Mexico felt independence was necessary because Spain had deprived and enslaved them, stifled their economic development, squandered much wealth, and unjustly appropriated the land. Despite their customary fair-skinned portraits in history books, two of Mexico's greatest national heroes in the War of Independence have been indisputably acknowledged by historians to have African ancestry – José Mariá Morelos y Pavón (1756-1815) and Vicente Guerrero (1782-1831). Before becoming a priest, Morelos was known to have worked on a sugar cane *hacienda* near Apatzingán, Michoacán, while Guerrero drove mules from town to town during his youth. It would be Guerrero, however, who demanded the Plan de Iguala. The plan proposed an independent government and considered individuals of African ancestry as Mexican citizens with full freedoms to pursue their livelihood according to their merits and virtues. Today both Morelos and Guerrero have states in Mexico named for them.

Claudio Linati (1790-1832)
Costumes civils, Militares et Religieux du Mexique, Dessines d' après nature/ Civil, Military, and Religious Dress, Scenes from Everyday Life in Mexico / *Vestuario civil, militar, y religioso, escenas de la vida cotidiana de México*
1828, book of lithographs
11" x 8" (27.9 x 21.6 cm.)
Collection of Museo del Estado de Veracruz

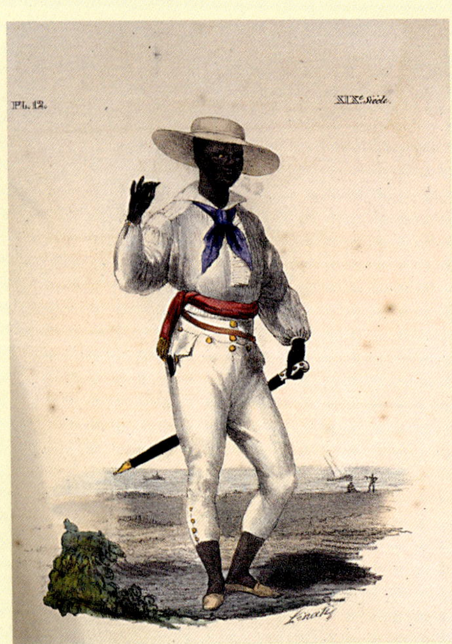

eclesiásticas llamaran tanto al gremio de pintores de Juan Correa en 1666, como al de José de Ibarra en 1721 para reproducir "verdaderas imágenes" del más conocido y reverenciado icono de México: la virgen de Guadalupe[23]. Esta se cree se le apareció en 1531 al beato Juan Diego, un indígena converso, en un santuario indígena ubicado en las afueras de la ciudad de México. Para llevar a cabo esta tarea y contribuir con la propagación de este icono, se les concedió permiso especial a los artistas para trazar un boceto en papel aceitado y calcar la imagen sagrada original plasmada en el ayate exhibido en la Basílica de Guadalupe en la ciudad de México.

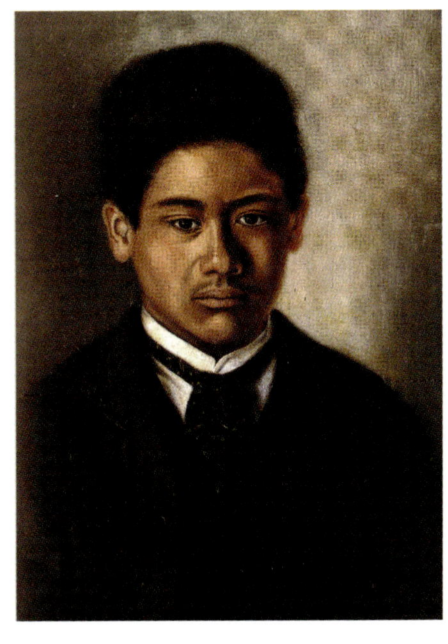

José Agustin Arrieta
(1802-1874)
Mixed Race / *Mestizo*
19th Century, oil on canvas
23 5/8" x 17" (60 x 43 cm.)
Private Collection

José de Ibarra también trabajó en lo que muchos ahora consideran es uno de los géneros pictóricos más representativos del siglo XVIII: las pinturas de castas[24]. Estas piezas de arte representan las mezclas raciales entre indígenas, africanos y españoles que habitaron durante el último siglo del México colonial, y son los primeros modelos sustanciales que muestran los perfiles raciales en las Américas. Las pinturas de castas siempre muestran a un hombre y a una mujer de diferentes razas con uno o dos hijos. Contienen una leyenda escrita que enuncia las diferentes razas que se incluyen en la pintura de tal menara que definen claramente a cuáles de los tres distintos grupos raciales pertenecen los miembros de la familia representada. En total el grupo dominante español formuló 16 categorías raciales. Está implícito el estatus socioeconómico de cada casta a través de las ropas que usan y de los escenarios en los que las familias se presentan. Las pinturas de castas fueron una forma popular con que las autoridades españolas intentaron incluir, clasificar y, lo más importante, controlar la incierta y complicada situación que tenían como grupo minoritario dominante. Sin embargo, aún cuando estos trabajos artísticos de la era de la ilustración dependían completamente del uso de estereotipos visuales para tratar de predecir clase, comportamiento y ocupación, las ideas centrales que manejaban tenían que ver con la raza y su asociación con la identidad. Las pinturas de castas documentaron muchos aspectos de la evolutiva identidad mexicana que cambiaba de manera independiente de lo ocurrido en Europa y África[25]. El lenguaje pictórico que surgió de este género permitió que la sociedad española fuera testigo del crecimiento de la identidad multicultural de las Américas. Aún cuando estas imágenes pronosticaron un "devaluación" en la escala social con la introducción de la "sangre africana", la realidad experimentada dentro de

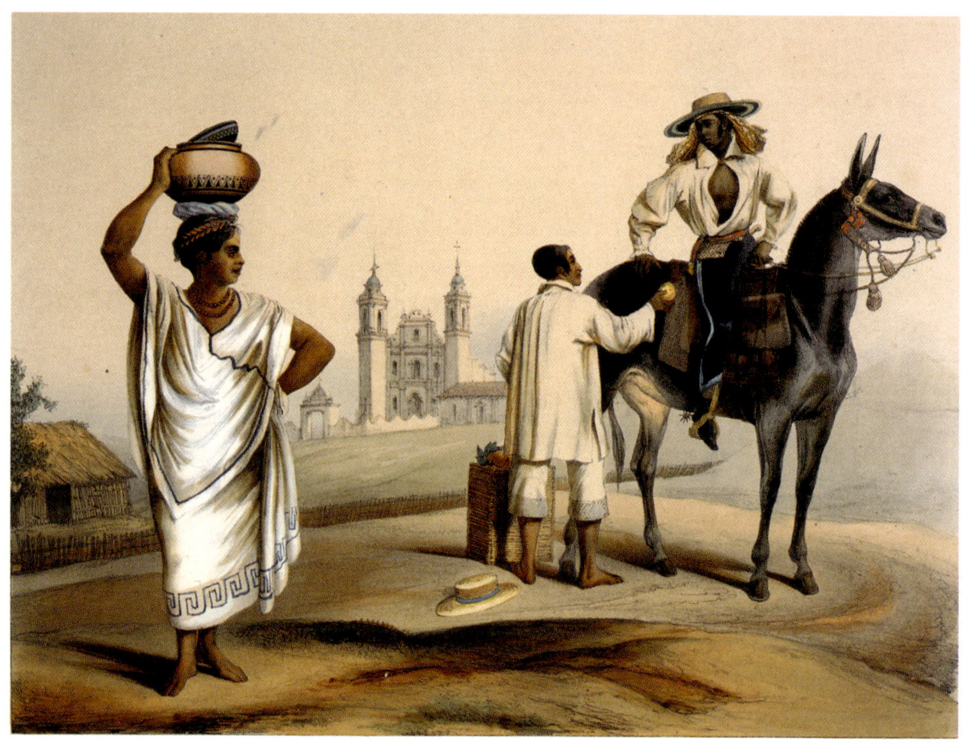

Carlos Nebel (1805-1855)
People of Hot Land Between Papantla and Misantla / *Gente de tierra caliente entre Papantla y Misantla*
n.d., lithograph
11 7/16" x 13 13/32" (29 x 34.5 cm)
Collection of Museo del Estado de Veracruz

sociedad mexicana colonial implicó algo más. El hecho de que no se mostrara de manera veraz la naturaleza compleja e interconectada de la sociedad de castas era incluso sabido por algunos de los mismos artistas que crearon dichas obras. El verdadero significado del género de la pintura del casta y cómo representó de manera exacta y a la vez inexacta al México colonial durante el siglo previo a la independencia de España es demasiado extenso y está más allá de lo que se podría tratar en este breve texto.

La independencia de España: 1810 -1876

La guerra de la independencia con España duró de 1810 a 1821. Mientras que el México colonial prosperaba, los criollos (hijos de españoles nacidos en las Américas) sintieron que era injusto ser gobernados por españoles peninsulares (españoles nacidos en España). La mayoría de la población del México colonial sintió que la independencia era necesaria porque España los había empobrecido y esclavizado, sofocó su desarrollo económico, derrochó mucha de la riqueza, y se apropió injustamente de la tierra. A pesar de los acostumbrados retratos de gente de piel blanca que aparecen en libros de historia, dos de los héroes nacionales más grandes de México que participaron en la guerra de la independencia han sido indiscutiblemente reconocidos por los historiadores por tener ascendencia africana: José María Morelos y Pavón (1756-1815) y Vicente Guerrero (1782-1831). Antes ordenarse sacerdote, se sabe que Morelos trabajó en una hacienda azucarera cerca de Apatzingán, Michoacán; mientras que Guerrero fue arriero de mulas transportándolas de pueblo en pueblo durante su juventud. Fue Guerrero, sin embargo, quien decretó el Plan de Iguala. En dicho plan se propuso un gobierno independiente y se reconocía a los individuos con ascendencia africana como ciudadanos mexicanos con plenas libertades para ganarse la vida según sus méritos y virtudes. Hoy Morelos y Guerrero son estados de la República Mexicana nombrados así en honor a ellos.

Después de la independencia, se prohibió por ley que cualquier autoridad realizara censos o hiciera registros que incluyeran raza o ascendencia étnica. El sistema de casta español legalmente había llegado a su fin y todos los ciudadanos sin importar el color de su piel fueron reconocidos en teoría sólo como mexicanos. El color de la piel siguió siendo un elemento que permitió la discriminación y fue un factor crítico para determinar la posición socioeconómica de un individuo. Sin embargo, debido a esta ley, no existen registros o

After independence, it was prohibited by law for any authorities to take census figures or complete surveys that included race or ethnic ancestry. The Spanish caste system had legally come to an end and all citizens regardless of skin color were theoretically recognized only as Mexican. Skin color was still a source of discrimination and a critical factor for the determination of an individual's socioeconomic status. However, due to this law, no records or information after the first part of the 19th Century contained any legitimate information pertaining to Afro-Mexicans. The disappearance of Afro-Mexicans from the official history, and the eventual negation of Africa's sizeable contributions to Mexico was consistent with the onset of a Mexican national identity, which began after Independence. The only means of discerning racial ancestry in the intervening years was limited to the observation of physical features and skin tone. This subjective approach of inquiry into Afro-Mexican history has sometimes led to speculation and left research further entrenched in stereotypes. For at times, "African" is in the eye of the beholder.

José Justo Montiel
Portrait of a Young Black Man Smoking / *Negrito fumando, Homehalca, Orizaba*
1868, oil on canvas
17 15/16" x 12 3/4"
(45.5 x 32.4 cm.)
Collection of La Universidad Veracruzana

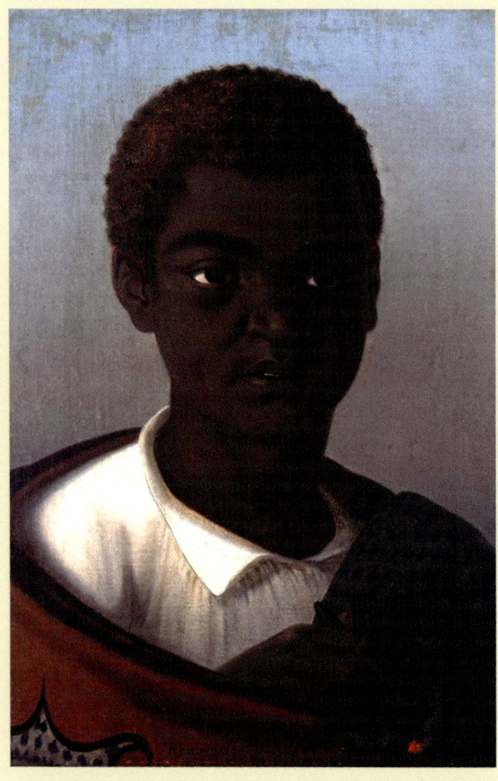

Artists living in or traveling through 19th Century Mexico often documented indigenous communities, *Criollo* society and Afro-Mexicans in their works of art[26]. With the new objectives of *costumbrismo,* a style that paid close attention to typical regional or national customs[27], they successfully commemorated the many cultures co-existing and intermingling throughout the country. Such was the case with the Italian artist Claudio Linati (1790-1832) who traveled to Mexico in 1825 and introduced the rather new printing technique of lithography. The German artist Carlos Nebel (1805-1855) traveled throughout the country from 1829-1834. And the Swiss artist Johann Salomon Hegi (1814-1896) documented Mexico from 1849-1860. Regional painters such as José Agustín Arrieta (1802-1874) from Puebla, and José Justo Montiel from Veracruz, were also interested in representing the variety of individuals living throughout their country's smaller cities. One may even perceive Afro-Mexican features, such as dark skin and tightly curled hair, in one or two of the portraits by their contemporary from Guanajuato, Hermenegildo Bustos (1832-1907). These regional portraits, executed far from the Fine Arts Academy of San Carlos (est.1781 in Mexico City) with its larger than life romantic paintings, accurately documented everyday life and everyday people in a simple, straightforward manner.

información posterior al siglo XIX que contenga algún tipo de información que legitime la presencia de los afromexicanos. De hecho no hubo información disponible hasta que el censo hecho por los españoles en 1810 fue compilado en los años 40 del siglo XX por Gonzalo Aguirre Beltrán, el padre de los estudios afromexicanos modernos. La desaparición de los afromexicanos de la historia "oficial", y la eventual negación de las importantes contribuciones de África a México fueron consistentes con la creación de una identidad nacional mexicana que surgió después de la independencia. Las únicas formas de discernir la ascendencia racial en los años que siguieron se limitaron a la observación de rasgos físicos y al tono de la piel. Esta aproximación subjetiva a la investigación de la historia afromexicana ha conducido a veces a la especulación y deja la investigación anquilosada en estereotipos, para ocasionalmente, designar lo "africano" según el ojo del espectador.

Artistas que vivieron o viajaron por el México del siglo XIX frecuentemente registraron en sus obras de arte a las comunidades indígenas, a la sociedad criolla y a los afromexicanos[26]. Con los nuevos objetivos del costumbrismo, un estilo que puso especial atención a las costumbres típicas regionales o nacionales[27], los artistas inmortalizaron con éxito la variedad de culturas que coexistieron y se mezclaron por todo el país. Tal fue el caso del artista italiano Claudio Linati (1790-1832) quien viajó por México en 1825 e introdujo la nueva técnica de impresión litográfica. El artista alemán Carlos Nebel (1805-1855) quien viajó por todo el país de 1829 a 1834. Y el artista suizo Johann Salomon Hegi (1814-1896) quien documentó México de 1849 a 1860. Pintores regionales tales como José Agustín Arrieta (1802-1874) originario de Puebla, y José Justo Montiel nacido en Veracruz, estuvieron también interesados representar la variedad de individuos que habitaban las pequeñas villas por todo lo largo del país. Es posible incluso percibir rasgos afromexicanos tales como piel oscura y pelo rizado, en uno o dos de los retratos de sus contemporáneo guanajuatense, Hermenegildo Bustos (1832-1907). Estos retratos regionales, ejecutados fuera del tutelaje de la Academia de Bellas Artes de San Carlos (establecida en 1781, Ciudad de México) con sus extremadamente románticas pinturas, documentaron con precisión la vida diaria y a la gente común de una manera simple y directa.

El Porfiriato: 1876 - 1910

Porfirio Díaz (1830-1915) became the prominent figure who controlled the destiny of Mexico from 1876 to 1911. Influenced by the positivist philosophy of the era, he planned to change Mexico's international image from that of a poor floundering nation to that of a robust modern one. He sacrificed individual liberties of the poor and middle class for order and economic progress. During the next 26 years, this president turned dictator set Mexico on a course of economic growth and modernity by using European models and importing European culture. The economy during the late 19th Century boomed, and investors who cooperated were rewarded with land, offices, or favors. By 1894 about one fifth of the total landmass had been taken by large companies. By the eve of the Mexican Revolution in 1910, a few hundred wealthy families who employed about half of the rural population owned most of the land in the entire country.

The Díaz regime imported the latest creative designs and artistic ideas from Europe, especially from Paris. Mexican artists deemed to have talent were sent overseas to study and gain their credibility as cultural liaisons. In 1907 the best known of these artists, Diego Rivera (1886-1957), was sent to train in Europe for 15 years. He would return after the Revolution to help institute the most successful Muralist Movement since the Renaissance. Throughout his administration, Porfirio Díaz was blind to the social realities of the country. His elite group of intellectual positivist thinkers known as *cientificos* resolved to prove that the indigenous and Afro-Mexican people were intellectually inferior. Mexico's elite emulated the European modes of thought, work, fashion, and food. The *cientificos* even tried to prove that white bread (the European culture of wheat) was a food that made one intelligent, while the *tortilla* (the indigenous culture of corn) dulled one's thinking ability[28].

During Díaz's long reign, known as the *Porfiriato*, Afro-Mexican contributions to the history and culture of Mexico were intentionally and systematically eliminated from much of the country's collective consciousness. Much of the fine arts during this time no longer reflected the many faces and cultural complexities that were included within the Mexican people. They instead exposed a national agenda obsessed with a modern Eurocentric transformation and self-contempt for any indigenous and African heritage. Political parties and newspapers began to voice their disagreement with their absolute ruler. José Guadalupe Posada (1852-1913),

El Porfiriato: 1876 - 1910

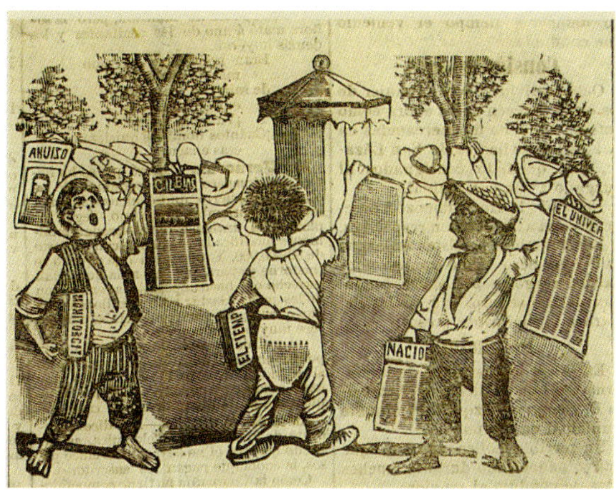

José Guadalupe Posada
(1852-1913)
Newspaper Boys
Niños voceadores de periódicos
1894
Courtesy of Periódico Gil Blas de la Hemeroteca Nacional de México

Porfirio Díaz (1830-1915) se convirtió en la figura prominente que controló el destino de México entre 1876 y 1911. Influenciado por la filosofía positivista de la época, Díaz planeó cambiar la imagen internacional de México de una tambaleante nación pobre por la de una moderna y robusta. Díaz sacrificó las libertades individuales de los pobres y de la clase media para lograr el orden y progreso económico. Durante los siguientes 26 años, este presidente que se convirtió en dictador, colocó a México en el curso del crecimiento económico y de la modernidad usando modelos europeos e importando cultura europea. La economía durante fines del siglo XIX creció, y los inversionistas que cooperaron con el proyecto de Díaz fueron recompensados con tierras, puestos políticos, o favores. En 1894 cerca de una quinta parte del total del territorio del país había sido adquirido por las grandes compañías. En los albores de la revolución mexicana en 1910, algunos cientos de familias ricas que empleaban más de la mitad de la población rural poseían la mayoría del territorio nacional.

El régimen de Díaz importó los más novedosos diseños creativos e ideas artísticas provenientes de Europa, particularmente de París. Los artistas mexicanos que parecían poseer talento fueron enviados a ultramar para estudiar y ganar credibilidad como enlaces culturales. En 1907, el artista mejor conocido de este grupo, Diego Rivera (1886-1957), fue enviado a capacitarse a Europa por 15 años. Rivera regresaría después de la revolución para crear el más exitoso movimiento muralista desde el renacimiento. A través de su administración, Porfirio Díaz se mantuvo ciego a las realidades sociales del país. Su grupo elite de pensadores intelectuales positivistas conocidos como *los científicos* resolvieron probar que los indígenas y afromexicanos eran intelectualmente inferiores. La elite de México imitó los modos europeos de pensar, de trabajar, de la moda, y de la gastronomía. Los *científicos* incluso intentaron probar que el pan blanco (la cultura europea del trigo) era un alimento que lo hacía a uno inteligente, mientras que la tortilla (la cultura indígena del maíz) entorpecía la capacidad de pensamiento[28].

Durante el largo gobierno de Díaz, mejor conocido como Porfiriato, las contribuciones afromexicanas a la historia y a la cultura de México fueron intencional y sistemáticamente eliminadas de gran parte de la conciencia

Mexico's renowned printmaker, created scenes of protest and depicted many images of life in Mexico City for some of these periodicals. Occasionally one can identify laborers and tradesmen of Afro-Mexican ancestry in his numerous etchings[29]. Millions of farmers, urban factory workers, and the small middle class began to express their anti-Díaz sentiments that ultimately led Mexico to revolution.

Mexicanidad: 1910 – 1960s

The Mexican Revolution (1910-1920) that followed was a decade of vicious fighting by and for the indigenous and mixed race populations – as opposed to the War of Independence that was fundamentally a *criollo* movement. A new president, Alvaro Obregón (1880-1928), took office in 1920 and selected José Vasconcelos (1882-1959) to be his Minister of Education. This started the second part of the Revolution (1920-1960), understood today as the cultural phase. The visual arts, with the Mural Movement beginning in 1922 and the Workshop for Popular Graphic Art (T.G.P.) which was founded in 1937, were instrumental during this time as they collectively illustrated and taught the emerging concept of *Mexicanidad* (Mexican-ness). The arts, funded by the Ministry of Education, worked in the service of society. Artists quickly saturated both rural and urban areas with grand and romantic visions of one glorious culture with a common history. Although this was an effective means of uniting a fragmented nation, it was not completely accurate.

José Gordillo
"Hymn to the Heroes", mural
"Canto a los heroes", mural en la Secretaría de Hacienda Pública Antiguo Palacio del Arzobispado, Mexico, D.F.
1952

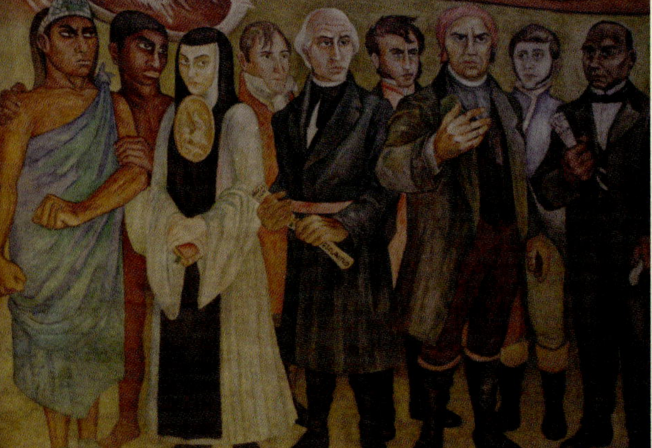

José Vasconcelos' concept of *la Raza Cósmica* continued the process of erasing all evidence of Afro-Mexicans by distorting the existing cultural complexities and blurring their distinctions[30]. The Cosmic Race refers to the "bronze" skinned Latin America that emerged from the encounter of the "Old" and "New Worlds". This term, *"La Raza"* (as Mexicans now often refer to themselves), was presented as synonymous with *Mestizo*, and simply meant of "mixed race." This third definition of *mestizo* that emerged in the 19th Century was no longer restricted to the specific *casta* meaning of Spanish and indigenous (or to the earlier 1530 definition of illegitimate)[31] as it now included Afro-Mexicans as

colectiva del país. La mayor parte de las bellas artes durante este periodo no reflejaron la variedad de rostros y complejidades del pueblo mexicano. Se ilustró más bien una agenda nacional obsesionada con la transformación y la devaluación de cualquier herencia indígena o africana. Los partidos políticos y la prensa comenzaron a expresar su descontento con el poder absoluto de Díaz. José Guadalupe Posada (1852-1913), renombrado grabador mexicano creó escenas de protesta y representó muchas imágenes de la vida en Ciudad de México publicadas en estos periódicos. En algunas de las numerosas obras de Posadas[29] es posible identificar a trabajadores y comerciantes con ascendencia afromexicana. Millones de campesinos, de obreros urbanos, y la incipiente clase media comenzaron a expresar sus sentimientos en contra de Díaz lo que finalmente condujo a la revolución mexicana.

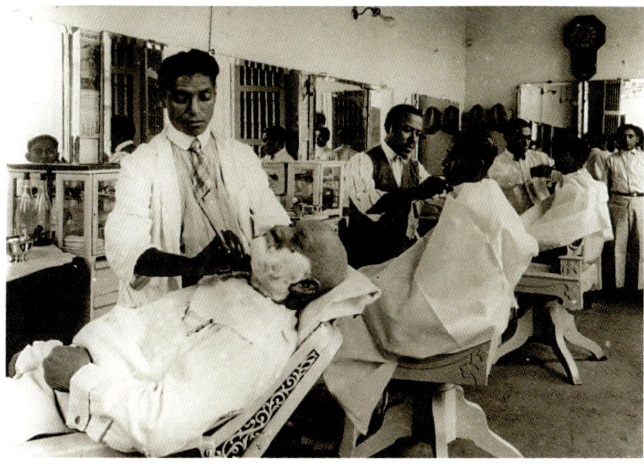

Joaquín Santamaría
(1890-1975)
Barber Shop / *Barbería*
ca. 1926, lambda print
(reprinted 2006 from original negative from Archivo General del Estado de Veracruz)
16" x 20" (40.6 x 50.8 cm.)
Mexican Fine Arts Center Museum Permanent Collection, 2006.58, Museum Purchase Fund

Mexicanidad: 1910 – 1960s

La revolución mexicana (1910-1920) fue una década de luchas violentas tanto para los indígenas como para los mestizos, contrario a lo que fue la guerra de independencia que fue fundamentalmente un movimiento del criollo. El nuevo presidente, Álvaro Obregón (1880-1928), tomó la presidencia en 1920 y nombró a José Vasconcelos (1882-1959) como Secretario de Educación. Así comenzó la segunda parte de la revolución (1920-1960), entendida hoy día como la fase cultural. Los artes visuales, con el movimiento muralista que comenzó en 1922 y el taller de gráfica popular (T.G.P.) fundado en 1937, fueron los movimientos que durante este tiempo ilustraron y enseñaron de manera colectiva el nuevo concepto de *Mexicanidad*. Las artes, financiadas por el secretario de educación, trabajaron al servicio de la sociedad. Los artistas saturaron rápidamente tanto áreas rurales como urbanas con magníficas visiones románticas de una cultura gloriosa con una historia común. Aunque éste fue un medio efectivo de unificar a la nación fragmentada, no fue del todo preciso.

El concepto acuñado por José Vasconcelos de "la raza cósmica" continuó con el proceso de borrar toda evidencia afromexicana, distorsionando las complejidades culturales existentes y velando las diferencias[30].

well. In promulgating a homogeneous definition of *Mexicanidad* that was exclusively linked with ancient indigenous civilizations and Spain, the actual diversity present throughout post-Revolution Mexico was not only publicly denied but then also officially eradicated. The *Porfiriato's* modern "transformation" was finally completed – except with the addition of *Indigenismo*, an ideology that embraced ancient Mesoamerican history but not necessarily contemporary indigenous peoples. While Mexico's "self-contempt" continued to include some elements of its native heritage, it also continued to exclude all things African. Vasconcelos anticipated that before the end of the 20th Century, *la Raza Cósmica* would assimilate, consolidate all Mexicans, blending them into one bronze skinned nation and removing forever any living reminders of their colonial caste/slave society.

Perhaps if not for the arrival of photography with individuals such as Agustín Casasola (1874-1938), Hugo Brehme (1882-1954), Joaquín Santamaría (1890-1975) or Romualdo García Torres (1852-1930) in early 20th Century Mexico, the "*Raza Cósmica*" understanding of early modern life, would have excluded all signs of Afro-Mexicans. The Muralist Movement almost never paid homage to the Afro-Mexican heritage that had, for 400 years, played a significant role in the founding of their modern nation. Even in José Gordillo's 1952 mural "*Canto a los heroes,*" which includes one of the only notable depictions of the African hero Yanga (late 16th – early 17th Century), the two Afro-Mexican heroes of Independence, Morelos and Guerrero, are depicted with lighter complexions than the native Zapotec president, Benito Juarez (1806–1872). Some of the *Taller de Gráfica Popular* printmakers, such as Leopoldo Méndez (1902-1969), Alberto Beltrán (1923-2002), Francisco Mora (1922-2002), Elizabeth Catlett (b.1915) and Mariana Yampolsky (1925-2002) also documented the Afro-Mexican culture and stories they encountered while traveling throughout the smaller cities and towns. Photographers at the end of the 20th Century would eventually return to document Afro-Mexicans; only this time in the few remote regions where the inhabitants are concentrated and still retained very African features. The photographers in the second half of the 1990s would travel from Mexico City or from the U.S. to document the daily life in Veracruz and, in the towns of Costa Chica. With the research started by Dr. Gonzalo Aguirre Beltrán and with the growing acceptance and regional pride in Mexico's third root, the Afro-Mexican collective identity had been re-energized. It is no surprise that many of the African-American photographers and researchers from the U.S. understood these communities to be as much a chapter in the history of the African diaspora as a chapter in the history of Mexico[32].

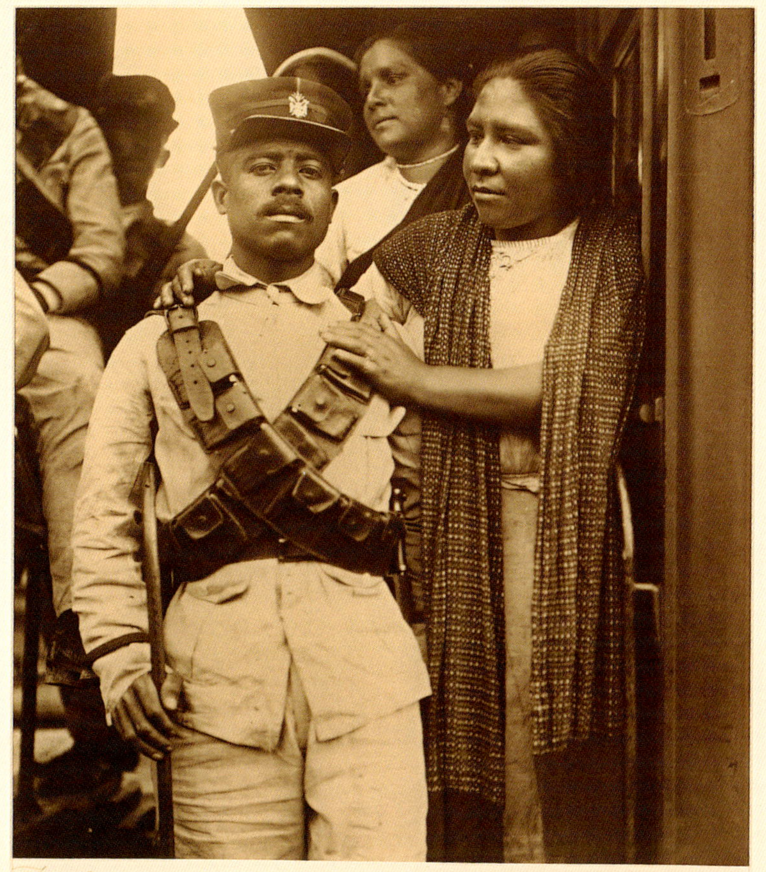

Agustín V. Casasola (1874-1938)
A Federal and Female Soldier at the Door of a Train
Federal y soldadera en la puerta de un tren
1910, sepia-toned enlarged print from original photo negative
19 11/16" x 15 15/16" (50 x 40.4 cm.)
Mexican Fine Arts Center Museum Permanent Collection, 1991.150, Gift of Pilsen Neighbors

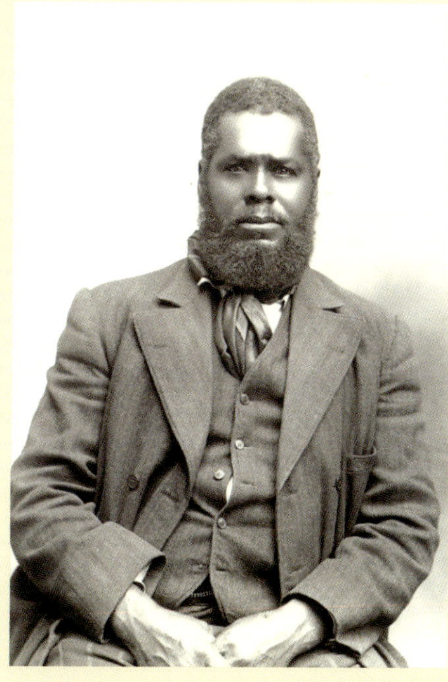

Romualdo García (1852-1930)
Untitled / *Sin título*
ca. 1910, silver gelatin print from original negative
11" x 14" (27.94 x 35.56 cm.)
Collection of Museo Regional de Guanajuato Alhondiga de Granaditas, 5501-RG-R5

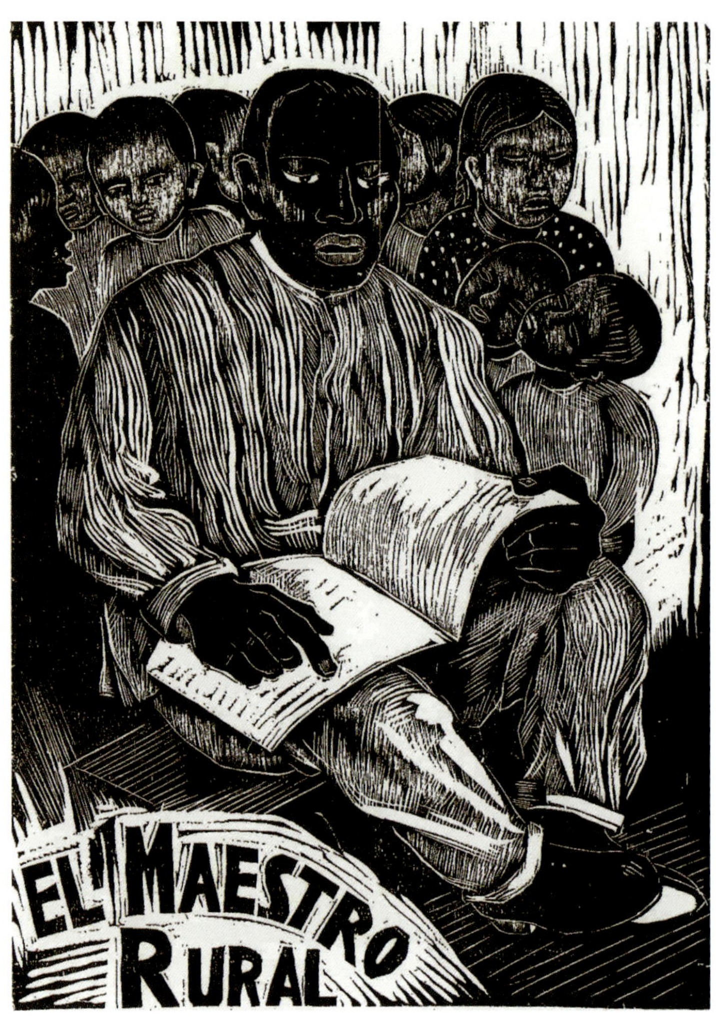

Leopoldo Méndez (1902-1969)
Cover of: "The Rural Teacher"
En portada de: El Maestro Rural Órgano de la Secretaría de Educación Pública. Tomo #1, 1 de Marzo 1932
13 3/8"x 9 1/16" (34 x 23 cm.)
Private Collection

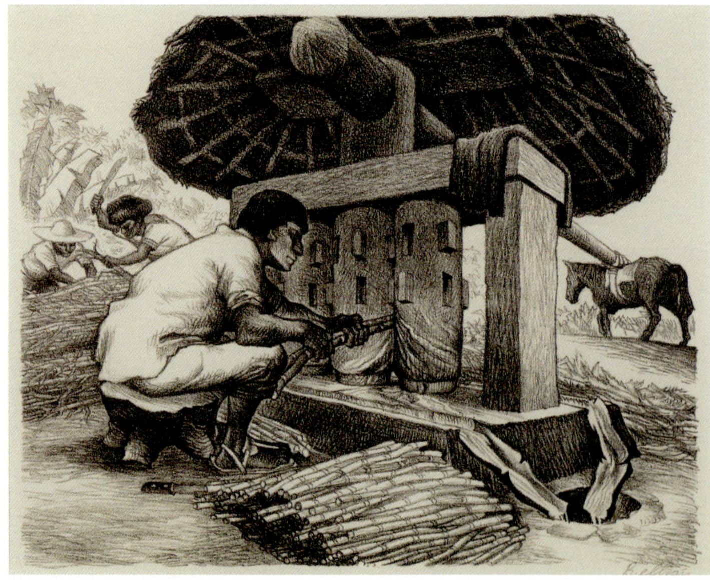

Alberto Beltrán (1923- 2002)
Sugar Cane Press / *El trapiche de azúcar*
1948, lithograph, ed./200
15 1/4" x 17 5/8" (38.7 x 44.8 cm.)
Mexican Fine Arts Center Museum
Permanent Collection, 1990.11e,
Museum Purchase Fund

La raza cósmica se refiere a la América latina con piel de "bronce" que surgió con el encuentro del viejo y nuevo mundo. El término, "la raza", como los mexicanos frecuentemente hoy día se llaman así mismos, se usó como sinónimo de mestizo, que simplemente significaba de "sangre mezclada". Esta tercera definición de mestizo que surgió en el siglo XIX no sólo se usó para el caso específico de la casta producto de la mezcla entre españoles e indígenas (o aplicado a la connotación anterior dada en 1530 que significaba "ilegítimo")[31] sino que ahora incluyó también a los afromexicanos. Al promulgar una definición homogénea de *Mexicanidad* que estaba exclusivamente relacionado con las antiguas civilizaciones indígenas y España, la diversidad real que se presentaba en el México post-revolucionario no fue sólo públicamente negada, sino que también oficialmente erradicada. La "transformación" moderna del Porfiriato finalmente se completó, excepto con la inclusión de Indigenismo, ideología que incorporó la historia antigua mesoamericana pero no necesariamente a los pueblos indígenas contemporáneos. Mientras que el "auto-desprecio" de México continuó incluyendo algunos aspectos de su herencia indígena, sí se consideró despectivo todo lo que fuera africano. Vasconcelos anticipó que antes de que finalizara el siglo XX, la raza cósmica asimilaría y consolidaría a todos los mexicanos, mezclados todos en una nación de piel de bronce y eliminaría para siempre cualquier remanente vivo de la sociedad colonial de castas y la esclavista.

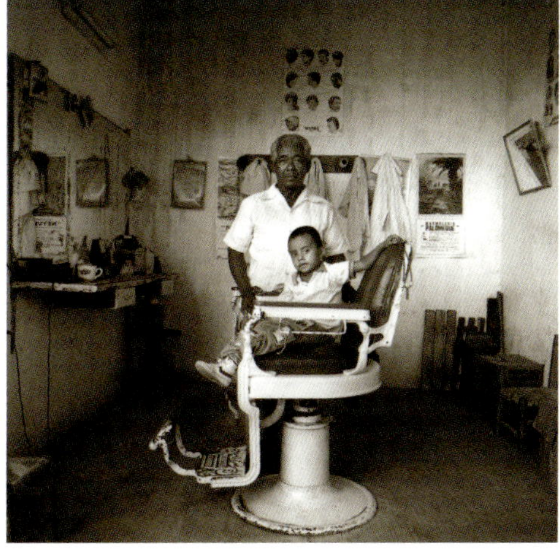

Tony Gleaton
The Barber Shop / *Barbería, Pinotepa Nacional, Oaxaca*
1990, archival gelatin silver print
16" x 20" (40.6 x 50.8 cm.)
Mexican Fine Arts Center Museum Permanent Collection, 2005.117, Gift of Demetrio and Gianna Kerrison and Museum Purchase Fund

Quizás si no se hubiese hecho fotografía con individuos tales como Agustín Casasola (1874-1938), Hugo Brehme (1882-1954), Joaquín Santamaría (1890-1975) o Romualdo García Torres (1852-1930) a inicios del siglo XX en México, la visión de la idealizada "raza cósmica" sobre la vida moderna, habría excluido todas las evidencias de lo afromexicano. El movimiento muralista casi nunca rindió homenaje a la herencia afromexicana que, por 400 años, jugó un papel significativo en la formación de la moderna nación mexicana. Incluso en el mural de José Gordillo pintado en 1952, "*Canto a los heroes*" donde se hace una de las más notables representaciones de Yanga (fines del siglo XVI y principios del siglo XVII), encontramos que los dos héroes afromexicanos de la independencia Morelos y Guerrero, se representan con pieles más claras que el presidente, Benito Juárez quien era indígena zapoteca (1806-1872). Algunos de los grabadores del taller de Gráfica Popular (T.G.P) como Leopoldo Méndez (1902-

Current Popular Culture and The Fine Arts

One of the most popular expressions of many present day Mexican feast days is the local performance of a masked dance. These reenactments of biblical stories, oral histories or local myths serve to reinforce a community's identity and beliefs. Missionaries that came from Spain to proselytize the indigenous populations in the 16th Century discovered the success of theatrical presentations as an effective means of religious instruction[33]. The native people quickly learned the stories of Spain and the New Testament via plays and masked dances. One of the first Spanish allegorical dances to be performed in Colonial Mexico was that of the reenactment of the Christian Conquest of the Moors in 1492. The dance blatantly expressed the superiority of Spain with the intersession of their patron warrior saint, Santiago Matamoros, and was immediately adapted and performed by differing indigenous communities throughout the land. Mexican communities and towns continue this tradition of performing many versions of these dramatized morality dances, each one with an array of stock characters. Christians, Kings, Conquistadores, Jews, Africans, and Indians are but a few of the groups cast in these holy day, indigenous celebrations. The performances still reveal ancient beliefs, a simple black and white morality and colonial stereotypes.

Anonymous / *Anónimo*
Mask used in Black Man Dances of Michoacán
Máscara usada en el baile de los negritos, Michoacán
ca. 2002, polychromed wood, sheepshin with mirrors, and ribbons
50" x 23 1/2" x 4 3/4"
(124 x 59.7 x 1.2 cm.)
Collection of Arturo and Silvia Cisneros

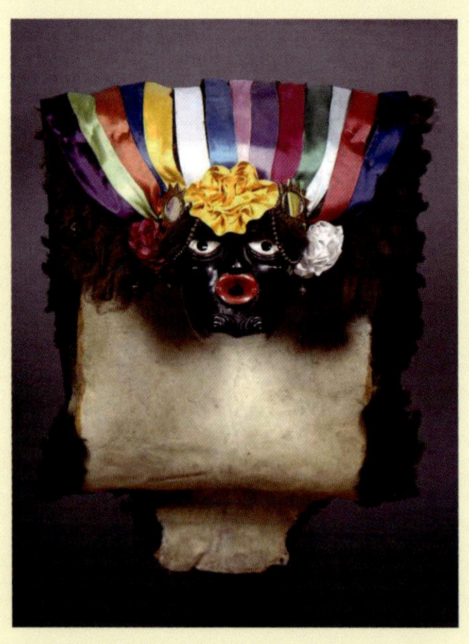

The Afro-Mexican communities in Veracruz and Costa Chica also have their own traditional repertory of annual dances performed within the communities on festival days: *La Tortuga* (The Turtle Dance), *El Toro de Petate* (The Straw Bull Dance), *Los Apaches* (The Apache Dance*), el Son de Artesa* (the Artesa Music Dance) and most notably, *Los Diablos* (Dance of the Devils). However, it is throughout the state of Michoacán where the customary *Danza de los negritos* (Dance of the Little Black Men) and the *Danza de la negredad* (Dance of the Blackness) has gained national attention during the Christmas to Epiphany ceremonial season – December 25th through January 6th. These popular traditional dances are a source of identity for *Michoacanos* and embody a part of their collective memory of Colonial Mexico, despite the fact that they do not identify themselves with Africa as much as with regional indigenous groups[34].

1969), Alberto Beltrán (1923-2002), Francisco Mora (1922-2002), Elizabeth Catlett (b.1915) y Mariana Yampolsky (1925-2002) también documentaron la cultura e historias afromexicanas que encontraron a su paso mientras viajaron por pequeños pueblos y ciudades. Los fotógrafos de finales del siglo XX eventualmente también documentarían afromexicanos, sólo que esta vez en las pocas regiones remotas en donde los habitantes están concentrados y donde aún conservan rasgos muy africanos. Los fotógrafos de los años 90 viajaron de Ciudad de México o de los Estados Unidos para documentar la vida diaria en Veracruz y en los pueblos de la Costa Chica. Con las investigaciones iniciadas por el Dr. Gonzalo Aguirre Beltrán y con la creciente aceptación del orgullo por la tercera raíz en México, la identidad colectiva afromexicana ha sido re-energizada. No es de sorprenderse que muchos de los fotógrafos e investigadores afroamericanos de los Estados Unidos entendieran que ésto es otro capítulo más de la diáspora africana, y no sólo un capítulo más en la historia de México[32].

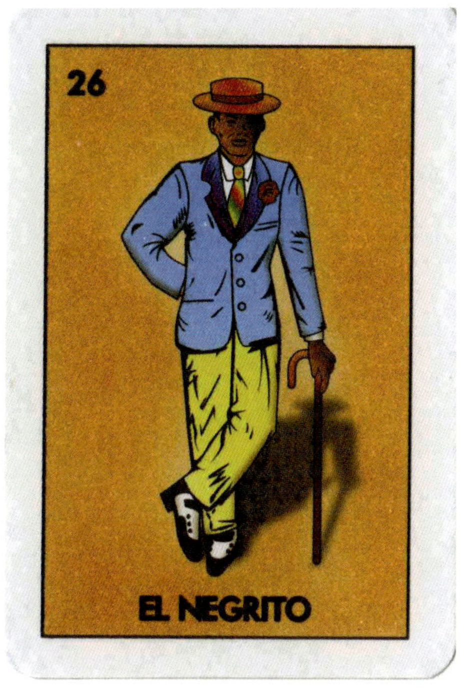

The Black Gentleman
El Negrito
Game card for contemporary *lotería* game

Cultura popular actual y las bellas artes

Una de las más importantes expresiones populares actuales en las fiestas de México es la representación de danzas con máscaras. Estas recreaciones de historias bíblicas, historias orales o mitos locales sirven para reforzar la identidad y creencias de la comunidad que participa. Los misioneros que vinieron de España a evangelizar a las poblaciones indígenas durante el siglo XVI rápidamente descubrieron el éxito de las representaciones teatrales como un medio efectivo de instrucción religiosa[33]. La población indígena rápidamente aprendió la historia de España y del nuevo testamento a través de juegos y danzas enmascaradas. Una de las primeras danzas alegóricas españolas que se representaron en el México colonial fue la recreación de la victoria cristiana sobre los moros en 1492. La danza expresó descaradamente la superioridad de España gracias a la intercesión de su santo patrón guerrero, Santiago Matamoros, e inmediatamente fue adaptada y representada por las diferentes comunidades indígenas en todo el territorio. En pequeñas comunidades y pueblos de México aún se continúa con la tradición de representar diferentes versiones de esta

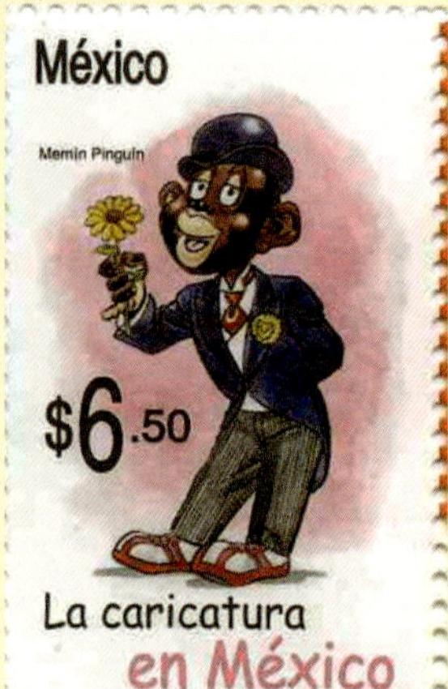

Memín Pinguín 50th anniversary conmemorative postage stamp.
Estampilla postal conmemorativa del 50 aniversario de Memín Pinguín
Mexico, 2005

Two additional stereotypes embedded into contemporary Mexican popular culture are found in the illustrations of "*El Negrito*" (the little black man) in the *Lotería* game, and the comic book character Memín Pinguín. The *Negrito* from the *Lotería* is a depiction of the finely dressed Cuban cigar salesman who frequented the port of Veracruz and Mexico City in the 1920s[35]. Memín, the mischief-maker, whom most Mexicans find to be lovable and harmless, was inspired in 1947 after his creator Yolanda Vargas Duché spent some time in the neighborhoods of Havana. It is however Memín Pinguín, an illustration of a young, urban, Afro-Mexican boy that was officially commemorated by the government in 2005 on a Mexican postage stamp, to whom a large number of Afro-Mexicans from Costa Chica object. They find him to be a demeaning image that continues to corrupt the public's attitudes towards them. Memín, with his extremely exaggerated features can easily fall into the genre of caricatures of African-Americans from the Jim Crow South in the U.S. The rendering of this little boy, like the U.S. illustrations, is complete with the stereotypical features that mock more than illustrate; and one of the results being the deformation of popular conceptions towards African descendants. Many of the popular films starting in the late 1940s also addressed the presence of Afro-Mexicans, but like Memín, they utilized the myth of the "tragic *mulatto*" to illustrate the poor suffering life that must accompany "African blood." The Afro-Mexican characters are either simple-minded and eager to please like Memín, or self-loathing and distraught because of their ancestry[36]. Some of these films include: *Angelitos negros* (1948, Little Black Angels), *Negra consentida (1948,* Pampered Black Woman*), La Negra Angustias* (1949, Angustia the Black Woman*), Negro es mi color* (1951, Black Is My Color), *El Derecho de nacer* (1951, The Right to be Born), *La Maldición de mi raza* (1964, The Curse of My Race). Perhaps the distorted images of Memín Pinguín and the Tragic *Mulattos* can galvanize Afro-Mexicans and provoke a much-needed conversation within their own communities and within their own country. As reflected upon by Alfred J. Quiroz (b.1944) an artist from Arizona in his triptych, *La Raza Kózmica*, the image of Memín can be equated with an ethnic lynching and erasing of the African people and their history in North America. As a *Chicano* (a term adopted by many Mexican-American activists) whose artwork often deals with socio-political commentary and issues of identity vs. stereotypes, Quiroz is familiar with both the Mexican culture and its attitudes as well as with the U.S. Civil Rights Movement and its uphill battles.

danza dramatizada y moralista, cada una con características similares. Cristianos, reyes católicos, conquistadores, judíos, africanos e indios son algunos de los grupos que se representan durante esta festividad indígena. Las representaciones aún hoy revelan creencias ancestrales, una moralidad simple en blanco y negro y con estereotipos coloniales.

Las comunidades afromexicanas de Veracruz y Costa Chica también tienen su propio repertorio tradicional de danzas que año con año se realizan durante los días festivos: La danza de La Tortuga, la de El Toro de Petate, la de Los Apaches, el son de artesa y la más notable la de Los Diablos. Sin embargo, es en el estado de Michoacán donde la tradición de la Danza de los Negritos y la Danza de la Negredad ha llamado la atención a nivel nacional pues se celebra desde la Navidad hasta la epifanía, es decir desde diciembre 25 hasta el 6 de enero. Estas danzas tradicionales populares son un símbolo de identidad para los michoacanos y representan una parte de la memoria colectiva del México colonial, a pesar de que no se identifiquen con África tanto como lo hacen con los grupos indígenas regionales[34].

Otros dos estereotipos fuertemente arraigados a la cultura popular mexicana contemporánea se encuentran en las ilustraciones de *"El Negrito"* del juego de *la lotería*, y el personaje del libro de historietas Memín Pinguín. El Negrito de la Lotería es la representación pictórica de un vendedor y distribuidor de cigarros cubanos quien está elegantemente vestido y que frecuentaban el puerto de Veracruz y la Ciudad de México en la década de 1920[35]. Memín es un niño travieso al que la mayoría de los mexicanos consideran adorable e inofensivo y que fue inspirado en 1947 después que su creadora, Yolanda Vargas Dulché, pasara una temporada en los barrios de La Habana. Memín Pinguín, quien representa la imagen de un muchacho afromexicano joven y urbano, y que fuera oficialmente conmemorado por el gobierno en el año 2005 en un timbre postal mexicano, es un personaje a quien muchos afromexicanos de la Costa Chica objetan. Piensan que es una imagen degradante que permite continuar con actitudes negativas de la población en general hacia los afromexicanos. Memín, con sus extremadamente exagerados rasgos físicos puede clasificarse fácilmente en el género de las caricaturizaciones de los africano-americanos de la época de Jim Crow South en los Estados Unidos. La representación de este pequeño muchacho, así como las ilustraciones hechas en los Estados Unidos, tienen todos los rasgos estereotípicos que hacen una burla más que una representación fiel, y cuyos resultados son la deformación de las concepciones

There are several contemporary visual artists working with Afro-Mexican notions of identity and culture. However, only few artists actually identify themselves as being Afro-Mexican. Most of these are self-taught artists with a heartfelt sense of responsibility to document their experience as Afro-Mexicans as well as the cultural vestiges of their third root. It is this role they have taken on as Afro-Mexican community representatives that sets them apart from many other practicing artists and provides us with a more complete and accurate understanding of the African presence in present day Mexico. Ignacio Canela Rodriguez (b.1950) from Tlacotalpan and Dr. Hermenegildo González Fernández (b.1953) from the town of Yanga are both from the state of Veracruz. The woodcarver Guillermo Vargas Alberto (b.1966) from El Ciruelo, Oaxaca and Aydeé Rodríguez López (b.1955) from Cuajinicuilapa, Guerrero are both from the Costa Chica. Mario Guzmán Olivares (b.1975) is originally from Córdoba, Veracruz but now lives between El Ciruelo and Oaxaca City. As a former professional baseball player in the Mexican league and now a full time artist, Mr. Canela is the best known artist of the group. Ms. Rodríguez is the most recent to take up painting. In 1994, she was inspired by her aunt, the artist Julia López in Mexico City. Mario Guzmán is the only one of this group to have formal training in the fine arts, and has been an art instructor at the *Centro Cultural Cimarrón* (Cimarrón Youth Cultural Center) in El Ciruelo since 1997. The experience and careers of these individuals vary, yet all of these artists have one unmistakable mission in common. They are redefining a living legacy, renewed out of a community's sense of absence only updated through an oral history. They are visually piecing together an omitted chapter in the story of Mexico's struggle with its self-identity and its sundry past. These artists know everything about what it entails to be fully Mexican with "black skin," living within the "bronze race." Many African Americans have been surprised to learn that Afro-Mexicans would identify themselves more as a Oaxacan *campesino* (farmer) or as an *aficionado* of a local soccer team than with anything remotely African. After nearly 500 years of contributing to the Mexican identity, Afro-Mexicans see themselves as being completely Mexican. African descendents in Mexico did not have galvanizing experiences such as those that

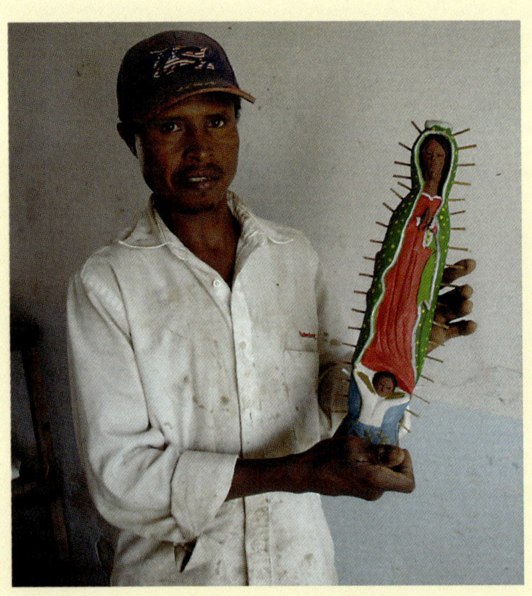

Artist, **Guillermo Vargas Alberto** (b.1966)
El Ciruelo, Oaxaca, 2005
Photo: MFACM

populares hacia los descendientes africanos. Muchas de las películas populares que comenzaron a fines de la década de los años 40 también trataron la presencia de los afromexicanos, pero como Memín, utilizaron el mito del "mulato trágico" para ilustrar la vida pobre y sufrida que debía acompañar a la "sangre africana." Los personajes afromexicanos son tanto de mente simple como deseosos por agradar tal es el caso de Memín, o bien se autodesprecian y perturban por su herencia[36]. Algunas de estas películas son: *Angelitos Negros* (1948), *Negra consentida* (1948), *La Negra Angustias* (1949), *Negro es mi color* (1951), *El derecho de nacer* (1951), *La Maldición de mi raza* (1964). Quizás las imágenes distorsionadas de Memín Pinguín y la tragedia del mulato pueden incitar a los afromexicanos y provocar una muy necesaria discusión dentro de sus propias comunidades y dentro de su propio país. Tal como lo reflejó Alfred J. Quiroz (nacido en 1944), artista originario de Arizona, en su tríptico "Raza Kózmica," la imagen de Memín se puede comparar con un linchamiento étnico que borra a las poblaciones africanas y a su historia en Norteamérica. Como chicano (término adoptado por muchos activistas mexicano-americanos) cuyo trabajo artístico frecuentemente se enfrenta a comentarios sociopolíticos y a cuestiones de identidad vs. estereotipos, Quiroz está familiarizado tanto con la cultura mexicana y sus actitudes, así como con el movimiento por los derechas civiles en Estados Unidos y sus luchas cuesta arriba.

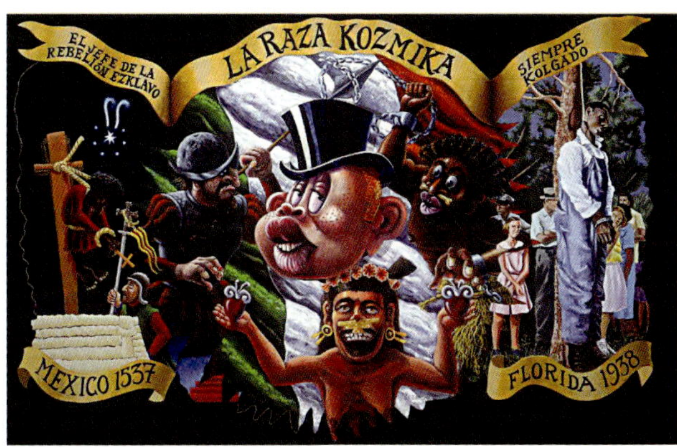

Alfred J. Quiroz (b. 1944)
The Kosmic Race
La Raza Kózmica
2005, acrylic on wood panel
64" x 95 1/2" x 3 1/2"
(162.6 x 242.6 x 8.9 cm.)
Collection of the artist
Photo: Wilson P. Graham

Hay varios artistas visuales contemporáneos que trabajan con las nociones de identidad y cultura afromexicanas. Sin embargo, sólo pocos artistas realmente se identifican a sí mismos como afromexicanos. La mayoría de éstos son artistas autodidactas con un sincero sentido de responsabilidad al documentar tanto su experiencia como afromexicanos así como los remanentes culturales de su tercera raíz. Este rol que han tomado los artistas como representantes de las comunidades afromexicanas, los coloca aparte de muchos otros artistas en activo y nos proveen de un entendimiento más completo y exacto de la presencia africana en el México del presente. Ignacio Canela Rodríguez nació en 1950 en Tlacotalpan y el Dr. Hermenegildo González Fernández nació en 1953 en la ciudad de Yanga, ambos son del estado de Veracruz. El escultor Guillermo Vargas Alberto nacido en 1966 en El Ciruelo, Oaxaca y Aydeé Rodríguez López

African-Americans had when they saw the published photographs of Emmett Till (1941-1955) and later heard the defiant story of Ms. Rosa Parks (1913-2005) that helped launch the civil rights movement. Unlike the U.S. where segregation was the law and cultural identity is an individual's struggle, Mexico desperately attempted to absorb and assimilate everything African until all traces of African culture would completely vanish into the eternal Mexico. Yet at the turn of the 21st Century, African stories and music in Mexico have not gone away and a collective identity has been revitalized.

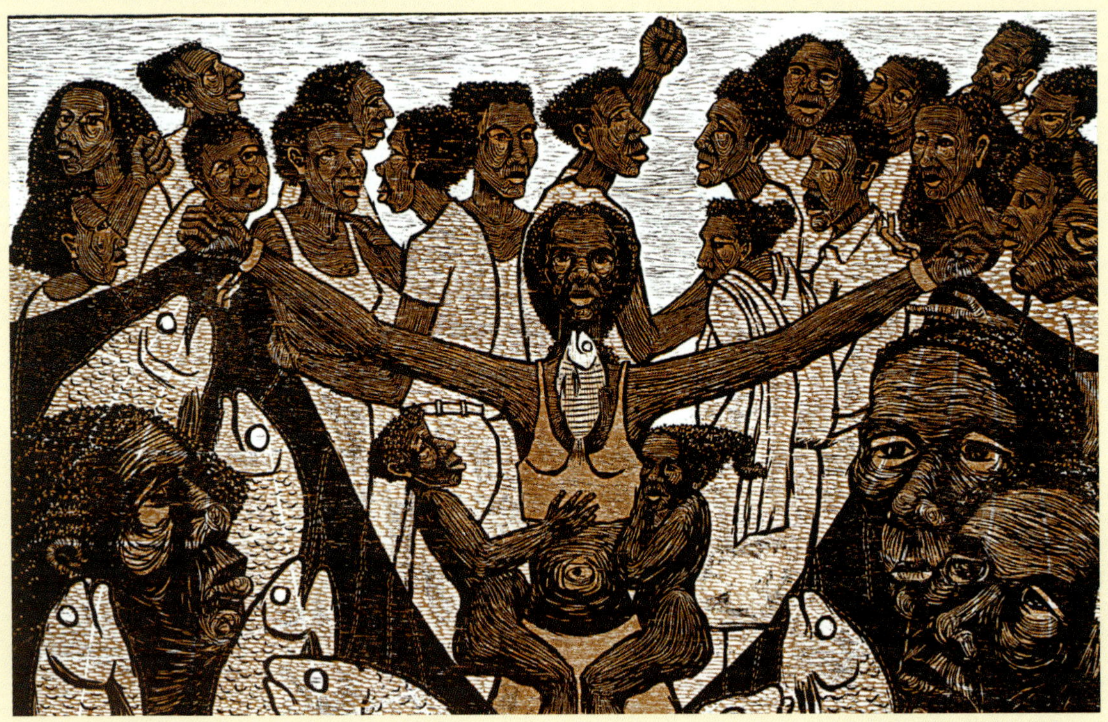

Mario Guzmán Oliveres (b. 1975)
The Gathering of Black Towns / *Encuentro de pueblos negros*
2004, wood-cut print, 1/20
31 1/4" x 43 7/8" (79.4 x 111.4 cm.)
Mexican Fine Arts Center Museum Permanent Collection,
2006.35, Museum Purchase Fund

nacido en 1955 en Cuajinicuilapa, Guerrero originarios ambos de Costa Chica. Mario Guzmán Olivares nacido en 1975 es originario de Córdoba, Veracruz pero ahora vive entre El Ciruelo y la ciudad de Oaxaca. Primero como jugador profesional en la liga mexicana de béisbol y ahora como artista de tiempo completo, el maestro Canela es el pintor mejor conocido de este grupo. La maestra Rodríguez es la más novel de este grupo en la creación pictórica. En 1994 inició su carrera inspirada por su tía, la artista Julia López quien vive en Ciudad de México. Mario Guzmán es el único de este grupo que cuenta con educación formal en las bellas artes, y ha sido maestro del Centro Cultural para Jóvenes "El Cimarrón" de El Ciruelo desde 1997. La experiencia y carreras de estos artistas varían, pero todos ellos tienen una misión evidente en común. Ellos están redefiniendo una herencia viva, renovaron el vacío de una comunidad que solamente se lograba llenar a través de la historia oral. Ellos están ensamblando de manera visual un capítulo que ha sido omitido en la historia de las luchas de México por su propia identidad y su pasado diverso. Estos artistas han sabido expresar todo lo que implica ser totalmente mexicano con "piel negra", conviviendo con la "raza de bronce". Muchos africano-americanos se han sorprendido al ver que los afromexicanos se identifican así mismos más como campesino de Oaxaca, o como aficionado del equipo local del fútbol en lugar de asumirse con cualquier identidad remotamente africana. Después de casi 500 años de contribuir a la identidad mexicana, los afromexicanos se consideran completamente mexicanos. Los afrodescendientes en México no han tenido experiencias tan marcadamente incitantes como los africano-americanos tuvieron cuando vieron publicadas las fotografías de Emmett Till (1941-1955) y años más tarde escucharon la desafiante historia de la señora Rosa Parks (1913-2005) que ayudaron a impulsar el movimiento por los derechas civiles. A diferencia de los Estados Unidos donde la segregación se dio por ley y la identidad cultural es hoy una lucha individual, en México desesperadamente se intentó absorber y asimilar todo lo africano hasta que todos los rastros de cultura africana desaparecieran completamente en el México eterno. Aún en pleno siglo XXI, existen historias y música que no se han ido, así como una identidad colectiva que recientemente ha sido vigorizada.

ENDNOTES

1. Juan Garrido and the other enslaved Africans first fought alongside Hernan Cortés from 1519–1521 in the conquest of Tenochtitlan – the capital city of the Aztec empire and present day Mexico City.

2. Mills, Taylor, and Graham, *Colonial Latin America: A Documentary History*, 2002.

3. In 1542 Esteban de Dorantes traveled with the Spanish friar Marcos de Niza into the present day states of New Mexico and Arizona where they encountered the native Pueblo people.

4. Bennett, *Africans in Colonial Mexico: Absolutism, Christianity and Afro-Creole Consciousness, 1570-1640.*

5. Africans were commonly labeled by European Catholics as Moorish infidels warranting slavery.

6. The native populations were labeled by European Catholics as pagans whose souls had to be converted at all costs.

7. Afrikaners eventually also used this story to justify apartheid laws in 20th Century South Africa.

8. Sometimes referred to as Saint James the Apostle when his sword has been substituted for a processional banner.

9. After more than 700 years of inhabiting the Iberian Peninsula, the Islamic Moors were driven out by the united Catholic army of King Fernando de Aragón and Queen Isabella de Castilla. St. James, the patron saint of Spain, became a symbol of the *reconquista* (re-conquest) and an essential icon in Colonial Mexico, as it too was viewed as an extension of the peninsular *reconquista*.

10. Lechuga, *Mask Making in Guerrero,* 1988.

11. Mills, Taylor, and Graham, *Colonial Latin America: A Documentary History*, 2002.

12. Pierce, *The Mission: Evangelical Utopianism in the New World,* 1990.

13. The ironic exception was that of the *Mudejar* style influenced by the Moors. The Church of Santiago in Angahuan, Michoacán is an example of *Mudejar* architecture.

14. Born 1533 in colonial Mexico to an indigenous mother and a *conquistador* father.

15. Spain's King Philip II gained control of the Philippine Islands in 1571.

16. 1557: Italian, Flemish, and Spanish.

17. Burke, *Treasures of Mexican Colonial Painting,* 1998.

18. Spanish and African.

19. Ruiz Gomar, *Unique Expressions, Painting in New Spain,* 2004.

20. Burke, *Treasures of Mexican Colonial Painting,* 1998.

21. Katzew, *Casta Painting,* 2004.

22. The 1646 census documented 35,089 Africans and 116,529 African descendants.

23. Cuadriello, *La Reina de las Americas*, 1996.

24. Katzew, *Casta Painting,* 2004.

25. Katzew, *Casta Painting,* 2004.

26. Ramírez, Asedios al paraíso, 2001.

27. Sobrino, *Los Artistas Viajeros,* 1991.

28. Pilcher, *Que Vivan los Tamales: Food and the Making of Mexican Identity*,

29. Urban bricklayers and newspaper vendors are two of the many trades where one finds large numbers of Afro-Mexicans.

30. Hernández, *African Mexicans and the Discourse on Modern Nation*, 2004.

31. Katzew, *Casta Painting,* 2004.

32. Hoone, *Contact Sheet number 116, Tony Gleaton,* 2002.

33. Esser, *Behind the Mask in Mexico, Meanings and Motivations,* 1988.

34. Esser, *Those Who Are Not From Here: Blackman Dances of Michoacán,* 1988.

35. Pozos, *100 Años de Loteria Campechana,* 1995.

36. Hernández, *African Mexicans and the Discourse on Modern Nation, 2004.*

NOTAS

1. Juan Garrido y otros mas fueron los primeros esclavos africanos que pelearon al lado de Hernán Cortés de 1519 a 1521 durante la conquista de Tenochtitlan, capital del imperio azteca y actual ciudad de México.

2. En 1542 Esteban de Dorantes viajó con el fraile español Marcos de Niza por lo que hoy son los estados de Nuevo México y Arizona donde se encontraron con los indios pueblo.

3. Los africanos fueron comúnmente identificados por los europeos cristianos como moros infieles garantizando la esclavitud.

4. Bennett, *Africans in Colonial Mexico: Absolutism, Christianity and Afro-Creole Consciousness, 1570-1640.*

5. Los africanos fueron frecuentemente etiquetados por los europeos católicos como moros infieles, garantizando la esclavitud.

6. La población nativa fue identificada por los europeos católicos como paganos cuyas almas tenían que convertirse a toda costa.

7. Los *afrikaners* eventualmente también usaron esta historia para justificar las leyes del apartheid en el siglo XX en Sudáfrica.

8. Algunas veces se refieren a Santiago Apóstol cuando su espada ha sido sustituida por un bordón (bastón largo) usado en las procesiones.

9. Después de casi 700 años de habitar la Península Ibérica, los moros islámicos fueron explusados por la unión de los ejércitos de los reyes católicos Fernando de Aragón e Isabel de Castilla. Santiago, santo patrón de España, llegó a ser un símbolo de la reconquista y un icono esencial en el México Colonial, tal y como fue visto en la expansión de la reconquista peninsular.

10. Lechuga, *Mask Making in Guerrero,* 1988.

11. Mills, Taylor, and Graham, *Colonial Latin America: A Documentary History*, 2002.

12. Pierce, *The Mission: Evangelical Utopianism in the New World,* 1990.

13. La excepción irónica fue el estilo *mudéjar* influenciado por los moros. La iglesia de Santiago en Angahuan, Michoacán es un ejemplo de dicha arquitectura *mudéjar*.

14. Nacido en 1533 en el México colonial proveniente de madre indígena y padre conquistador.

15. Felipe II, rey de España logró el control de las islas de Filipinas en 1571.

16. 1557: Italianos, flamencos y españoles.

17. Burke, *Treasures of Mexican Colonial Painting,* 1998.

18. Descendiente de españoles y africanos.

19. Ruiz Gomar, *Unique Expressions, Painting in New Spain,* 2004.

20. Burke, *Treasures of Mexican Colonial Painting,* 1998.

21. Katzew, *Casta Painting,* 2004.

22. El censo de 1646 registró 35,089 africanos y 116,529 descendientes de africanos.

23. Cuadriello, *La Reina de las Americas*, 1996.

24. Katzew, *Casta Painting,* 2004.

25. Katzew, *Casta Painting,* 2004.

26. Ramírez, Asedios al paraíso, 2001.

27. Sobrino, *Los Artistas Viajeros,* 1991.

28. Pilcher, *Que Vivan los Tamales: Food and the Making of Mexican Identity*,

29. Albañil urbano y vendedor de periódicos son dos de los muchos oficios donde se pueden encontrar un gran número de afromexicanos.

30. Hernández, *African Mexicans and the Discourse on Modern Nation*, 2004.

31. Katzew, *Casta Painting,* 2004.

32. Hoone, *Contact Sheet number 116, Tony Gleaton,* 2002.

33. Esser, *Behind the Mask in Mexico, Meanings and Motivations,* 1988.

34. Esser, *Those Who Are Not From Here: Blackman Dances of Michoacán,* 1988.

35. Pozos, *100 Años de Loteria Campechana,* 1995.

36. Hernández, *African Mexicans and the Discourse on Modern Nation.*

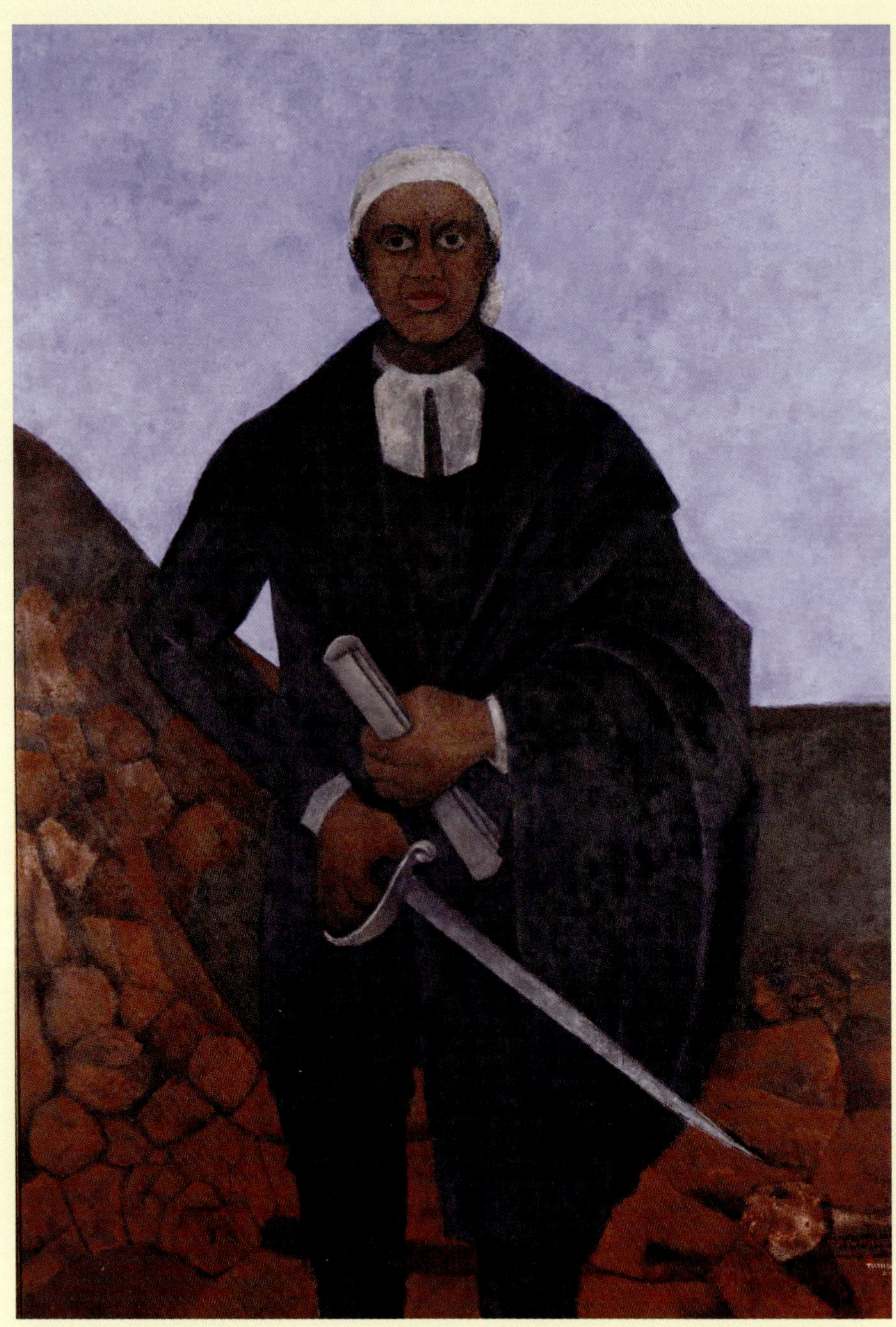

Rufino Tamayo (1899-1991)
Portrait of José María Morelos y Pavón / *Retrato de José María Morelos y Pavón*
1984, oil on canvas
76 4/5" x 50 4/5" (195 x 129 cm.)
Collection of Secretaría de Hacienda y Crédito Público, Antiguo Palacio del Arzobispado

Exhibition Catalogue

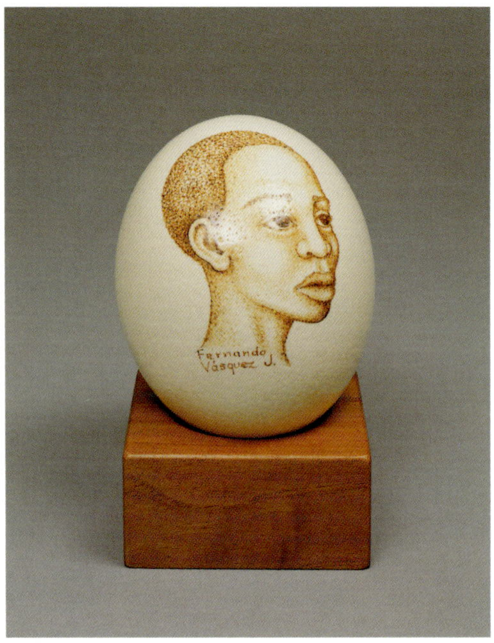

Fernando Vázquez Jácome (b. 1954)
Portrait of Yanga / *Retrato de Yanga*
2005, ostrich egg
6 1/4" x 5 1/2" (15.9 x 14 cm.)
Mexican Fine Arts Center Museum Permanent Collection, 2006.16, Museum Purchase Fund

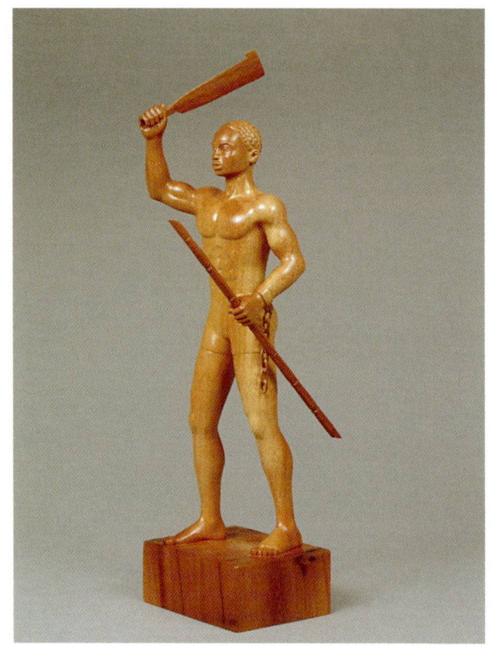

Fernando Vázquez Jácome (b. 1954)
Yanga
2005, carved wood
17 3/4" x 5 3/4" x 6" (45.1 x 14.6 x 15.2 cm.)
Mexican Fine Arts Center Museum Permanent Collection, 2006.17, Museum Purchase Fund

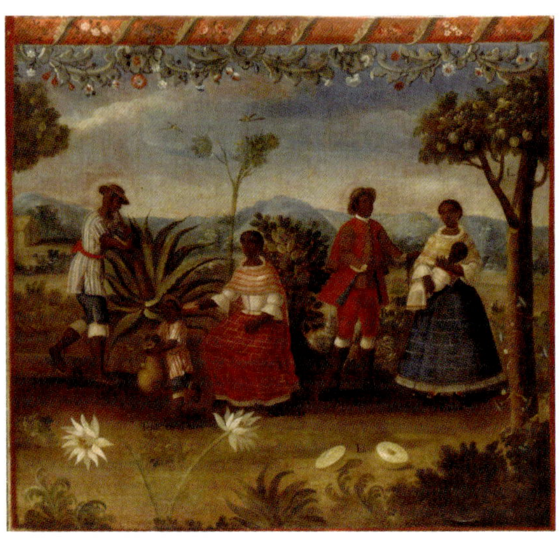

Anonymous / *Anónimo*
Serie Castas, núm.III: 13 Yndio, 14 Tente en el aire, 15 Cambuja, 16 Alvarrasado, 17 Barnillo, 18 Yndia
18th Century, oil on canvas
40 3/16" x 43 5/16" (102 x 110 cm.)
Collection of Banco Nacional de México

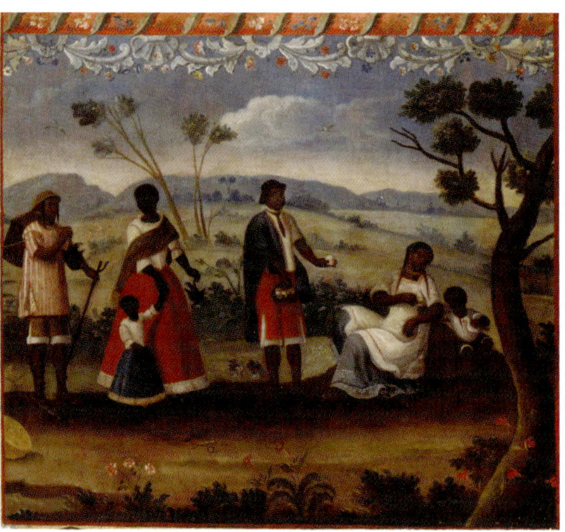

Anonymous / *Anónimo*
Serie Castas, núm.IV: 19 Lobo, 20 China, 21 Negra, 22 Varsino, 23 Yndia, 24 Canpa M. Laus Deo
18th Century, oil on canvas
40 3/16" x 43 5/16" (102 x 110 cm.)
Collection of Banco Nacional de México

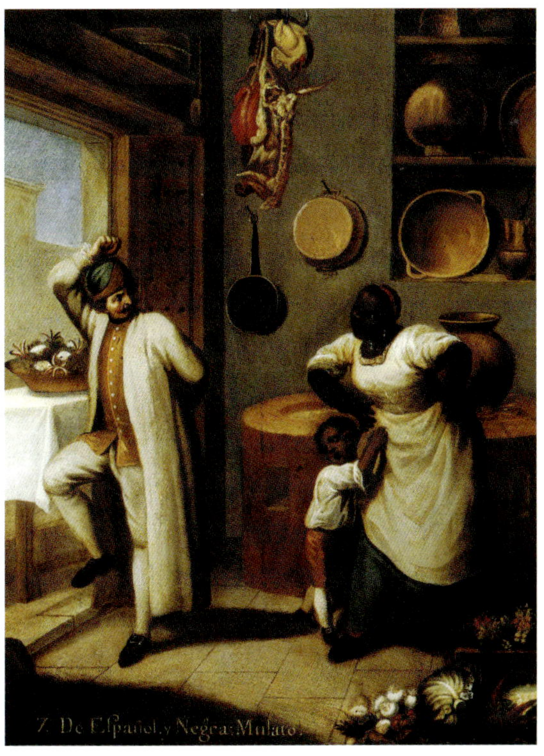

Anonymous/ Anónimo
Spaniard and Black Produce Mulatto
Español y Negro produce Mulato
18th Century, oil on copper
16 15/16" x 12 19/32" (43 x 32 cm.)
Collection of Museo Soumaya
Photo: Javier Hinojosa

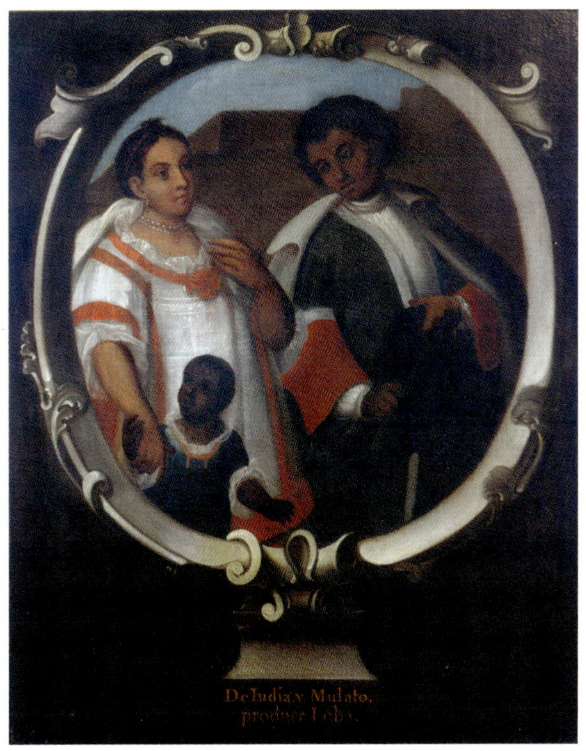

Anonymous / *Anónimo*
Indian and Mulatto Produce Loba / *India y Mulato produce Loba*
19th Century, oil on linen
40 9/16" x 31 11/16" (103 x 80.5 cm.)
Collection of Museo Soumaya
Photo: Javier Hinojosa

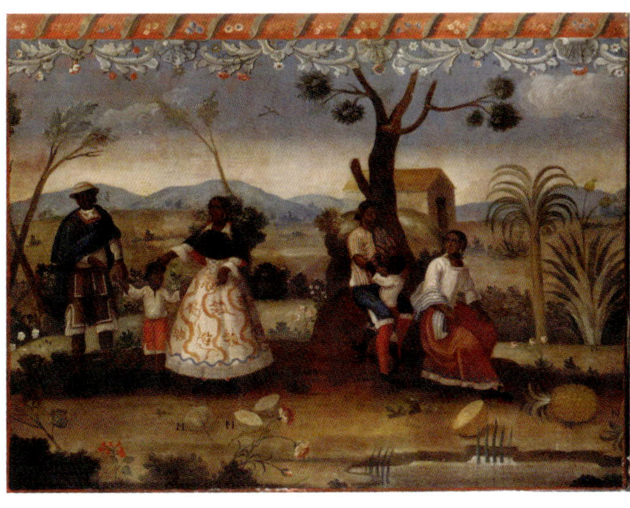

Anonymous / *Anónimo*
Serie Castas, núm. II: 7 Yndio, 8 Zambaygo, 9 Barsino, 10 Coyote, 11 Yndio, 12 Mestiza
18th Century, oil on canvas
40 3/16" x 51"(102 x 130 cm.)
Collection of Banco Nacional de México

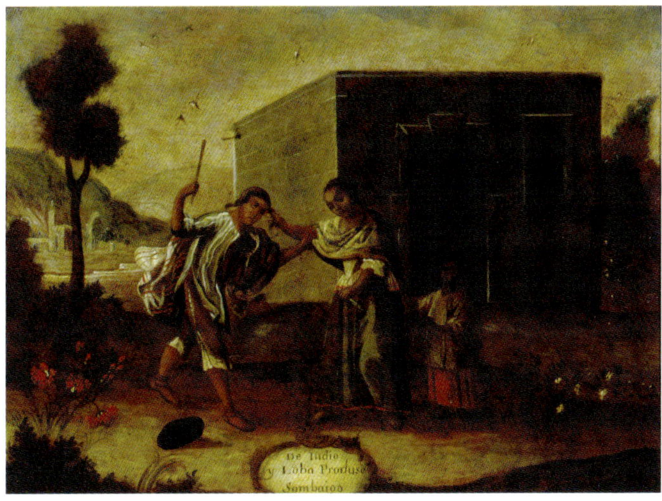

Anonymous / *Anónimo*
Indian and Loba Produce Zambaigo / *Indio y Loba produce Zambaigo*
ca. 1750, oil on copper
16 15/16" x 22 5/16" (42 x 56.6 cm.)
Collection of Museo Soumaya
Photo: Javier Hinojosa

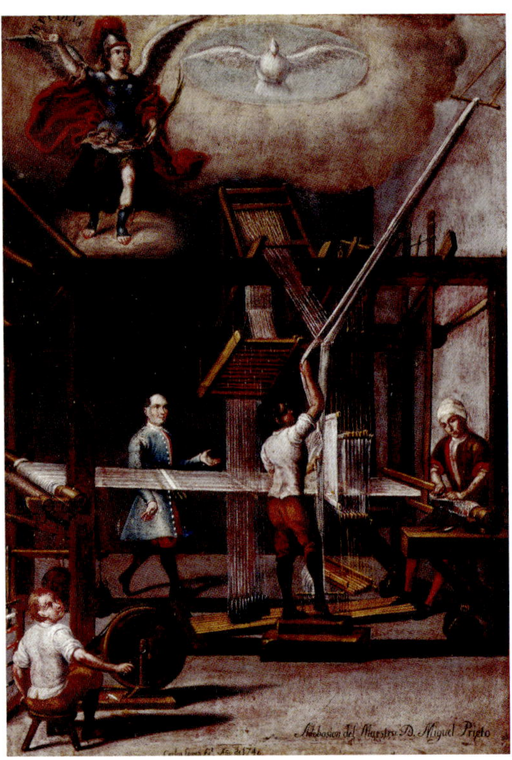

Carlos López (Active in the early 18th Century)
Interior of a Workshop with the Presence of the Guardian Archangel Saint Michael and the Holy Spirit
Interior de un obraje con la presencia protectora del Espíritu Santo y el Archangel San Miguel
1740, oil on linen
33 3/16" x 23 5/16" (84.2 x 59.2 cm.)
Collection of Museo Soumaya
Photo: Javier Hinojosa

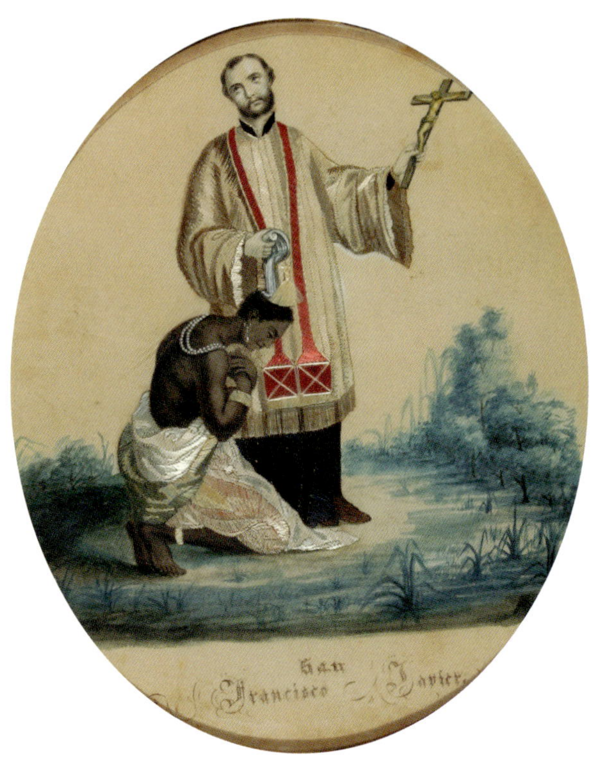

Anonymous / *Anónimo*
Baptism of a Black by Saint Xavier
Bautizo de un negro por San Javier
19th Century, Mexican watercolor over paper and silk thread
9 1/16" x 7 1/2" (23 x 19 cm.)
Collection of Manuel González Gómez

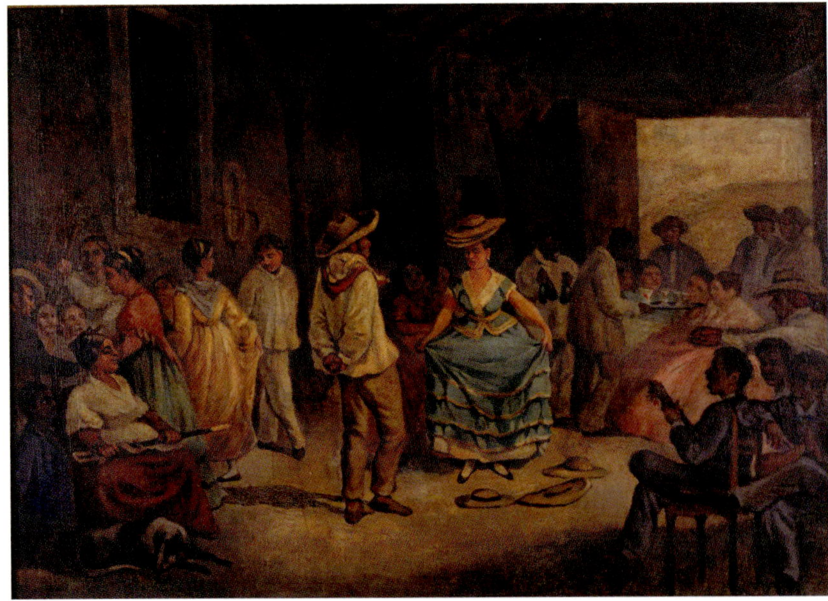

Anonymous / *Anónimo*
The Zapateo (Dance) / *El Zapateo*
n.d., oil on canvas
18 1/2" x 25 1/5" (47 x 64 cm.)
Collection of Museo de Arte del Estado de Veracruz

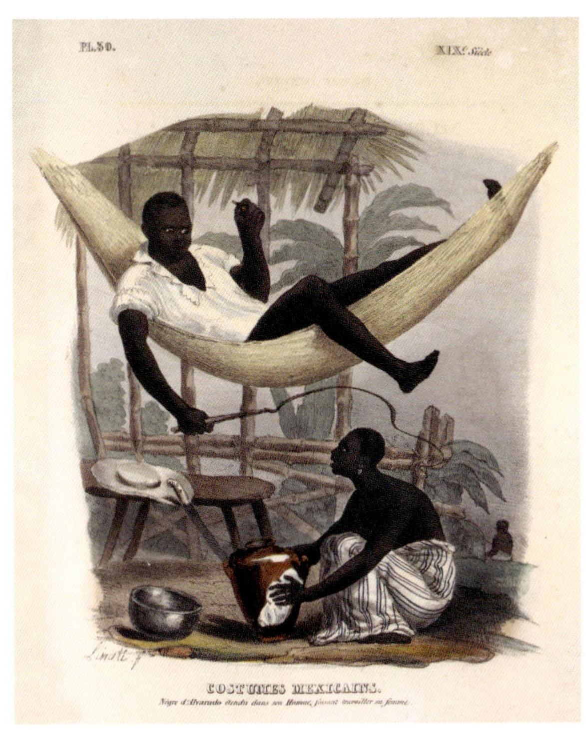

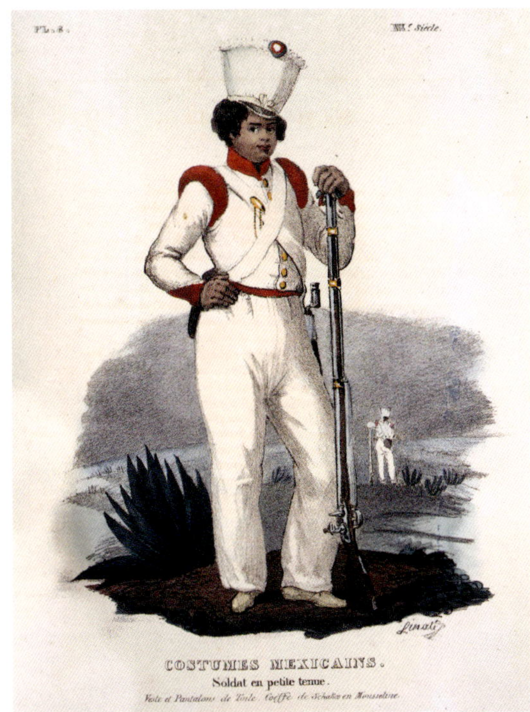

Claudio Linati (1790-1832)
Costumes civils, Militares et Religieux du Mexique, Dessines d'apres nature / Civil, Military, and Religious Dress, Scenes of Everyday Life in Mexico / *Vestuario civil, mílitar, y religioso, escenas de la vida cotidiana de México*
1828, book of lithographs
11" x 8 1/2"
(27.9 x 21.6 cm.)
Collection of Museo de Arte del Estado de Veracruz

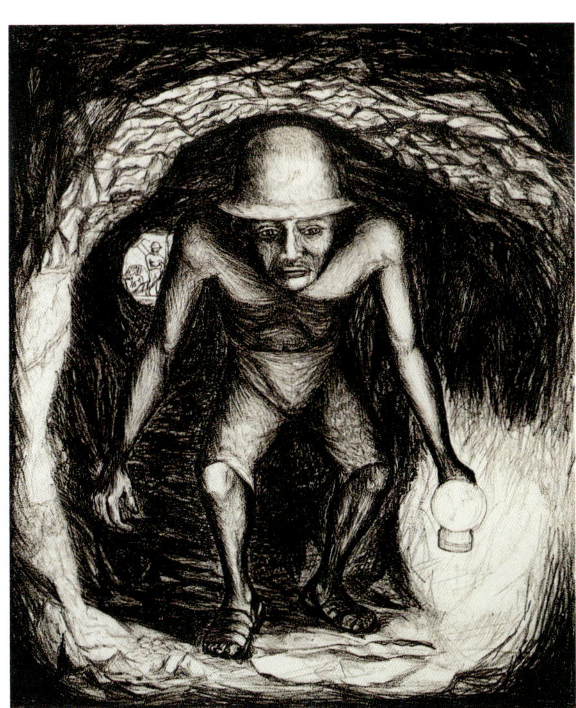

Francisco Mora (1922-2002)
The Silver Miner / *El obrero de mina de plata*
1948, lithograph, ed./200
17 1/4" x 15 1/4" (43.8 x 38.7 cm.)
Mexican Fine Arts Center Museum Permanent Collection, 1990.11b, Museum Purchase Fund

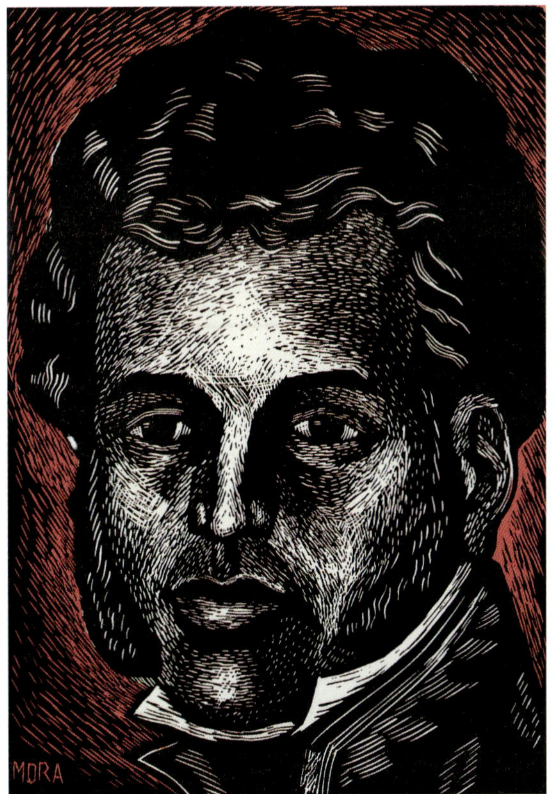

Francisco Mora (1922-2002)
Vicente Guerrero
1960, reproduction from original woodcut, N.N.
15 3/4" x 10 5/8" (40.3 x 27 cm.)
Mexican Fine Arts Center Museum Permanent Collection, 1998.36.21, Anonymous Gift

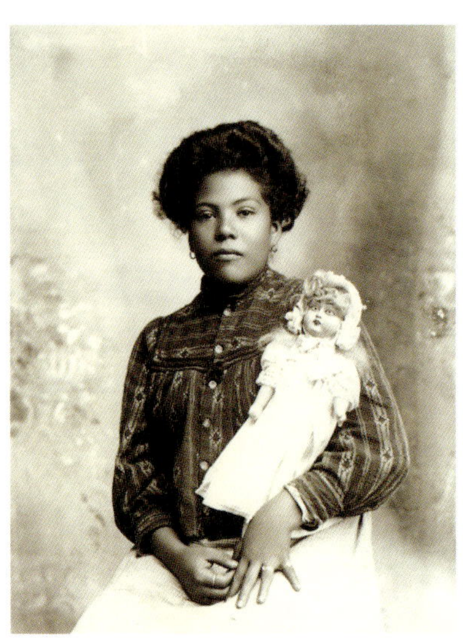

Romualdo García
(1852-1930)
Untitled / *Sin Título*
ca. 1910, silver gelatin print from original negative
11" x 14" (27.9 x 35.6 cm.)
Collection of Museo Regional de Guanajuato Alhondiga de Granaditas, 1948-RG-R2

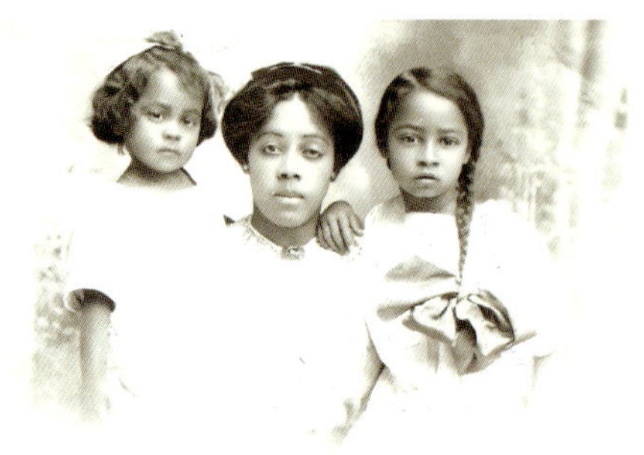

Romualdo García
(1852-1930)
Untitled / *Sin Título*
ca. 1910, silver gelatin print from original negative
14" x 11" (35.6 x 27.9 cm.)
Collection of Museo Regional de Guanajuato Alhondiga de Granaditas, 8854-RG-R15

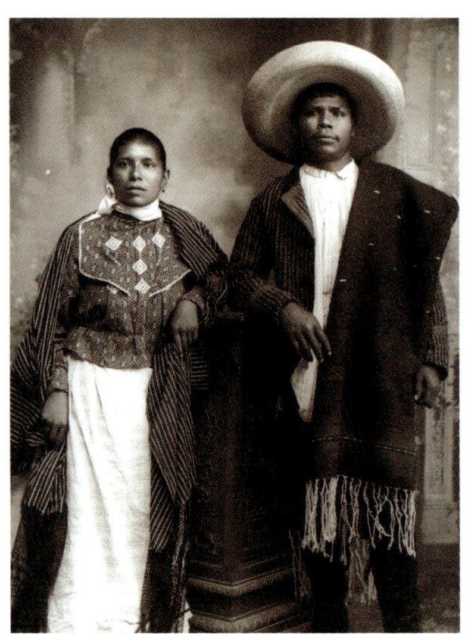

Romualdo García
(1852-1930)
Untitled / *Sin Título*
ca. 1910, silver gelatin print from original negative
11" x 14" (27.9 x 35.6 cm.)
Collection of Museo Regional de Guanajuato Alhondiga de Granaditas, 7743-RG-R10

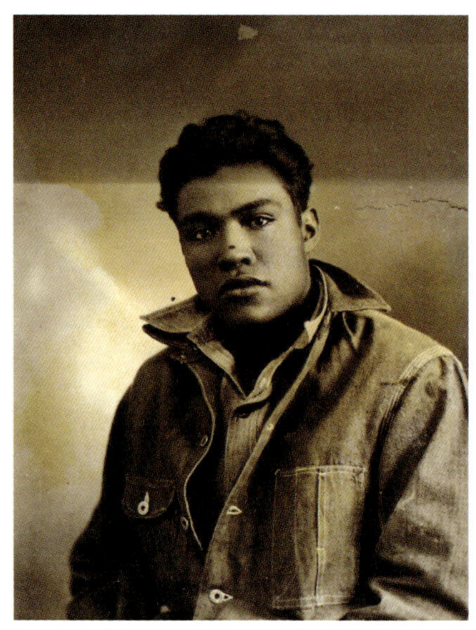

Romualdo García
(1852-1930)
Untitled / *Sin Título*
ca. 1945, silver gelatin print from original negative
11" x 14" (27.9 x 35.6 cm.)
Collection of Museo Regional de Guanajuato Alhondiga de Granaditas,15391-HG-R5

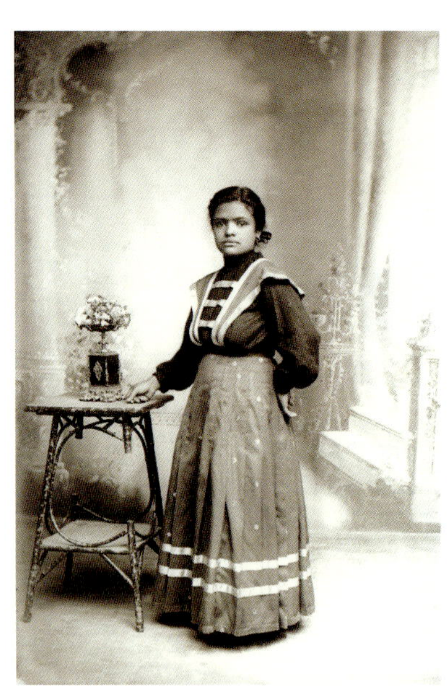

Romualdo García
(1852-1930)
Untitled / *Sin Título*
ca. 1910, silver gelatin print from original negative
11" x 14" (27.9 x 35.6 cm.)
Collection of Museo Regional de Guanajuato Alhondiga de Granaditas, 0026-RG-R1

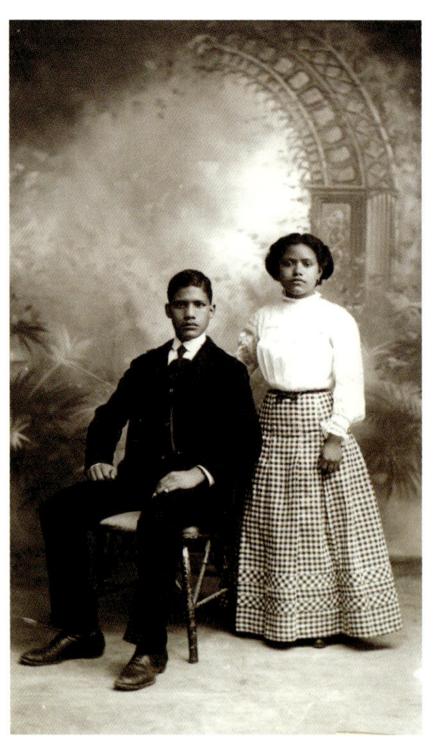

Romualdo García
(1852-1930)
Untitled / *Sin Título*
ca. 1910, silver gelatin print from original negative
11" x 14" (27.9 x 35.6 cm.)
Collection of Museo Regional de Guanajuato Alhondiga de Granaditas, 7557-RG-R5

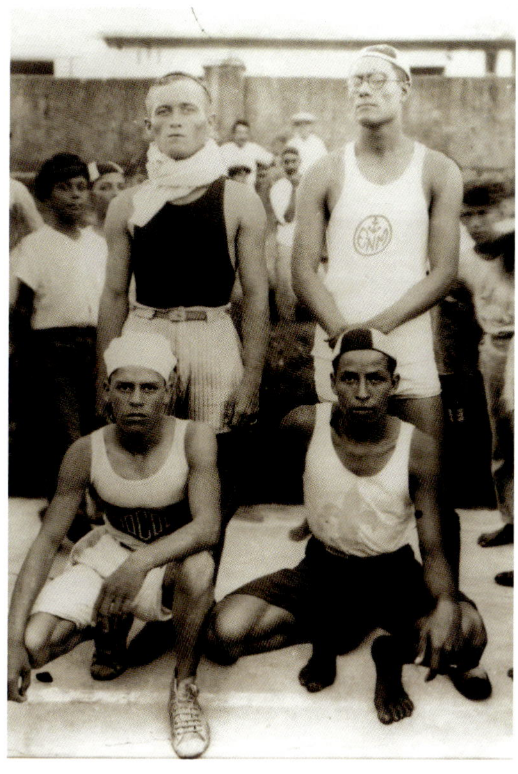

Joaquín Santamaría (1890-1975)
Runners in the Veracruz Sporting Club
Corredores en el Veracruz Sporting Club
ca. 1930, lambda print (reprinted 2006 from original negative from Archivo General del Estado de Veracruz)
16" x 20" (40.6 x 50.8 cm.)
Mexican Fine Arts Center Museum Permanent Collection, 2006.57, Museum Purchase Fund

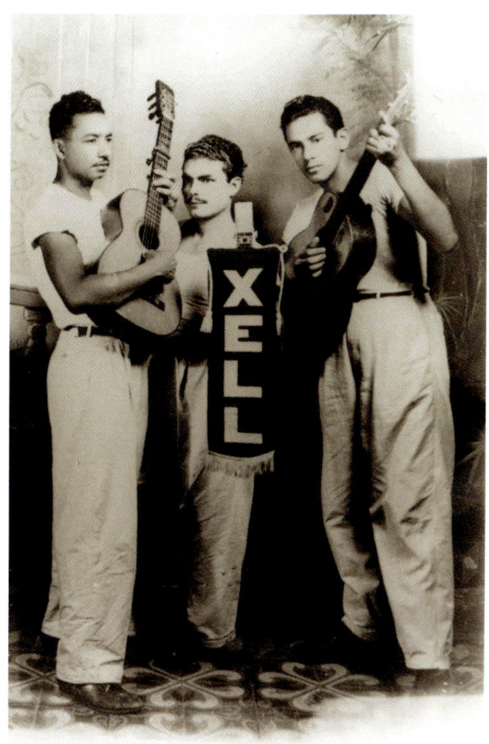

Joaquín Santamaría (1890-1975)
Jarocho Trio / *Trío jarocho*
ca. 1945, lambda print (reprinted 2006 from original negative from Archivo General del Estado de Veracruz)
16" x 20" (40.6 x 50.8)
Mexican Fine Arts Center Museum Permanent Collection, 2006.56, Museum Purchase Fund

Joaquín Santamaría (1890-1975)
Malecón del Paseo
ca. 1925, lambda print (reprinted 2006 from original negative from Archivo General del Estado de Veracruz)
16" x 20" (40.6 x 50.8)
Mexican Fine Arts Center Museum Permanent Collection, 2006.59, Museum Purchase Fund

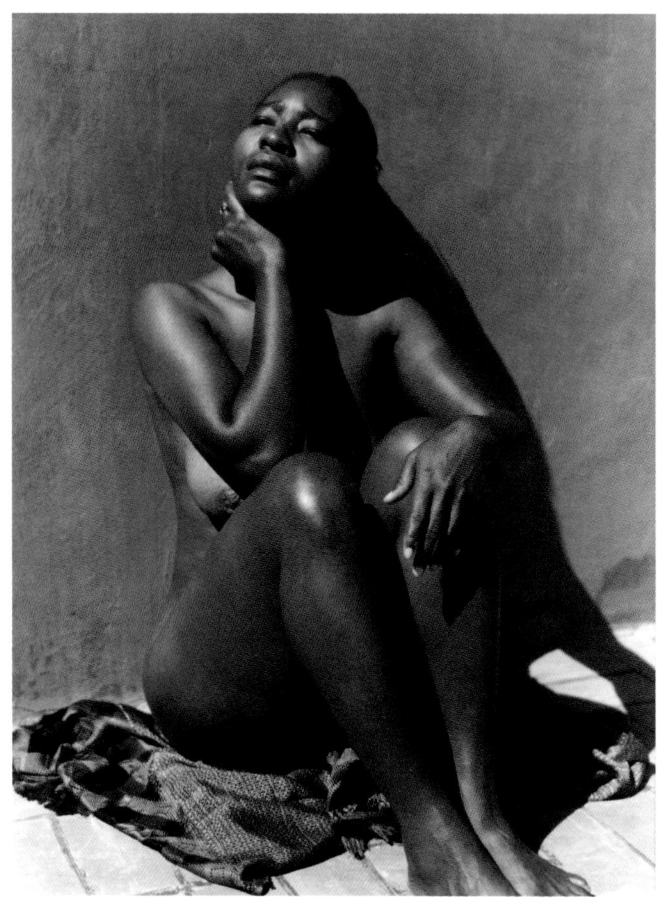

Manuel Alvarez Bravo (1902-2002)
Black Mirror / *Espejo negro*
1947, gelatin silver print
(printed & signed 1999)
9 1/2" x 7 1/4" (24.1 x 18.4 cm.)
Collection of Throckmorton Fine Arts

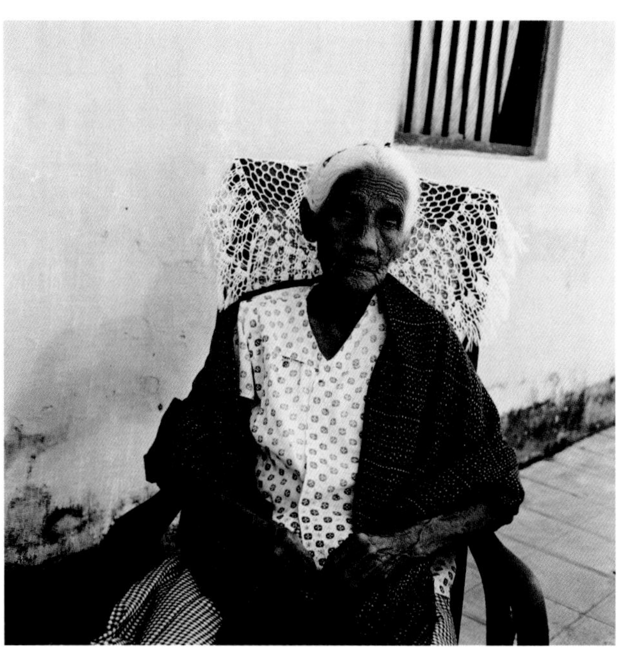

Mariana Yampolsky (1925 -2002)
Tlacotalpan, Veracruz (Woman / *Mujer*)
n.d., silver gelatin print
11" x 14" (27.9 x 35.6 cm.)
Collection of Fundación Cultural Mariana Yampolsky

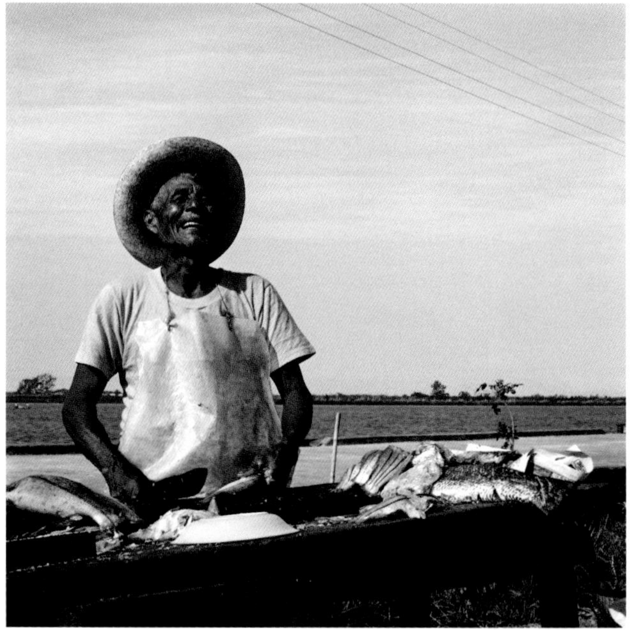

Mariana Yampolsky (1925 - 2002)
Tlacotalpan, Veracruz (Man / *Hombre*)
n.d., silver gelatin print
11" x 14" (27.9 x 35.6 cm.)
Collection of Fundación Cultural Mariana Yampolsky

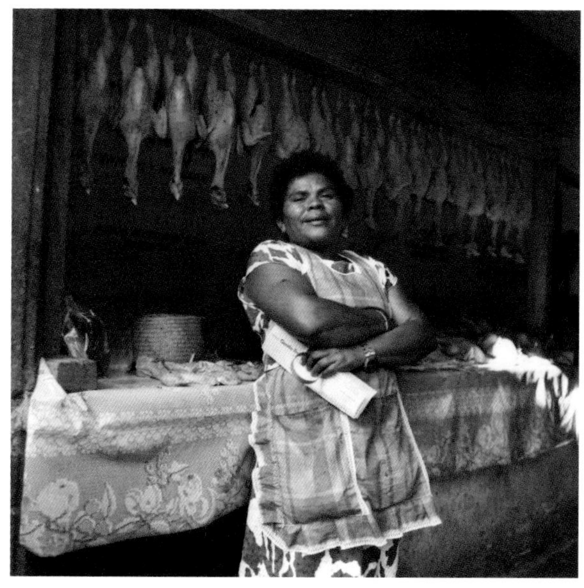

Tony Gleaton (b. 1948)
The Chicken Vendor / *La pollera*
Cuajinicuilapa, GRO
1987 , archival gelatin silver print
16" x 20" (40.6 x 50.8 cm.)
Mexican Fine Arts Center Museum Permanent Collection, 2005.116, Gift of Elliott Salter and Museum Purchase Fund

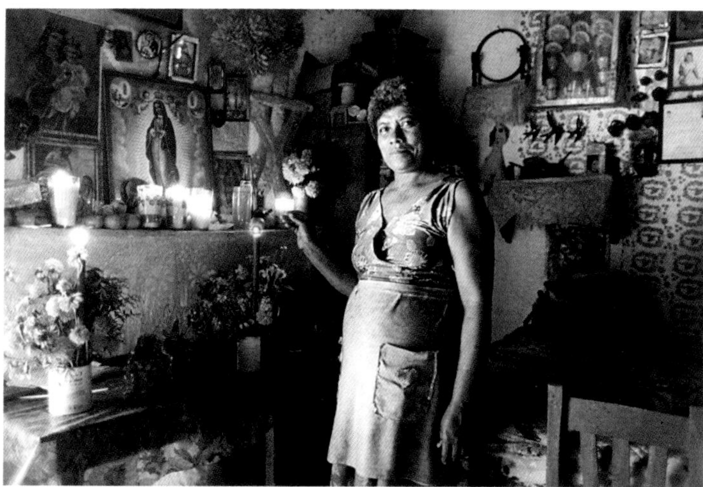

Manuel González de la Parra (b. 1954)
Matilda the *Comadre* / La comadre Matilda, Coyolillo, Veracruz
1992, silver gelatin print
16" x 20" (40.6 x 50.8 cm.)
Mexican Fine Arts Center Museum Permanent Collection, 2006.47, Museum Purchase Fund

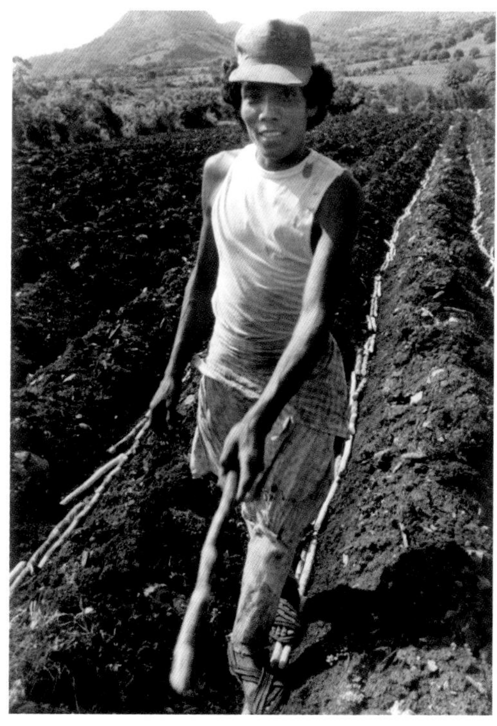

Manuel González de la Parra (b. 1954)
Silvano, Coyolillo, Veracruz
1993, silver gelatin print
16" x 20" (40.6 x 50.8 cm.)
Mexican Fine Arts Center Museum Permanent Collection, 2006.49, Museum Purchase Fund

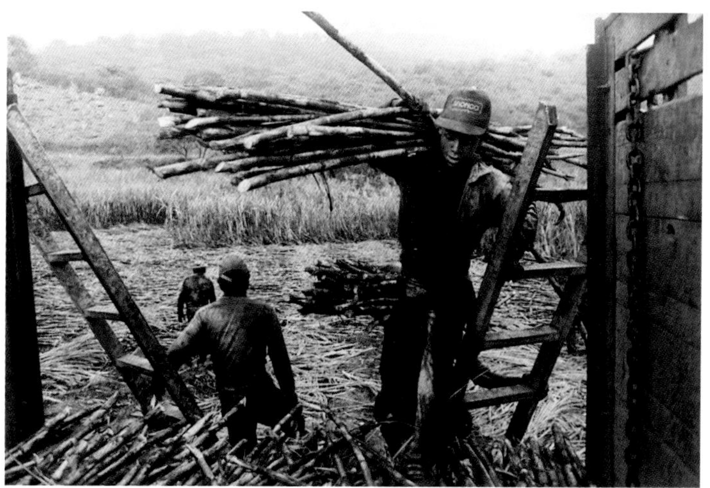

Manuel González de la Parra (b. 1954)
In the Sugarcane Harvest, Coyolillo, Veracruz / *En la Zafra, Coyolillo, Veracruz*
1993, silver gelatin print
16" x 20 (40.6 x 50.8 cm.)
Mexican Fine Arts Center Museum Permanent Collection, 2006.50, Museum Purchase Fund

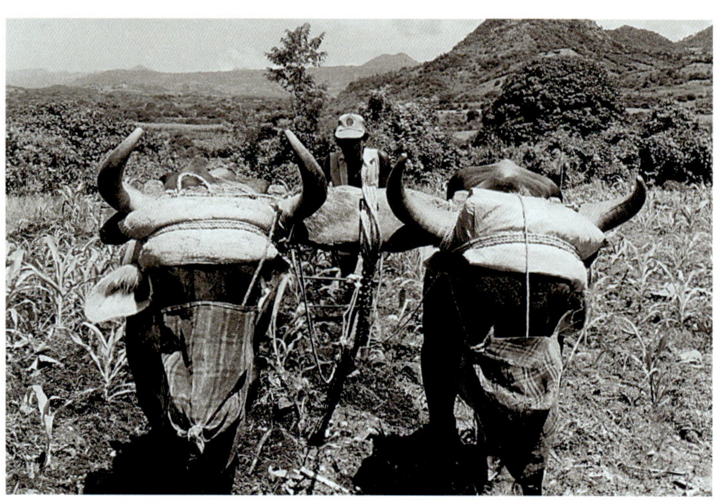

Marisela Salas (1961)
Planting Sugar Cane / *Plantando Caña*
1997, silver gelatin print
16" x 20" (40.6 x 50.8 cm.)
Mexican Fine Arts Center Museum
Permanent Collection, 2006.52,
Museum Purchase Fund

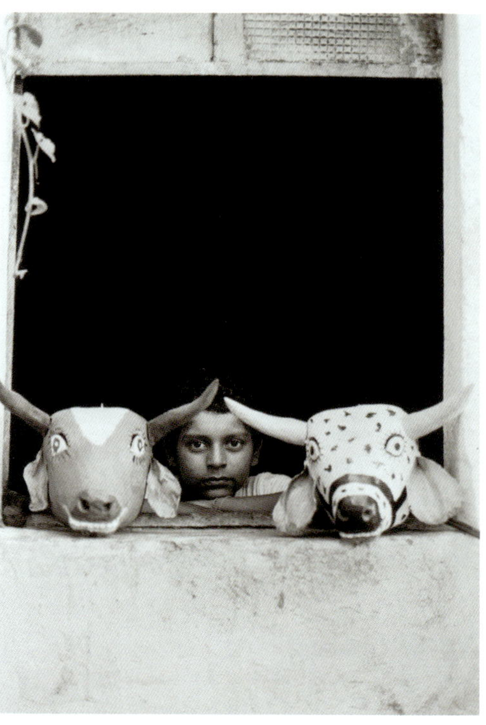

Marisela Salas (b. 1961)
Boy with Masks / *Niño con máscaras*
1998, silver gelatin print
16" x 20" (40.6 x 50.8 cm.)
Mexican Fine Arts Center Museum Permanent Collection,
2006.51, Museum Purchase Fund

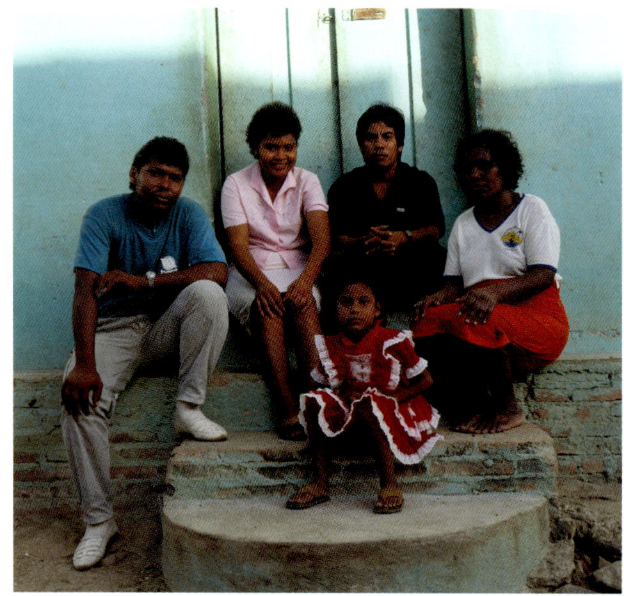

Lourdes Almeida (b. 1952)
Roque Family / *Familia Roque*
Copala, Guerrero (Costa Chica)
1992, lambda print
16" x 20" (40.6 x 50.8 cm.)
Collection of the artist

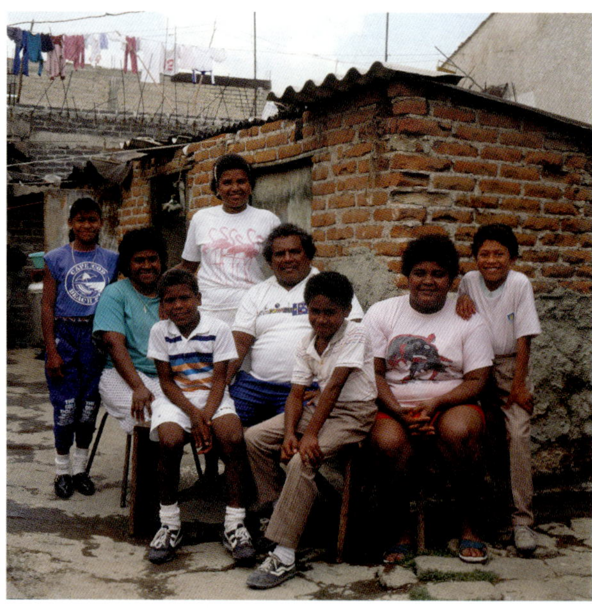

Lourdes Almeida (b. 1952)
Morales Family / *Familia Morales*
Mexico City
1992, lambda print
16" x 20" (40.6 x 50.8 cm.)
Collection of the artist

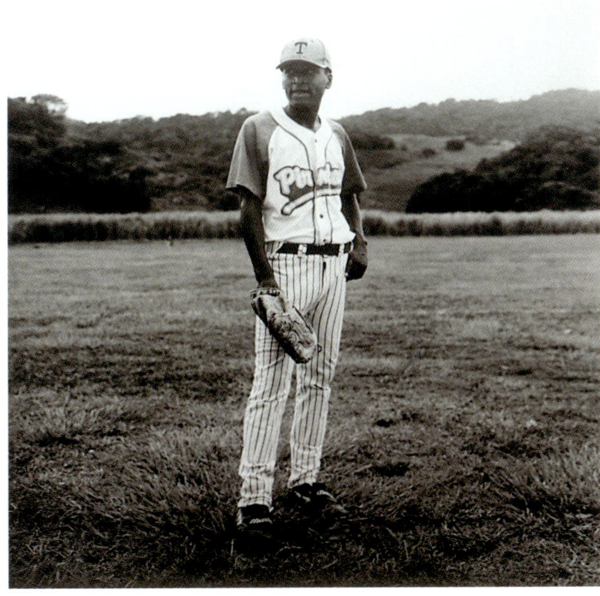

Arturo Vera Domínguez (b. 1967)
Baseball Player in Sugar Cane Field, Yanga I
Beisbolista en el campo de caña, Yanga I
2005, silver gelatin print
16" x 20" (40.6 x 50.8 cm.)
Mexican Fine Arts Center Museum Permanent Collection, 2006.54,
Museum Purchase Fund

Arturo Vera Domínguez (b. 1967)
Baseball Player. in Sugar Cane Field, Yanga II
Beisbolista en el campo de caña, Yanga II
2005, silver gelatin print
16" x 20" (40.6 x 50.8 cm.)
Mexican Fine Arts Center Museum Permanent Collection, 2006.55,
Museum Purchase Fund

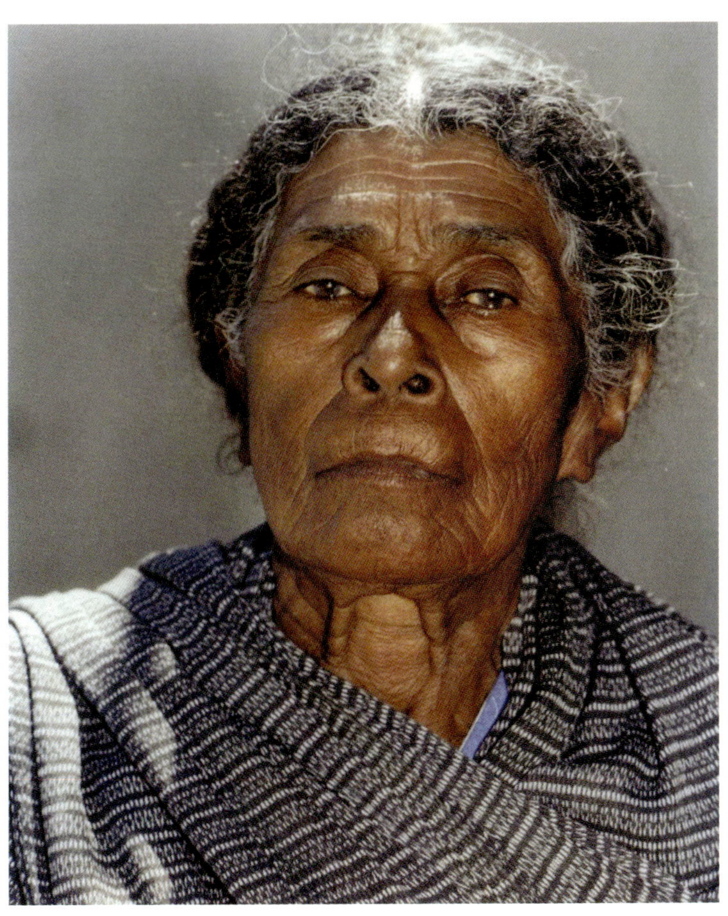

Ron Wilkins
Village Elder / *Representante del pueblo*
1997, inkjet reproduction matte finish
20" x 16" (50.8 x 40.6 cm.)
Mexican Fine Arts Center Museum Permanent
Collection, 2006.30, Museum Purchase Fund

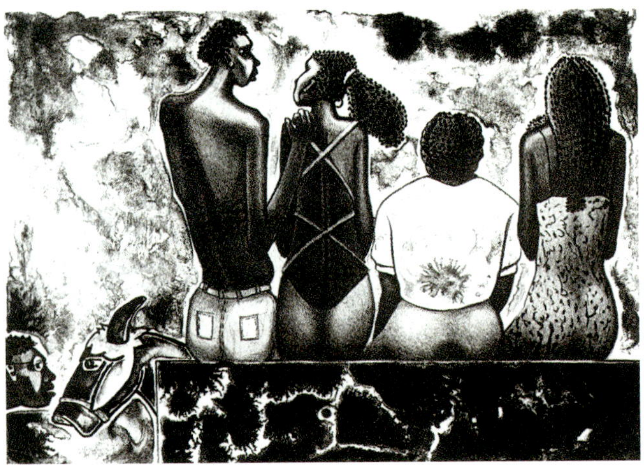

Mario Guzmán Oliveres (b. 1975)
Friends / *Parientes*
2003, lithograph, 13/13
10 7/8" x 14 15/16" (27.5 x 37.8 cm.)
Mexican Fine Arts Center Museum Permanent Collection, 2006.39, Museum Purchase Fund

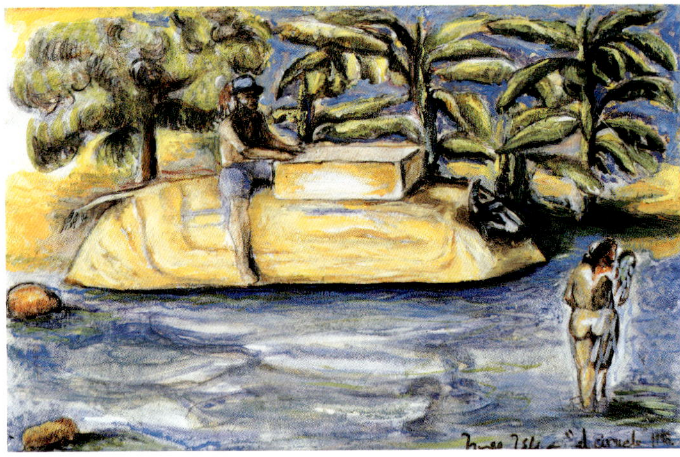

Hugo Felix Tovar
El Ciruelo
1998, watercolor and oil on canvas
17 3/4" x 11 13/16" (45 x 30 cm.)
Collection of Padre Glyn Jemmott

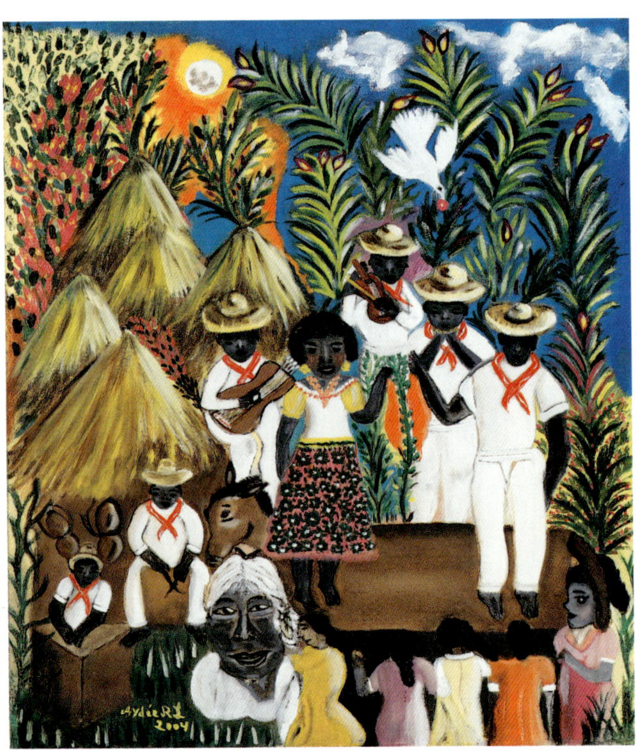

Aydeé Rodríguez López (b.1955)
Sound of the *Artesa* / *Son de la Artesa*
2003, oil on canvas
23 3/4" x 27 3/4" (60.3 x 70.5 cm.)
Mexican Fine Arts Center Museum Permanent Collection, 2006.42, Museum Purchase Fund

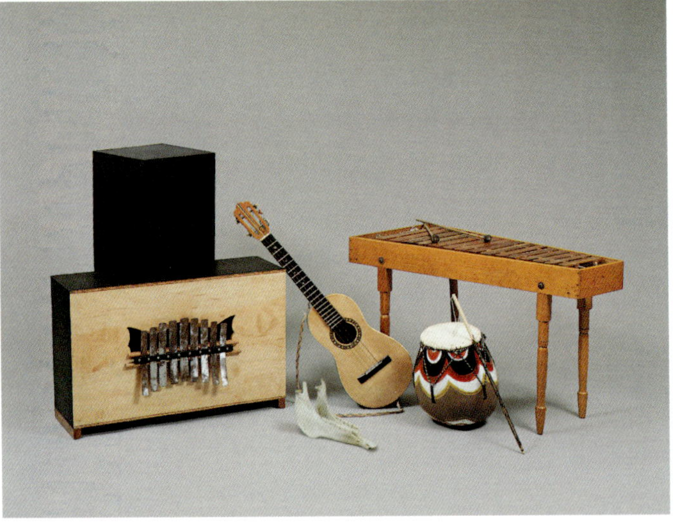

Instruments used in Afro-Mexican communities.
Instrumentos usados en las comunidades afromexicanas.

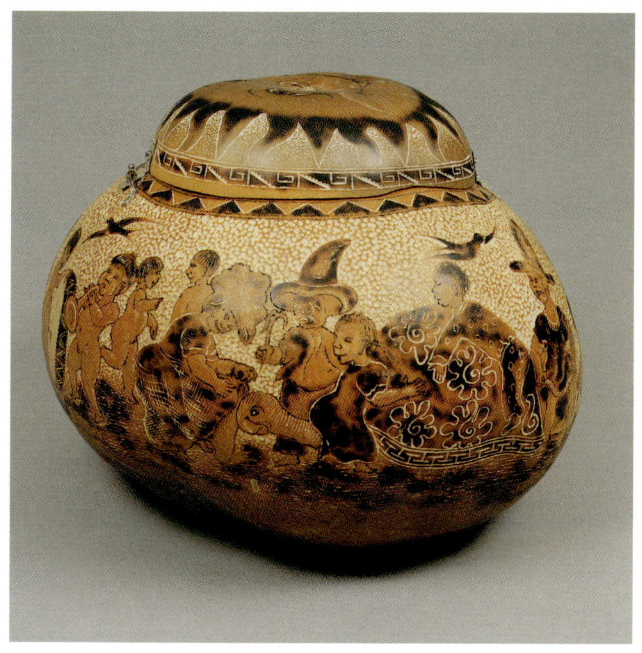

Olegario Hernández
Dance of the Turtle / *Danza de la Tortuga*
2005, carved jícara
11" x 14 1/4" (27.9 x 36.2 cm.)
Mexican Fine Arts Center Museum Permanent Collection, 2006.14,
Museum Purchase Fund

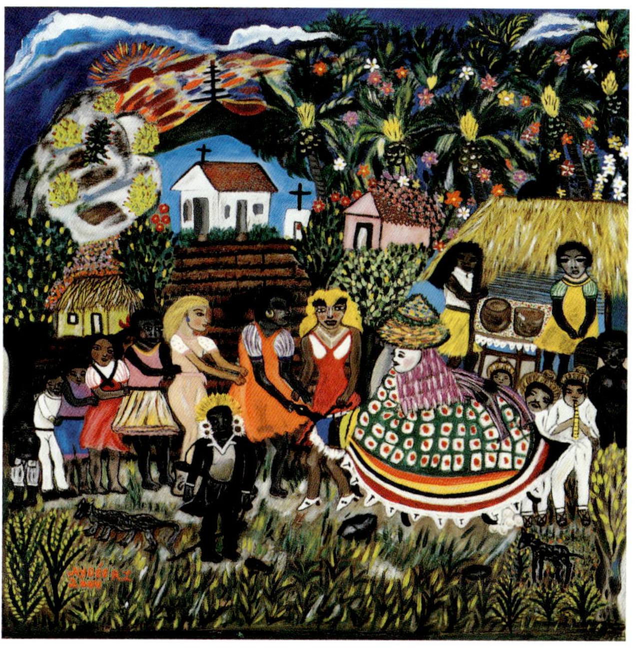

Aydeé Rodríguez López (b.1955)
Dance of the Turtle / *Danza de La Tortuga*
2004, oil on canvas
43 1/2" x 43 1/4" (110.5 x 109.9 cm.)
Mexican Fine Arts Center Museum Permanent Collection, 2006.43,
Museum Purchase Fund

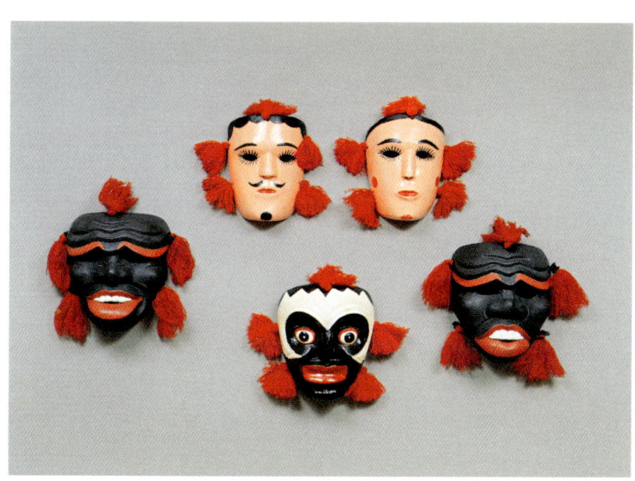

Jose de Luna
Masks from First Friday of Lent, Dance of Tejorones, Calixto
Máscaras del viernes de cuaresma, Danza de los Tejorones, Calixto
(Pancho, Minga, El Mixteco, El Negro, La Negra)
2005, carved parota wood
Mexican Fine Arts Center Museum Permanent Collection, 2006.16-64,
2006.66-67, Museum Purchase Fund

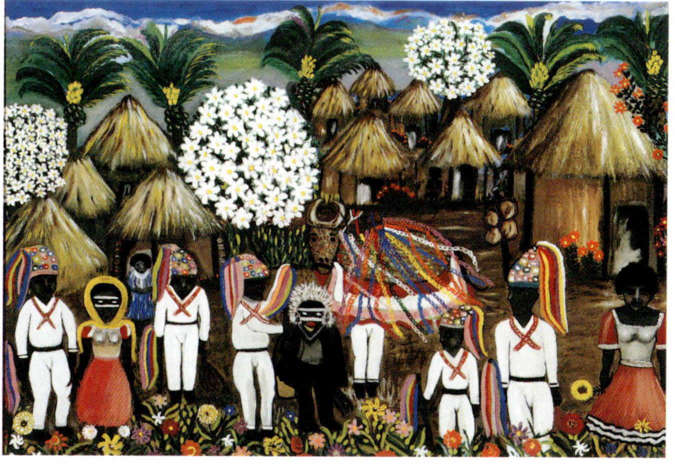

Aydeé Rodríguez López (b.1955)
Dance of the Straw Bull / *Danza de Toro de Petate*
2005, oil on canvas
51 3/16" x 35 7/16" (130 x 90 cm.)
Mexican Fine Arts Center Museum Permanent Collection,
2006.44, Museum Purchase Fund

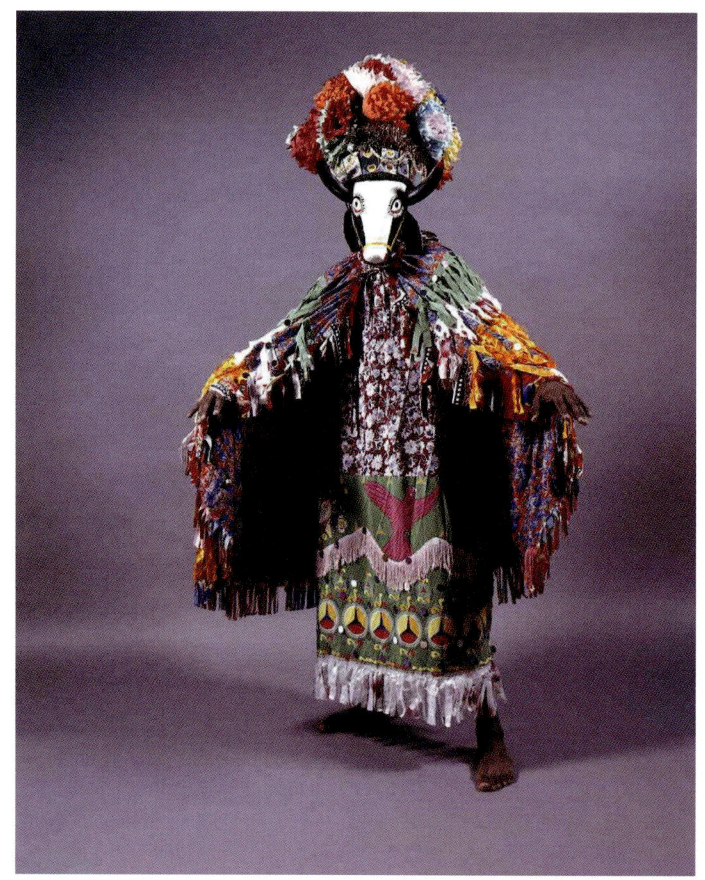

Costume for the Blacks of Carnaval, Coyolillo, Veracruz
Traje de los negros del carnaval, Coyolillo, Veracruz
Mexican Fine Arts Center Museum Permanent Collection, 2006.68, Museum Purchase Fund

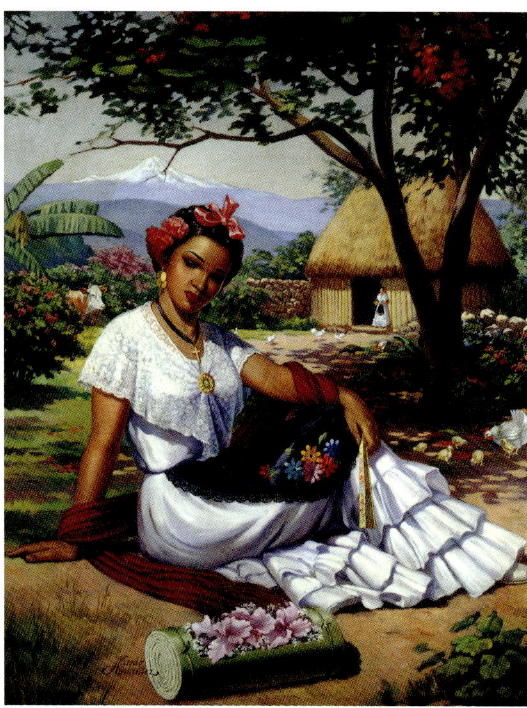

Alfredo González
Jarocha Beauty / *Belleza Jarocha*
1952, oil on canvas
49" x 39 3/8" (124.5 x 100 cm.)
Collection of Gálas de México / Museo Soumaya
Photo: Javier Hinojosa

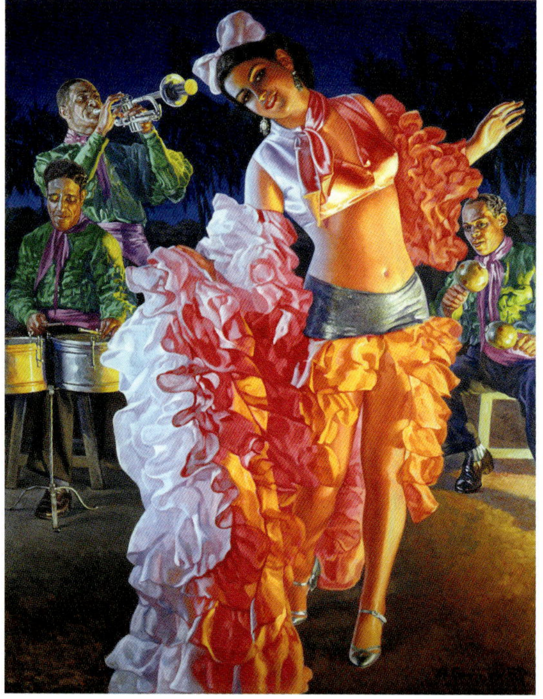

Antonio Gómez R.
Rumba Woman / *Rumbera*
1947, oil on canvas
60" x 45 9/32" (152.5 x 115 cm.)
Collection of Gálas de México / Museo Soumaya
Photo: Javier Hinojosa

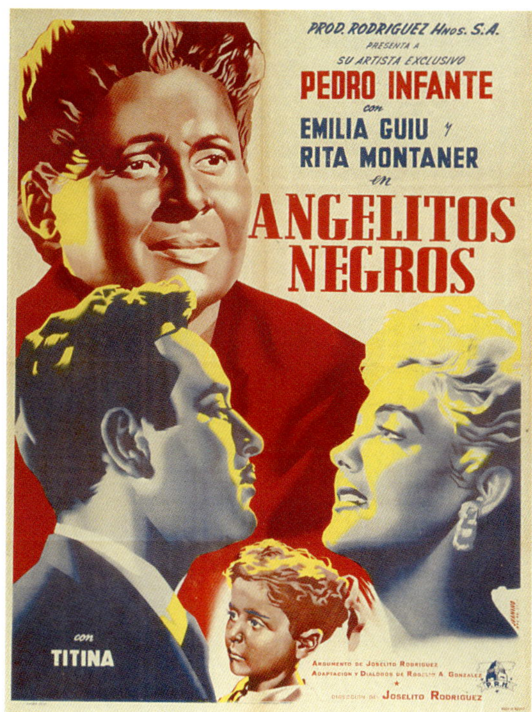

Little Black Angels Movie Poster / *Cartel de Angelitos Negros*
1948, chromolithograph
37 1/4" x 27 1/4" (94.6 x 69.9 cm.)
Mexican Fine Arts Center Museum Permanent Collection,
2006.28, Purchase made possible by Sonia G. Cruz

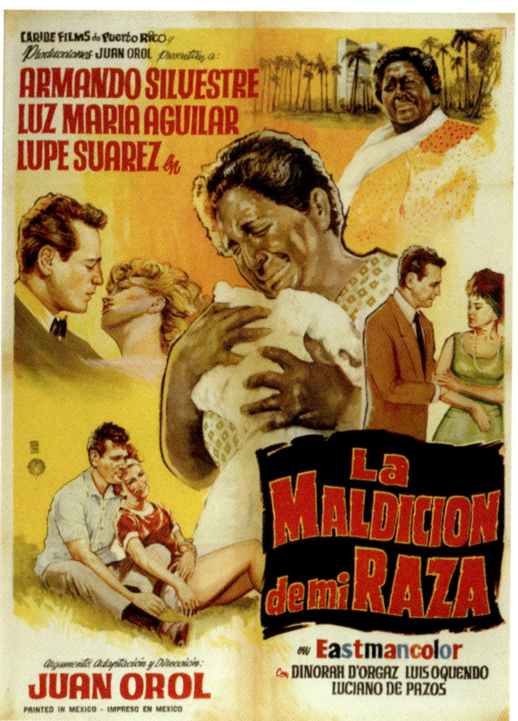

The Curse of My Race Film Poster
Cartel de La Maldición de Mi Raza
1964, chromolithograph
37" x 27 1/2" (94 x 69.9 cm.)
Mexican Fine Arts Center Museum Permanent Collection,
2006.29, Purchase made possible by Sonia G. Cruz

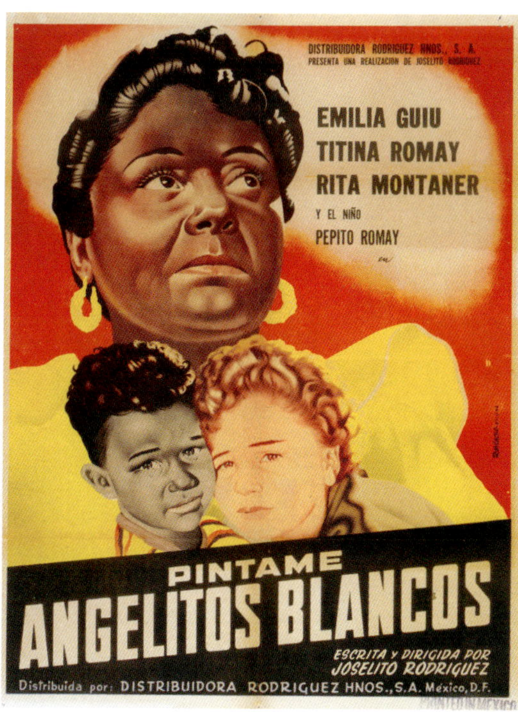

Paint Me, Little White Angels Film Poster
Cartel de Pintame Angelitos Blancos
1954, chromolithograph
37" x 27" (94 x 68.6 cm.)
Mexican Fine Arts Center Museum Permanent Collection,
2006.27, Gift of Freddy Peralta

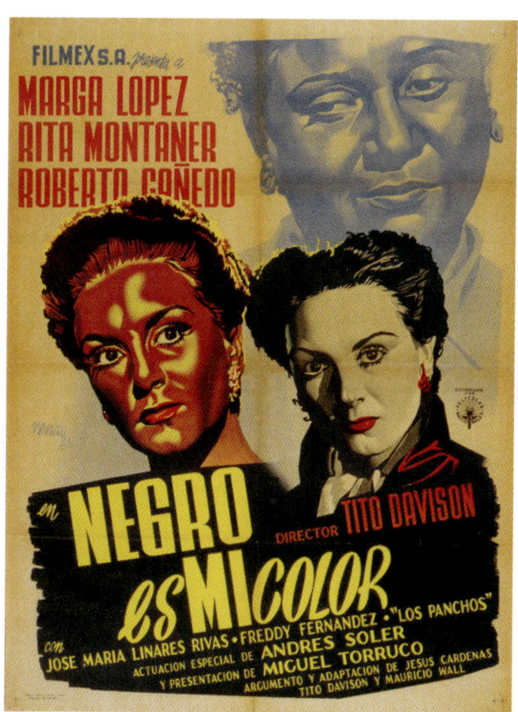

Black is My Color Film Poster / *Cartel de Negro es Mi Color*
1960, chromolithograph
36 1/2" x 26 3/4" (92.7 x 67.9 cm.)
Mexican Fine Arts Center Museum Permanent Collection,
2006.26, Gift of Freddy Peralta

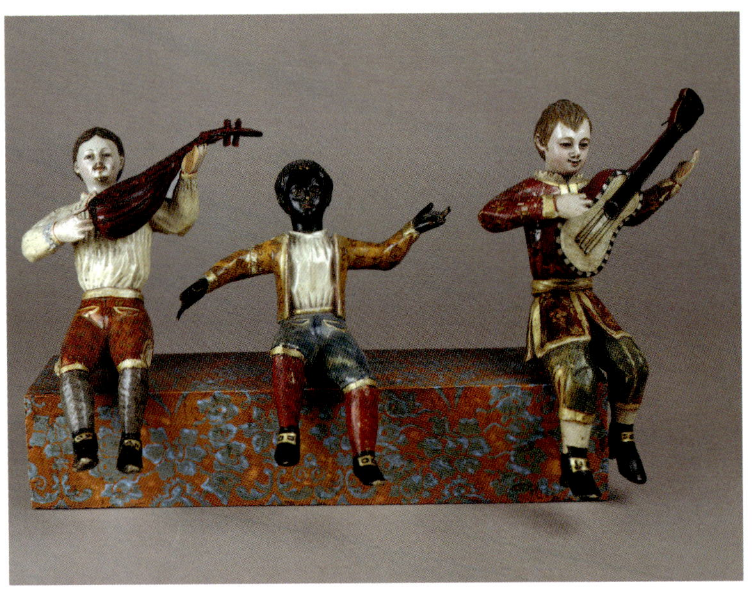

Anonymous / *Anónimo*
Children Musicians with Base / *Niños músicos con base*
18th Century, carved and painted wood
8" x 12" (20 x 31 cm.)
Collection of Museo Soumaya
Photo: Javier Hinojosa

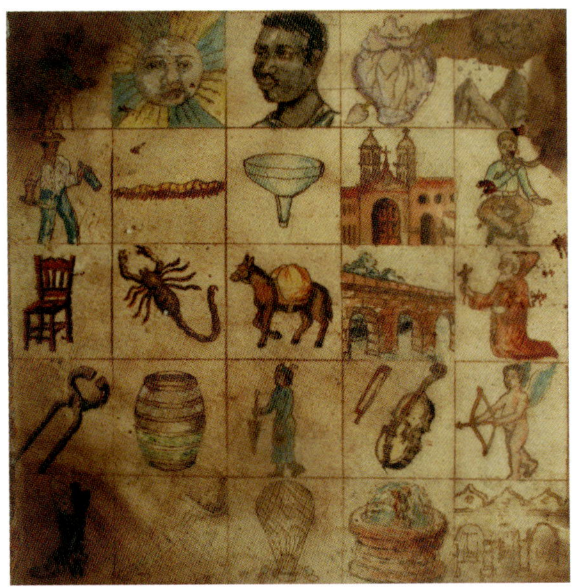

Anonymous / *Anónimo*
Lottery Game Card / *Lotería*
19th Century, watercolor on paper
6 1/2" x 6 1/2" (16.5 x 16.5 cm.)
Collection of Manuel González Gómez

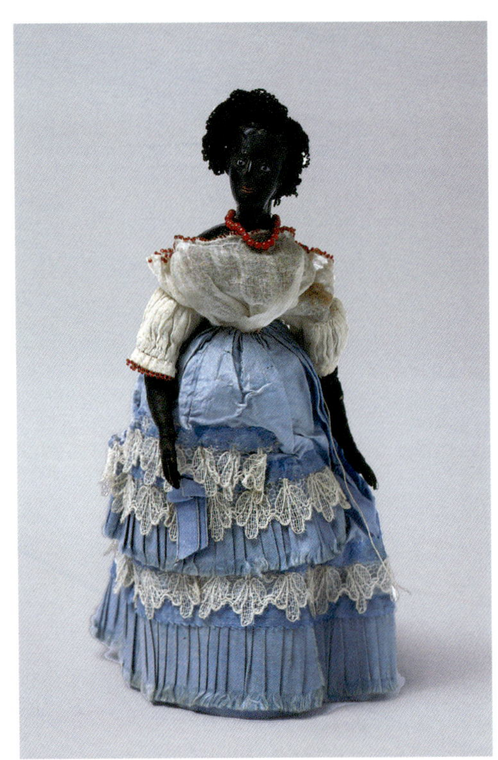

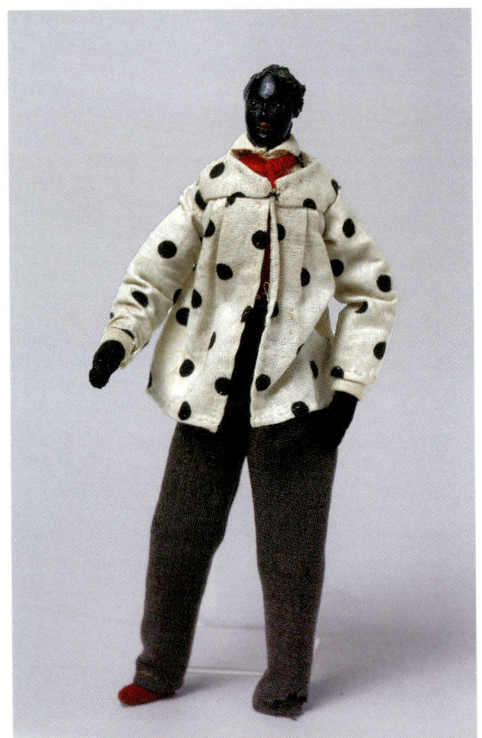

Anonymous / *Anónimo*
Black Couple
Pareja de negros
19th Century
Polychromed paste and fabric
9" x 8" (23.5 x 20 cm.)
Collection of Museo Soumaya
Photo: Javier Hinojosa

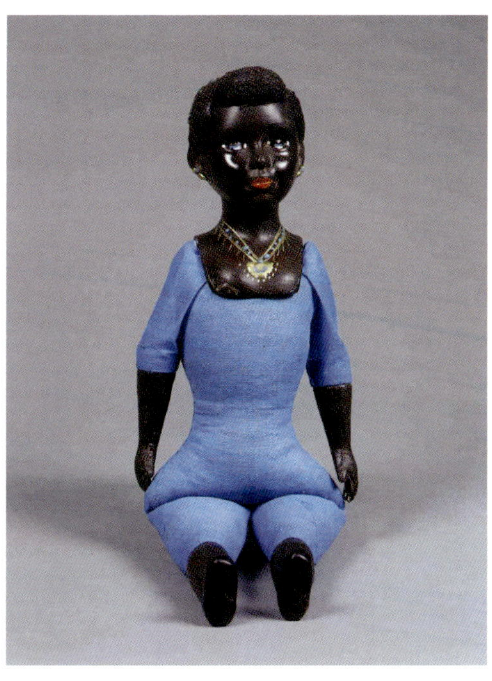

Anonymous / *Anónimo*
Untitled (doll) / *Sin título (muñeca)*
ca. 2002, wax, cloth, sawdust and plaster
16 1/4" x 5" x 3 1/2" (41.3 x 12.7 x 8.9 cm.)
Mexican Fine Arts Center Museum Permanent Collection, 2006.1, Gift of Leslie Grace

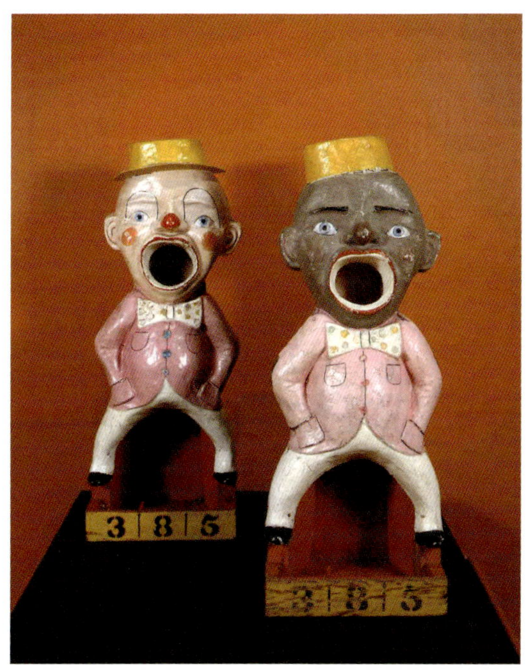

Anonymous / *Anónimo*
Figures from a Bean Bag Toss Game in the Form of Clowns
Par de traga bolas en forma de payasos
ca. 1910, paper maché and wood
30" x 11" x 7" (78.5 x 30 x 18 cm.)
Collection of Museo Soumaya

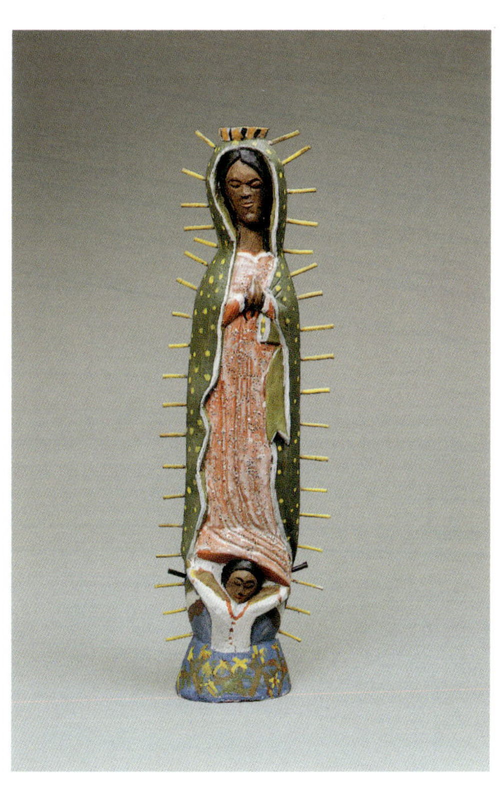

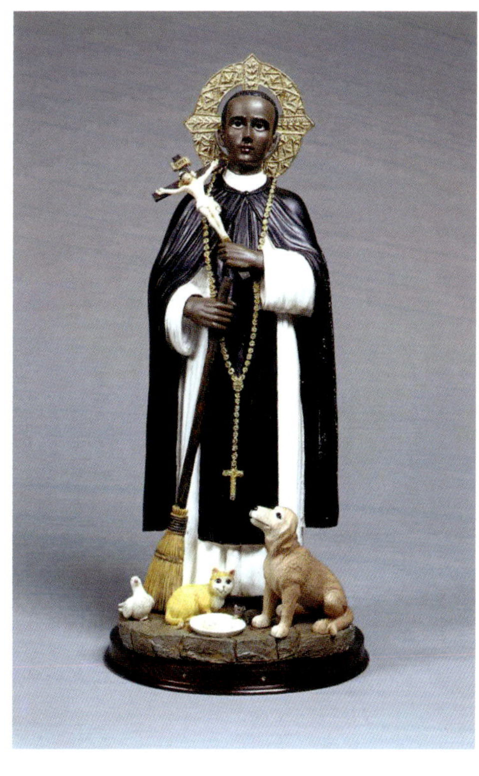

Guillermo Vargas Alberto (b. 1966)
La Virgen de Guadalupe
2005, carved and painted parota wood
16 3/8" x 5 1/4" x 2 3/4" (41.6 x 13.3 x 7 cm.)
Mexican Fine Arts Center Museum Permanent Collection, 2006.12, Purchase made possible by an anonymous donor

Anonymous / *Anónimo*
Saint Martin of Porres
San Martin de Porres
2003, cast resin
17" x 7 1/2" (43.5 x 19.1 cm.)

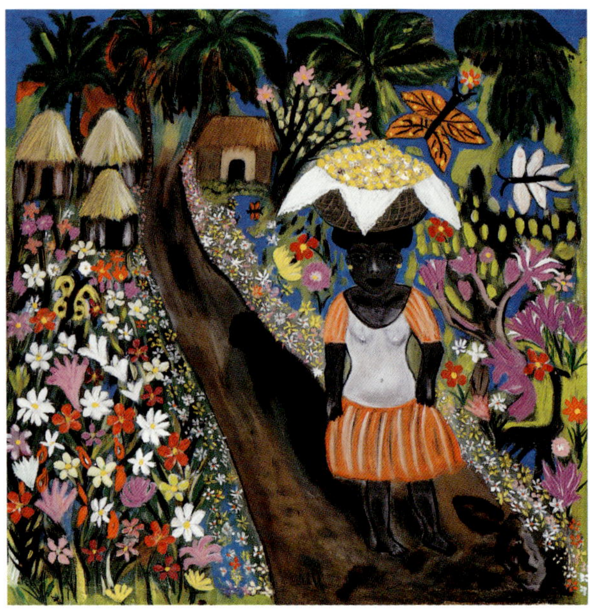

Aydeé Rodríguez López (b. 1955)
The Road / *El Camino*
2003, oil on canvas
23 3/4" x 23 3/4" (60.3 x 60.3 cm.)
Mexican Fine Arts Center Museum Permanent Collection, 2006.45,
Museum Purchase Fund

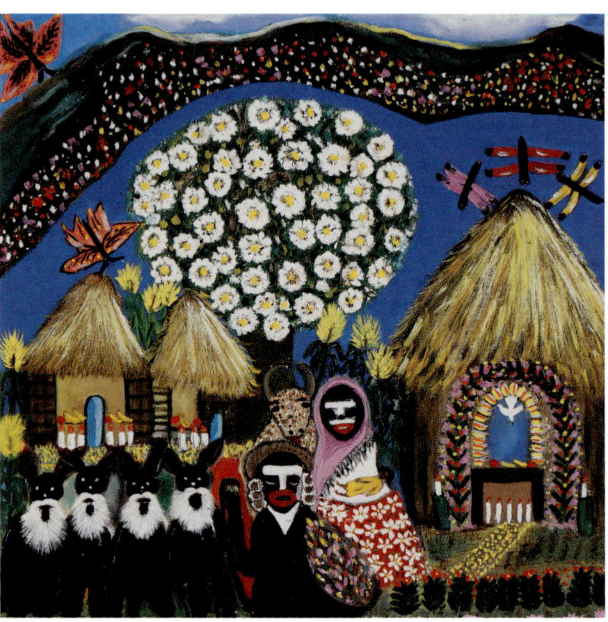

Aydeé Rodríguez López (b. 1955)
Altar for the dead / *Ofrenda de muertos*
1998, oil on canvas
28 7/8" x 28 5/8" (73.34 x 72.7 cm.)
Mexican Fine Arts Center Museum Permanent Collection, 2006.46,
Museum Purchase Fund

Ignacio Canela (b. 1950)
Self Portrait: The Copper-Toned Black Man Carrying One Thousand Years on My Palette, City of Tlacotlalpan / *Autorretrato: El negro cobrizo cargando mil años en mi paleta, La ciudad Tlacotlalpan*
2005, oil on canvas
45" x 73" (114.3 x 185.4 cm.)
Mexican Fine Arts Center Museum Permanent Collection, 2006.70,
Museum Purchase Fund

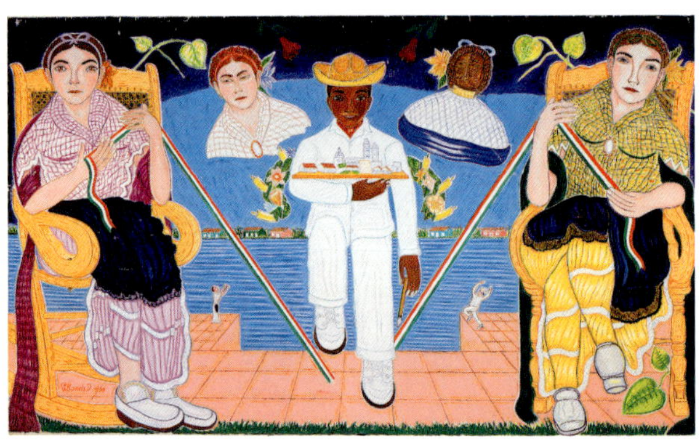

Ignacio Canela (b. 1950)
Self-Portrait: Cuban (Baseball Player) with Woman from Tehuantepec
Autorretrato, Cubano (beisbolista) con Tehuana
2005, oil on canvas
24" x 39 1/2" (61 x 100.3 cm.)
Mexican Fine Arts Center Museum Permanent Collection, 2006.71,
Museum Purchase Fund

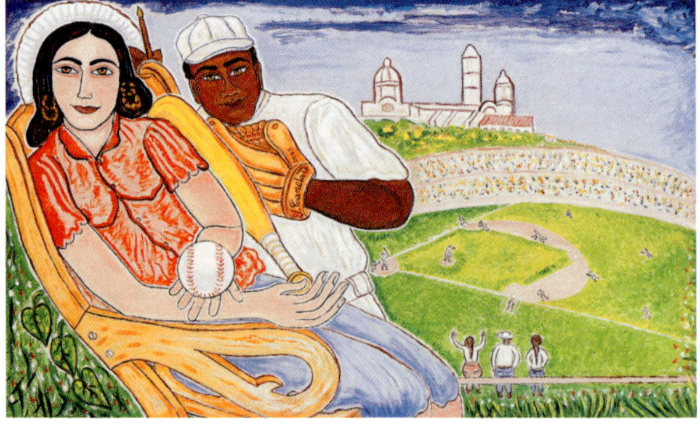

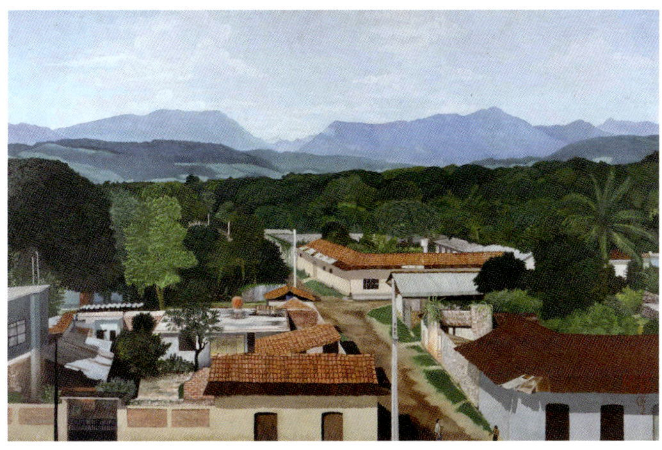

Dr. Hermenegildo González Fernández (b. 1953)
Road to the Cemetery, Yanga, Veracruz
Calzada del panteón, Yanga, Veracruz
ca.1983, oil on canvas
23 3/5" x 35 3/5" (60 x 90.5 cm)
Collection of Museo de Arte del Estado de Veracruz

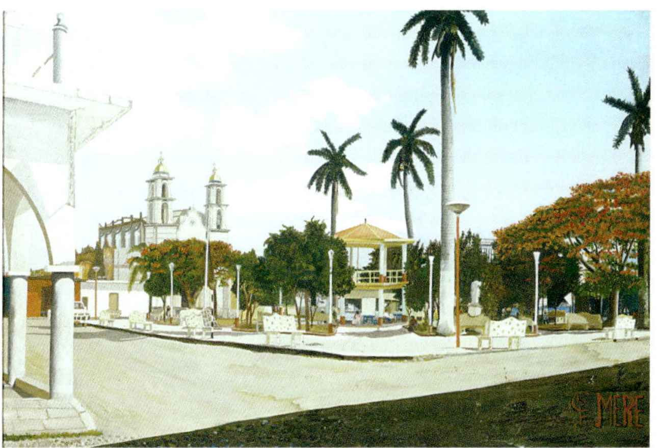

Dr. Hermenegildo González Fernández (b. 1953)
The Central Plaza in Yanga, Veracruz / Plaza Central,Yanga, Veracruz
1981, oil on canvas
20" x 31 1/8" (50.8 x 79 cm.)
Collection of Eduardo López Noriega

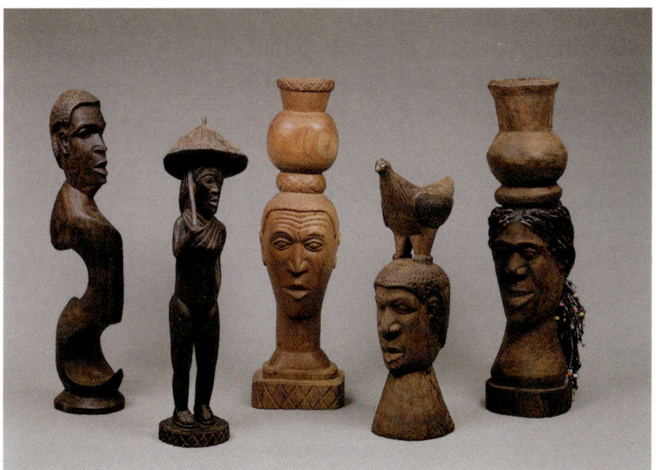

Guillermo Vargas Alberto (b.1966)

The Tree Born Twisted Will
Never Straighten
El Arbol que nace torcido
nunca enderece
24 1/2" x 5 10/16 x 6 1/2"
(62.2 x 14.3 x 14.3 cm)

Woman with Her Umbrella
Mujer con su sombrilla
22 1/2" x 7" x 6 1/2"
(57.2 x 17.8 x 16.5 cm.)

Curly-Haired Woman with her Pitcher
Mujer china con su cantaro
25 1/2" x 7" x 6"
(64.8 x 17.8 x 15.2 cm.)

Man with the Dove
Señor con la paloma
20" x 5 3/4" x 9"
(50.8 x 14.6 x 22.9 cm.)

Black Woman with Braided Hair
Mujer negra con sus chorritos
25 1/2" x 6 1/2" x 6 1/2"
(64.8 x 14.3 x 14.3 cm.)

2005, carved parota wood

Mexican Fine Arts Center Museum
Permanent Collection, *left to right*:
2006.22, 2006.20, 2006.21, 2006.18,
2006.19, Museum Purchase Fund

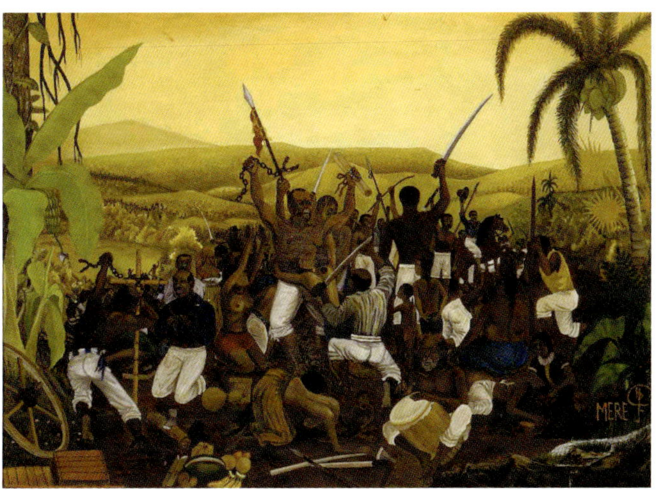

Dr. Hermenegildo González Fernández (b. 1953)
The Founding of Yanga / *La fundación de Yanga*
1984, oil on canvas
23 1/8" x 31 1/8" (58.7 x 79.1 cm.)
Courtesy of Eduardo López Noriega

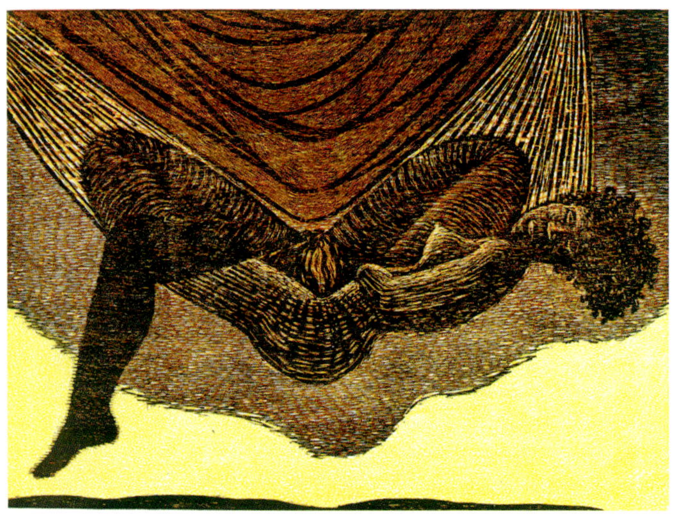

Mario Guzmán Oliveres (b. 1975)
The Brown Woman in a Hammock / *La more en hamaca*
2005, wood-cut print, 1/20
23 3/4" x 31 5/8" (60.3 x 80.2 cm)
Mexican Fine Arts Center Museum Permanent Collection, 2006.36, Museum Purchase Fund

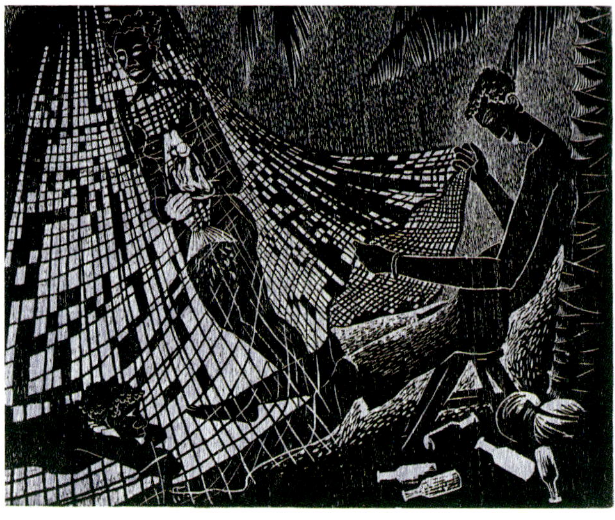

Mario Guzmán Oliveres (b. 1975)
The Fisherman and His Muse / *El pescador y su musa*
2004, wood-cut print, 1/20
19 5/16" x 23 1/8" (49 x 58.7 cm.)
Mexican Fine Arts Center Museum Permanent Collection, 2006.37, Museum Purchase Fund

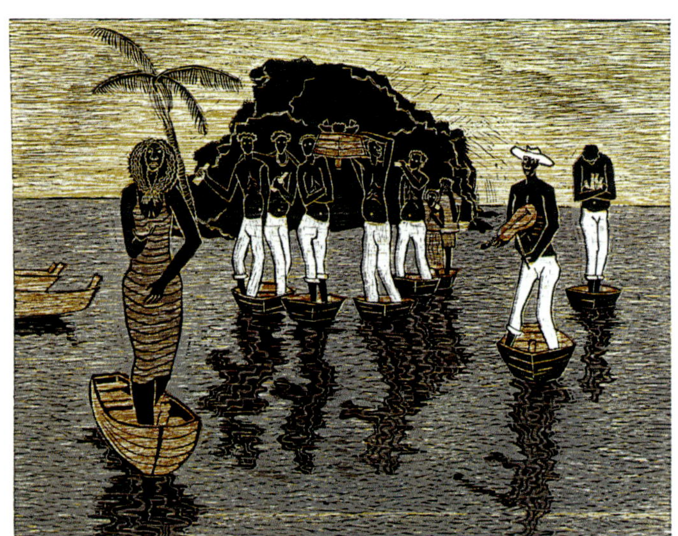

Mario Guzmán Oliveres (b. 1975)
The Foothill / *Pie del cerro*
2003, wood-cut print, 23/30
11 5/16" x 14 3/8" (28.7 x 36.4 cm.)
Mexican Fine Arts Center Museum Permanent Collection, 2006.40, Museum Purchase Fund

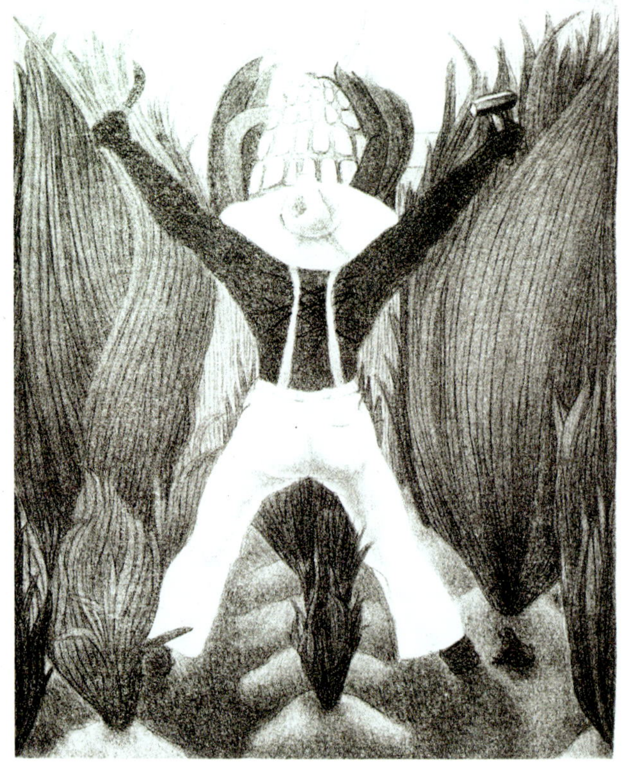

Mario Guzmán Oliveres (b. 1975)
The Field Worker / *El campesino*
1997, lithograph, 10/14
16 13/16" x 13 3/8" (42.6 x 34 cm.)
Mexican Fine Arts Center Museum Permanent Collection, 2006.41, Museum Purchase Fund

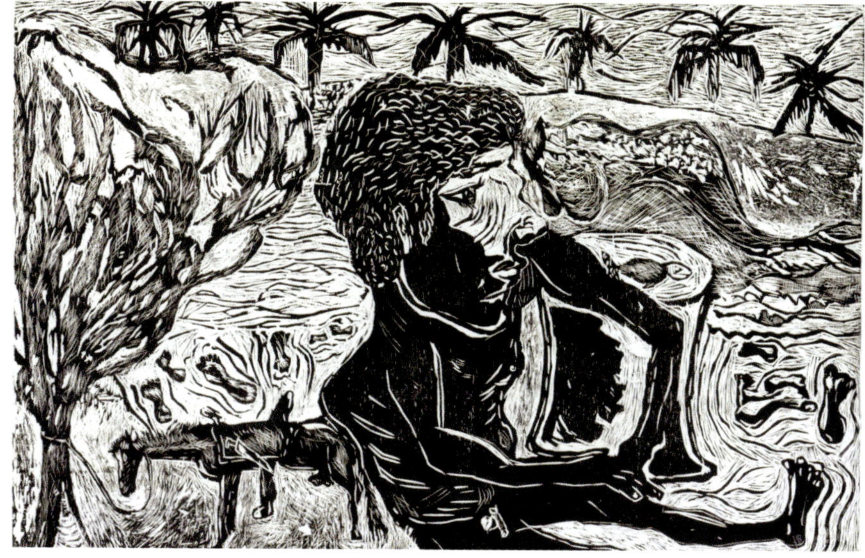

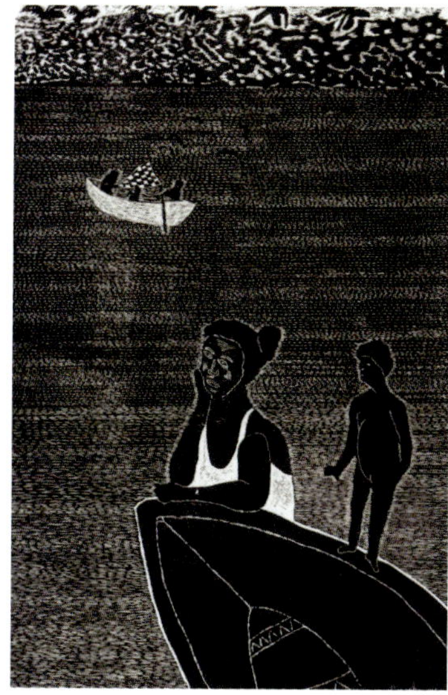

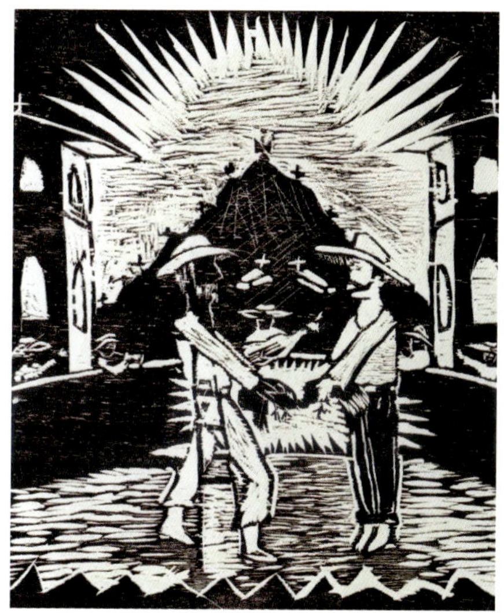

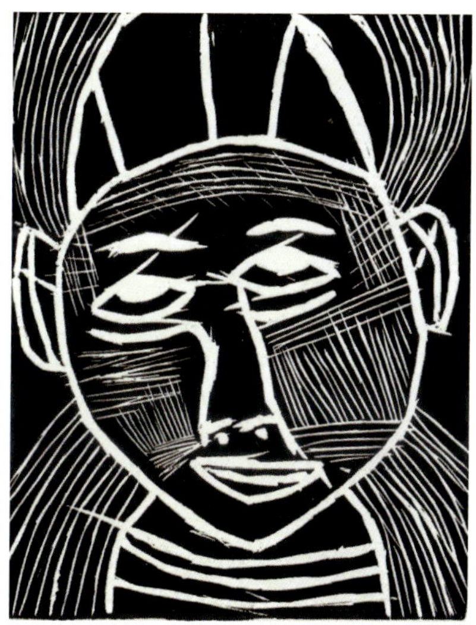

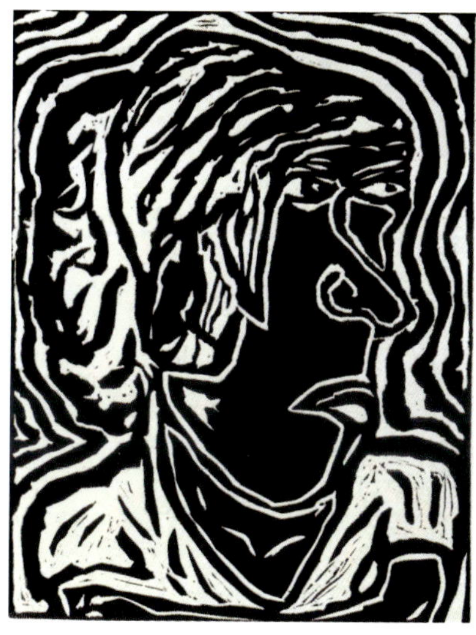

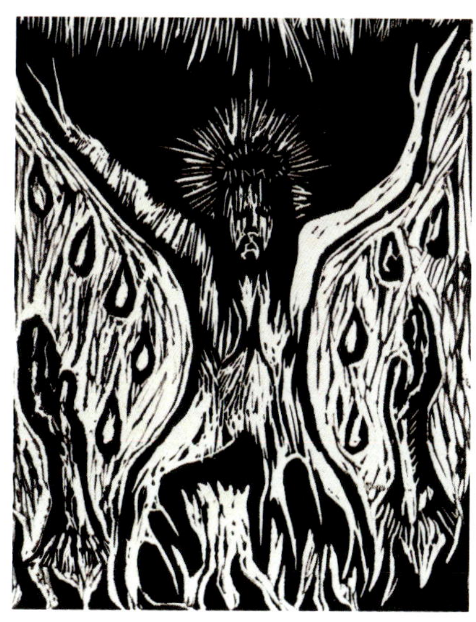

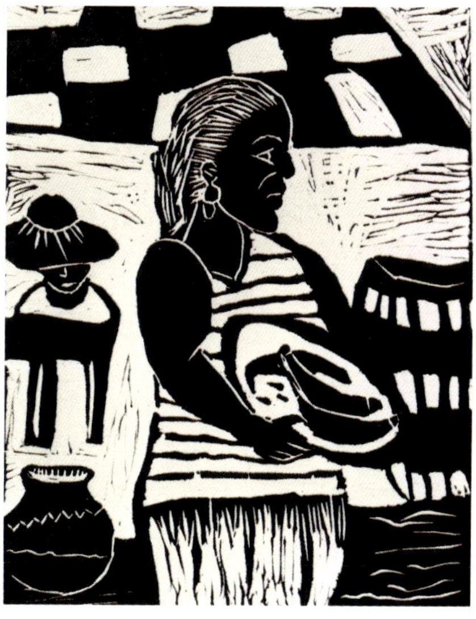

Wood-cut prints by members of the Cimarrón Youth Center in Costa Chica
Xilografías por los jovenes del Centro Cultural Cimarrón en Costa Chica

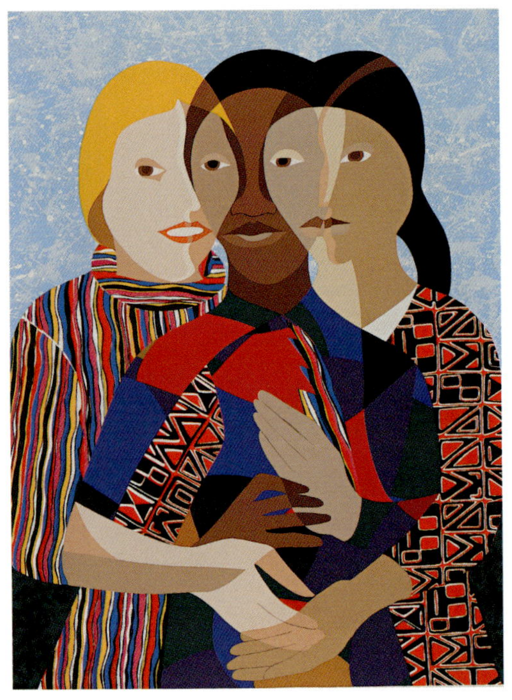

Elizabeth Catlett (b. 1915)
Three Women of America / *Tres mujeres de América*
1990, serigraph, 3/10
Collection of Sragow Gallery

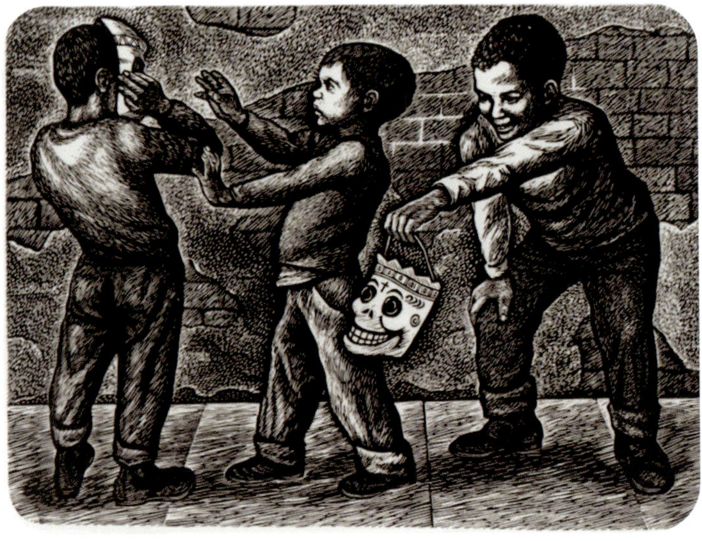

Elizabeth Catlett (b. 1915)
My Sons / *Mis hijos*
1955, linocut, A/P
28" x 24" x 1 3/4" (71.1 x 61 x 4.5 cm.)
Collection of the Hampton University Museum

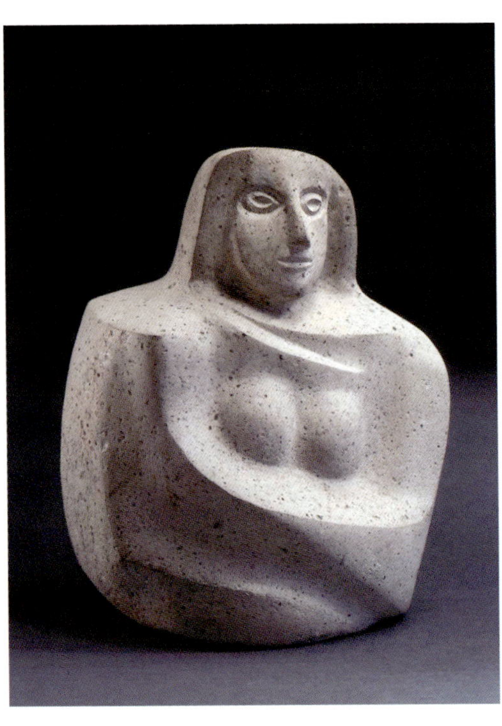

Elizabeth Catlett (b. 1915)
Shawl / *Rebozo*
1968, limestone
16" x 20" x 10" (40.6 x 50.8 x 25.4 cm.)
Collection of Bruce and Shahara Llewellyn

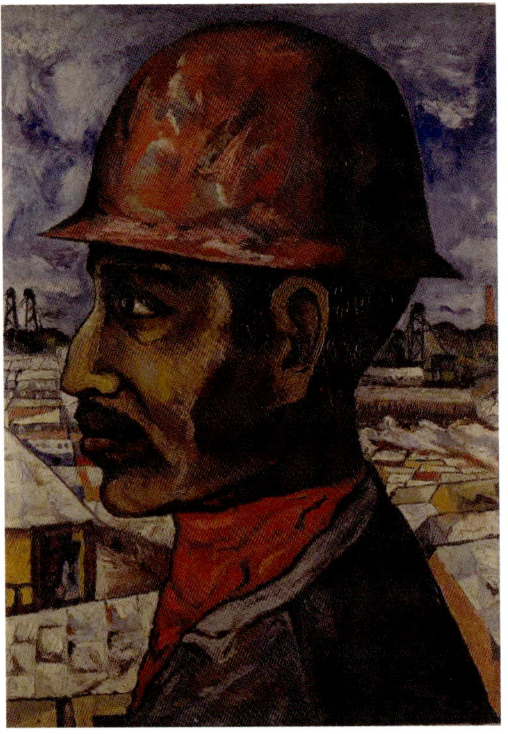

Francisco Mora (1922-2002)
Head of a Miner / *Cabeza de minero*
1947, oil on canvas
38 3/10" x 26 3/5" (97.3 x 67.5 cm)
Collection of Secretaría de Hacienda y Crédito Público,
Antiguo Palacio del Arzobispado

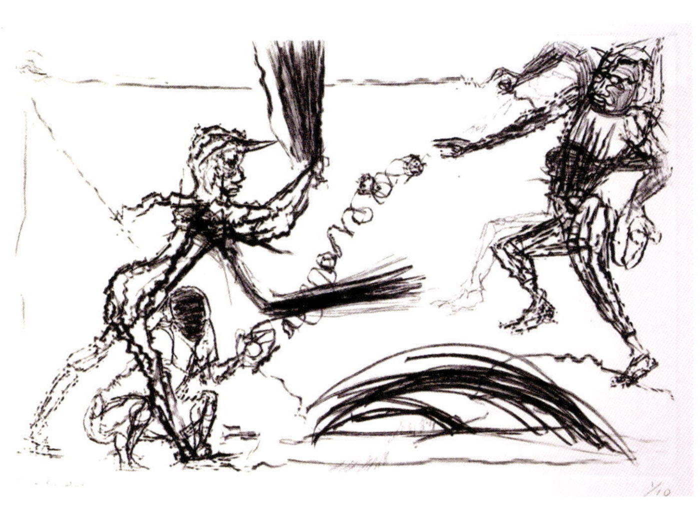

Francisco Toledo (b. 1941)
Three Baseball Players / *Tres beisbolistas*
2003, drypoint etching 1/10
22 1/4" x 21 1/20" (56.5 x 53.5 cm.)
Collection of Galería Juan Martín

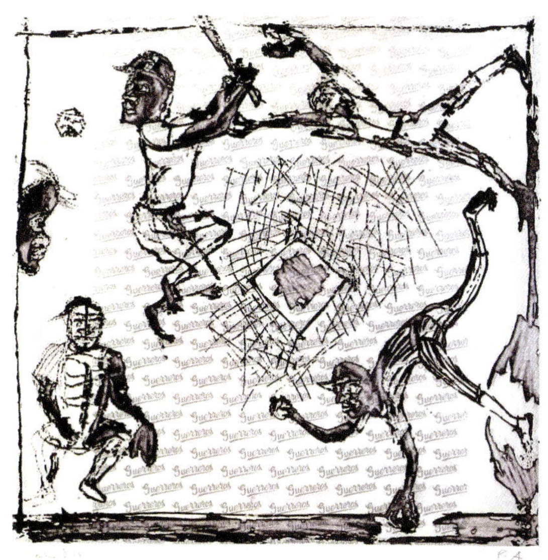

Francisco Toledo (b. 1941)
The Warriors / *Los Guerreros*
2004, sugar aquatint
22 1/4" x 21 1/20" (56.5 x 53.5 cm.)
Collection of Galería Juan Martín

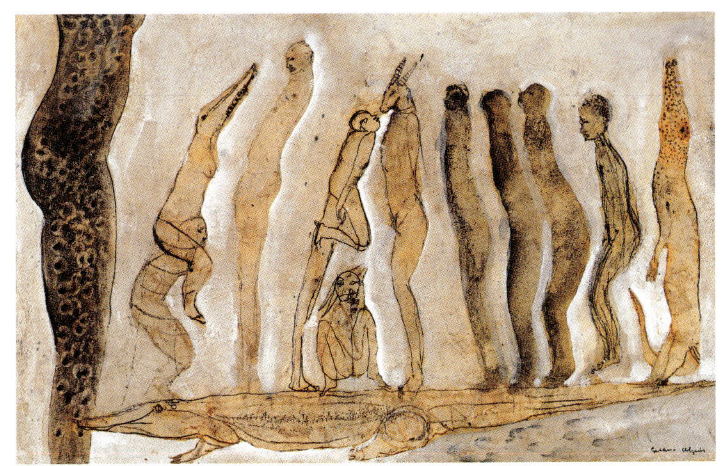

Guillermo Olgin (b. 1969)
Untitled / *Sin título*
1999, ink on paper
21 11/16" x 14" (55 x 35.5 cm.)
Collection of Padre Glyn Jemmott

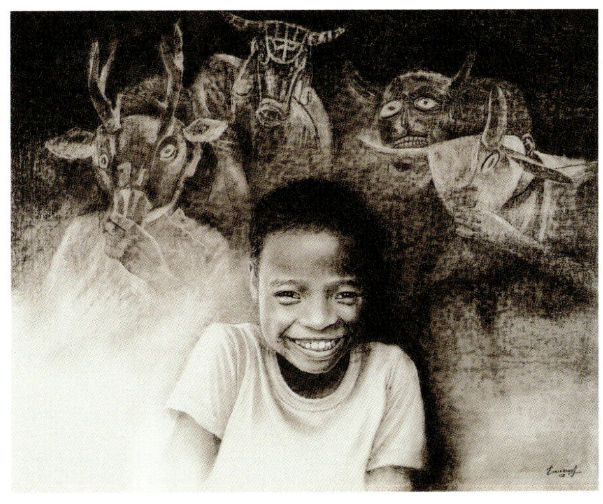

Emmanuel Cruz Muñoz (b. 1980)
Sometimes I Dream of the Carnaval / *A veces sueño con el Carnaval*
2005, charcoal on wood
49" x 60" (124.5 x 152.4 cm.)
Mexican Fine Arts Center Museum

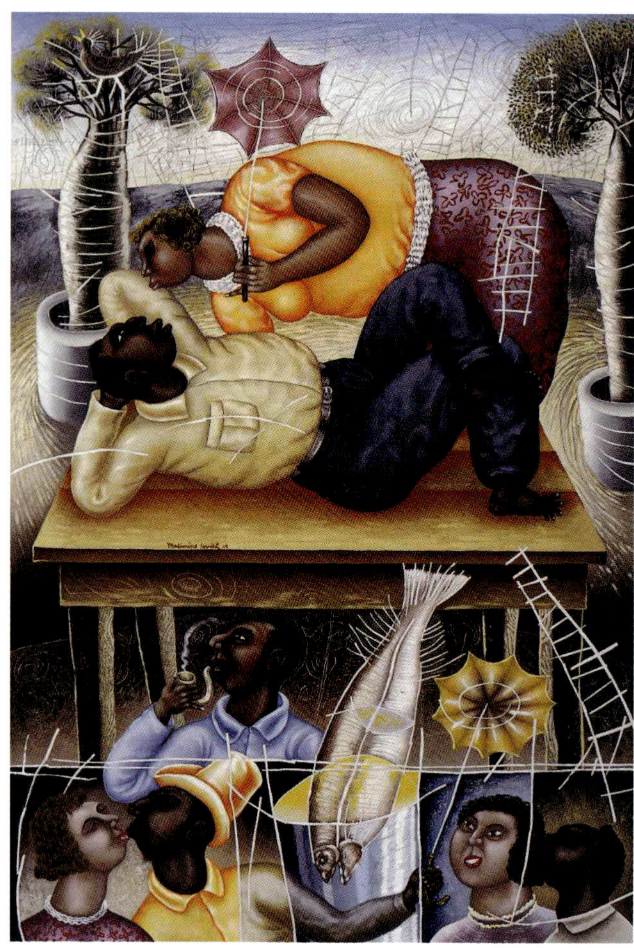

Maximino Javier (b. 1950)
Indecisive Chacmool / *Chacmool indeciso*
2002, oil on canvas
59" x 39" (150 x 100 cm.)
Collection of Galería Quetzalli

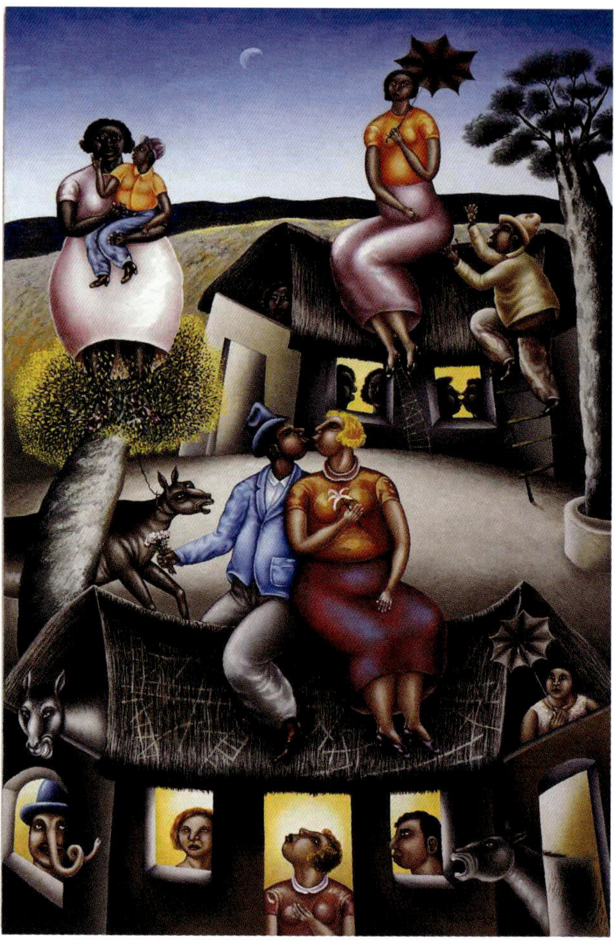

Maximino Javier (b. 1950)
Summer's Dream / *Sueño de verano*
2002, oil on canvas
78" x 51" (200 x 130 cm.)
Collection of Galería Quetzalli

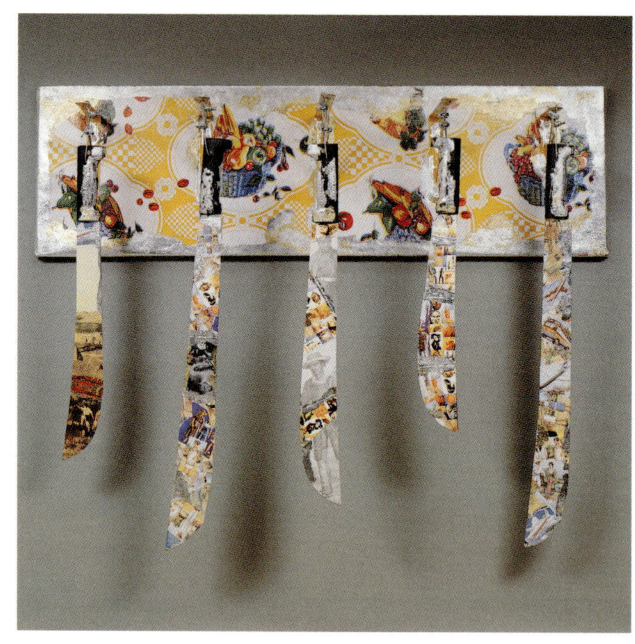

Carlos Cons (b. 1975)
From the Sugar Cane Harvest to the Dining Room
Llendo de la zafra al comedor
2005, machetes, plastic, wood and silver
39" x 39" x 8" (99 x 99 x 20.3 cm.)
Collection of the artist

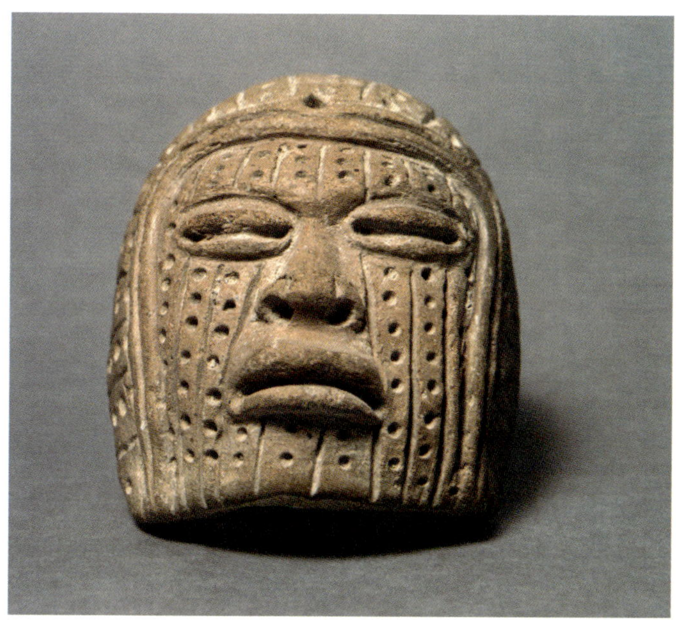

Central Veracruz (Cuenca de Papaloapan)
Anthropomorphic Head / Cabeza Antropomorfa
600 – 900 C.E., ceramic
3 11/20" x 2 14/25" (9 x 6.5 cm)
Collection of Museo de Antropología de Xalapa, Universidad Veracruzana, Reg. 49 P. J. 12983

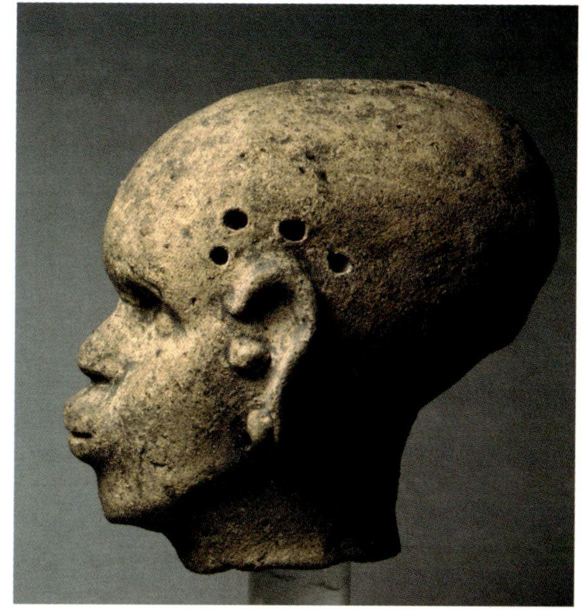

Central Veracruz
Anthropomorphic Head / Cabeza Antropomorfa
600 – 900 C.E., ceramic
4 3/10" x 3 3/20" (11 x 8 cm.)
Collection of Museo de Antropología de Xalapa, Universidad Veracruzana, Reg. Stav. 273

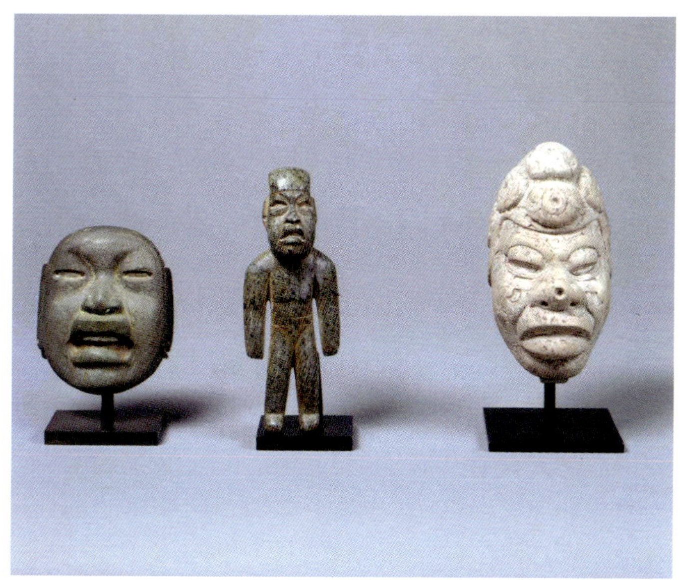

Olmec / *Olmeca*
Mask / *Máscara*
1100-500 BCE, jade
4 1/2" x 3 5/8" x 1 1/2" (11.4 x 9.2 x 3.8 cm.)
Collection of Michael Cook

Olmec / *Olmeca*
Figure / *Figura*
1100-500 BCE, jade
7" x 2 1/2" x 1 1/2" (17.8 x 6.4 x 3.8 cm.)
Collection of Michael Cook

Ancient Veracruz / *Veracruz Antiguo*
Hacha of a ballplayer / *Hacha de jugador de pelota*
600-900 CE, stone
6" x 3" x 5" (15.2 x 7.6 x 12.7 cm.)
Collection of Michael Cook

Exhibition Checklist

The African Presence in México: From Yanga to the Present

1. **Anthony Briones** (b. 1958)
Black Chakwaina Katsina
(from First Mesa area on Hopi Reservation)
Chakwaina Katsina Negra
(del area First Mesa en la reserva Hopi)
2005, carved cotton wood root and mixed media
12 3/4" x 7 1/2" x 5 1/2" (32.4 x 19.1 x 14 cm.)
Mexican Fine Arts Center Museum
Permanent Collection, 2006.15, Museum
Purchase Fund

2. **Anonymous / *Anónimo***
Saint James Killer of Moors
Santiago Matamoros
ca.1850, polychromed wood
15" x 6 1/2" x 9 1/2 " (38.1 x 16.5 x 24.1 cm.)
Collection of Gerardo Morelos

3. **Alejandro García Nelo** (b. 1965)
Palenque Miniature Model
Miniatura de Palenque
2006, mixed media
30" x 90" x 90" (76.2 x 228.6 x 228.6 cm.)
Mexican Fine Arts Center Museum

4. **Fernando Vázquez Jácome** (b. 1954)
Portrait of Yanga / *Retrato de Yanga*
2005, ostrich egg
6 1/4" x 5 1/2" (15.9 x 14 cm.)
Mexican Fine Arts Center Museum
Permanent Collection, 2006.16, Museum
Purchase Fund

5. **Fernando Vázquez Jácome** (b. 1954)
Yanga
2005, carved wood
17 3/4" x 5 3/4" x 6"
(45.1 x 14.6 x 15.2 cm.)
Mexican Fine Arts Center Museum
Permanent Collection, 2006.17, Museum
Purchase Fund

6. **Dr. Hermenegildo González Fernández**
(b. 1953)
The Founding of Yanga
La Fundación de Yanga
1984, oil on canvas
23 1/8" x 31 1/8" (58.7 x 79.1 cm.)
Collection of Eduardo López Noriega

7. **Adolfo Quinteros**
Black Rebellion / *Rebeliones negros*
1960, reproduction from original linocut, N.N.
10 5/8" x 15 3/4" (27 x 40 cm.)
Mexican Fine Arts Center Museum
Permanent Collection, 1998.36.06,
Anonymous Gift

8. **Anonymous / *Anónimo***
Serie Castas, núm.III: 13 Yndio, 14 Tente
en el aire, 15 Cambuja, 16 Alvarrasado, 17
Barnillo, 18 Yndia
18th Century, oil on canvas
40 3/16" x 43 5/16" (102 x 110 cm.)
Collection of Banco Nacional de México

9. **Anonymous / *Anónimo***
Serie Castas, núm.IV: 19 Lobo, 20 China,
21 Negra, 22 Varsino, 23 Yndia, 24 Canpa
M. Laus Deo
18th Century, oil on canvas
40 3/16" x 43 5/16" (102 x 110 cm.)
Collection of Banco Nacional de México

10. **Anonymous / *Anónimo***
Spaniard and Black Produce Mulatto
Español y Negro produce Mulato
18th Century, oil on copper
16 15/16" x 12 19/32" (43 x 32 cm.)
Collection of Museo Soumaya

11. **Anonymous / Anónimo**
Indian and Mulatto Produce Loba
India y Mulato produce Loba
19th Century, oil on linen
40 9/16" x 31 11/16" (103 x 80.5 cm.)
Collection of Museo Soumaya
Photo: Javier Hinojosa

12. **Anonymous / Anónimo**
Indian and Loba Produce Zambaigo
Indio y Loba produce Zambaigo
ca. 1750, oil on copper
16 15/16" x 22 5/16" (42 x 56.6 cm.)
Collection of Museo Soumaya

13. **Carlos López**
(Active in the early 18th Century)
Interior of a Workshop with the Presence of the Guardian Archangel Saint Michael and the Holy Spirit / *Interior de un obraje con la presencia protectora del Espíritu Santo y el Archangel San Miguel*
1740, oil on linen
33 3/16" x 23 5/16" (84.2 x 59.2 cm.)
Collection of Museo Soumaya

14. **Anonymous / Anónimo**
Baptism of a Black by Saint Xavier
Bautizo de un negro por San Javier
19th Century, Mexican watercolor over paper and silk thread
9 1/16" x 7 1/2" (23 x 19 cm.)
Collection of Manuel González Gómez

15. **Carlos Nebel** (1805-1855)
People of the Hot Land Between Papantla and Misantla / *Gente de tierra caliente entre Papantla y Misantla*
n.d., lithograph
11 2/5" x 13 3/5" (29 x 34.5 cm.)
Collection of Museo de Arte del Estado de Veracruz

16. **Claudio Linati** (1790-1832)
Costumes civils, Militares et Religieux du Mexique, Dessines d'apres nature / Civil, Military and Religious Dress, Scenes of Everyday Life in Mexico / *Vestuario civil, militar, y religioso, escenas de la vida cotidiana de México*
1828, book of lithographs
11" x 8 1/2" (27.9 x 21.6 cm.)
Collection of Museo de Arte del Estado de Veracruz

17. **Rufino Tamayo** (1899-1991)
Portrait of José María Morelos y Pavón
Retrato de José María Morelos y Pavón
1984, oil on canvas
76 4/5" x 50 4/5" (195 x 129 cm.)
Collection of Secretaría de Hacienda y Crédito Público, Antiguo Palacio del Arzobispado

18. **Celia Calderón** (1921-1969)
Morelos
1960, reproduction from original woodcut, N.N.
15 7/8" x 10 5/8" (40.3 x 27 cm.)
Mexican Fine Arts Center Museum Permanent Collection, 1998.36.11, Anonymous Gift

19. **Francisco Mora** (1922-2002)
Vicente Guerrero
1960, reproduction from original woodcut, N.N.
15 3/4" x 10 5/8" (40.3 x 27 cm.)
Mexican Fine Arts Center Museum Permanent Collection, 1998.36.21, Anonymous Gift

20. **José Justo Montiel**
Portrait of a Young Black Man Smoking, Homehalca, Orizaba
Negrito fumando, Homehalca, Orizaba
1868, oil on canvas
17 15/16" x 12 3/4" (45.5 x 32.4 cm.)
Collection of La Universidad Veracruzana

21. **Anonymous / Anónimo**
The Zapateo (Dance) / *El Zapateo*
n.d., oil on canvas
18 1/2" x 25 1/5" (47 x 64 cm.)
Collection of Museo de Arte del Estado de Veracruz

22. **Alberto Beltrán** (1923-2002)
The Sugar Cane Press
El trapiche de azúcar
1948, lithograph, ed./200
15 1/4" x 17 5/8" (38.7 x 44.8 cm.)
Mexican Fine Arts Center Museum Permanent Collection, 1990.11e, Museum Purchase Fund

23. **Francisco Mora** (1922-2002)
The Silver Miner
El obrero de mina de plata
1948, lithograph, ed./200
17 1/4" x 15 1/4" (43.8 x 38.7 cm.)
Mexican Fine Arts Center Museum Permanent Collection, 1990.11b, Museum Purchase Fund

24. **Agustín V. Casasola** (1874-1938)
Portrait of a Female Soldier from Michoacán / *Retrato de una soldadera de Michoacán*
1910, sepia-toned enlarged print from original photo negative
48 15/16" x 35 11/16" (50 x 40.4 cm.)
Mexican Fine Arts Center Museum Permanent Collection, 1991.148, Gift of Pilsen Neighbors

25. **Agustín V. Casasola** (1874-1938)
A Federal and Female Soldier at the Door of a Train / *Federal y soldadera en la puerta de un tren*
1910, sepia-toned enlarged print from original photo negative
19 11/16" x 15 15/16" (50 x 40.4 cm.)
Mexican Fine Arts Center Museum Permanent Collection, 1991.150, Gift of Pilsen Neighbors

26. **Romualdo García** (1852-1930)
Untitled / *Sin Título*
ca. 1910, silver gelatin print from original negative
11" x 14" (27.9 x 35.6 cm.)
Collection of Museo Regional de Guanajuato Alhondiga de Granaditas, 1948-RG-R2

27. **Romualdo García** (1852-1930)
Untitled / *Sin Título*
ca. 1910, silver gelatin print from original negative
11" x 14" (27.9 x 35.6 cm.)
Collection of Museo Regional de Guanajuato Alhondiga de Granaditas, 5501-RG-R5

28. **Romualdo García** (1852-1930)
Untitled / *Sin Título*
ca. 1910, silver gelatin print from original negative
11" x 14" (27.9 x 35.6 cm.)
Collection of Museo Regional de Guanajuato Alhondiga de Granaditas, 7557-RG-R5

29. **Romualdo García** (1852-1930)
Untitled / *Sin Título*
ca. 1910, silver gelatin print from original negative
11" x 14" (27.9 x 35.6 cm.)
Collection of Museo Regional de Guanajuato Alhondiga de Granaditas, 7743-RG-R10

30. **Romualdo García** (1852-1930)
Untitled / *Sin Título*
ca. 1910, silver gelatin print from original negative
11" x 14" (27.9 x 35.6 cm.)
Collection of Museo Regional de Guanajuato Alhondiga de Granaditas, 8854-RG-R15

31. **Romualdo García** (1852-1930)
Untitled / *Sin Título*
ca. 1910, silver gelatin print from original negative
11" x 14" (27.9 x 35.6 cm.)
Collection of Museo Regional de Guanajuato Alhondiga de Granaditas, 0026-RG-R1

32. **Romualdo García** (1852-1930)
Untitled / *Sin Título*
ca. 1945, silver gelatin print from original negative
11" x 14" (27.9 x 35.6 cm.)
Collection of Museo Regional de Guanajuato Alhondiga de Granaditas, 15391-HG-R5

33. **Joaquín Santamaría** (1890-1975)
Runners in the Veracruz Sporting Club
Corredores en el Veracruz Sporting Club
ca. 1930, lambda print (reprinted 2006 from original negative from Archivo General del Estado de Veracruz)
16" x 20" (40.6 x 50.8)
Mexican Fine Arts Center Museum Permanent Collection, 2006.57, Museum Purchase Fund

34. **Joaquín Santamaría** (1890-1975)
Malecón del Paseo
ca. 1925, lambda print (reprinted 2006 from original negative from Archivo General del Estado de Veracruz)
16" x 20" (40.6 x 50.8)
Mexican Fine Arts Center Museum Permanent Collection, 2006.59, Museum Purchase Fund

35. **Joaquín Santamaría** (1890-1975)
Jarocho Trio/ *Trío jarocho*
ca. 1945, lambda print (reprinted 2006 from original negative from Archivo General del Estado de Veracruz)
16" x 20" (40.6 x 50.8)
Mexican Fine Arts Center Museum Permanent Collection, 2006.56, Museum Purchase Fund

36. **Joaquín Santamaría** (1890-1975)
Barber Shop / *Barbería*
ca. 1926, lambda print (reprinted 2006 from original negative from Archivo General del Estado de Veracruz)
16" x 20" (40.6 x 50.8)
Mexican Fine Arts Center Museum Permanent Collection, 2006.58, Museum Purchase Fund

37. **Manuel Alvarez Bravo** (1902-2002)
Black Mirror / *Espejo negro*
1947, gelatin silver print
(printed & signed 1999)
9 1/2" x 7 1/4" (24.1 x 18.4 cm.)
Collection of Throckmorton Fine Arts

38. **Mariana Yampolsky** (1925 -2002)
Tlacotalpan, Veracruz (Woman / *Mujer*)
n.d., silver gelatin print
11" x 14" (27.9 x 35.6 cm.)
Collection of Fundación Cultural Mariana Yampolsky

39. **Mariana Yampolsky** (1925 - 2002)
Tlacotalpan, Veracruz (Man / *Hombre*)
n.d., silver gelatin print
11" x 14" (27.9 x 35.6 cm.)
Collection of Fundación Cultural Mariana Yampolsky

40. **Manuel González de la Parra**
(b. 1954)
Matilda *la comadre*, Coyolillo, Veracruz
La comadre Matilda, Coyolillo, Veracruz
1992, silver gelatin print
16" x 20" (40.6 x 50.8 cm.)
Mexican Fine Arts Center Museum
Permanent Collection, 2006.47, Museum
Purchase Fund

41. **Manuel González de la Parra** (b. 1954)
Bull in the Center, Carnaval, Coyolillo,
Veracruz / *Toro al centro,*
Carnaval, Coyolillo, Veracruz
1992, silver gelatin print
16" x 20" (40.6 x 50.8 cm.)
Mexican Fine Arts Center Museum
Permanent Collection, 2006.48, Museum
Purchase Fund

42. **Marisela Salas** (b. 1961)
Boy with Masks / *Niño con máscaras*
1998, silver gelatin print
16" x 20" (40.6 x 50.8 cm.)
Mexican Fine Arts Center Museum
Permanent Collection, 2006.51, Museum
Purchase Fund

43. **Marisela Salas** (b. 1961)
Planting Sugar Cane / *Plantando Caña*
1997, silver gelatin print
16" x 20" (40.6 x 50.8 cm.)
Mexican Fine Arts Center Museum
Permanent Collection, 2006.52, Museum
Purchase Fund

44. **Manuel González de la Parra** (b. 1954)
Silvano, Coyolillo, Veracruz
1993, silver gelatin print
16" x 20" (40.6 x 50.8 cm.)
Mexican Fine Arts Center Museum
Permanent Collection, 2006.49, Museum
Purchase Fund

45. **Manuel González de la Parra** (b. 1954)
In the Sugarcane Harvest
En la Zafra, Coyolillo, Veracruz
1993, silver gelatin print
16" x 20 (40.6 x 50.8 cm.)
Mexican Fine Arts Center Museum
Permanent Collection, 2006.50, Museum
Purchase Fund

46. **Arturo Vera Domínguez** (b. 1967)
Baseball Player in Sugar Cane Field, Yanga I
Beisbolista en el campo de caña, Yanga I
2005, silver gelatin print
16" x 20" (40.6 x 50.8 cm.)
Mexican Fine Arts Center Museum
Permanent Collection, 2006.54, Museum
Purchase Fund

47. **Arturo Vera Domínguez** (b. 1967)
Baseball Player. in Sugar Cane Field, Yanga II
Beisbolista en el campo de caña, Yanga II
2005, silver gelatin print
16" x 20" (40.6 x 50.8 cm.)
Mexican Fine Arts Center Museum
Permanent Collection, 2006.55, Museum
Purchase Fund

48. **Lourdes Almeida** (b. 1952)
Copala, Guerrero (Costa Chica)
Roque Family / *Familia Roque*
1992, lambda print
16" x 20" (40.6 x 50.8 cm.)
Collection of the artist

49. **Lourdes Almeida** (b. 1952)
Morales Family, Mexico City
Familia Morales, Ciudad de México
1992, lambda print
16" x 20" (40.6 x 50.8 cm.)
Collection of the artist

50. **Ron Wilkins**
Village Elder / *Representante del pueblo*
1997, inkjet reproduction matte finish
20" x 16" (50.8 x 40.6 cm.)
Mexican Fine Arts Center Museum
Permanent Collection, 2006.30, Museum
Purchase Fund

51. **Tony Gleaton** (b. 1948)
Cuajinicuilapa, Guerrero
The Chicken Vendor / *La pollera*
1987, archival gelatin silver print
16" x 20" (40.6 x 50.8 cm.)
Mexican Fine Arts Center Museum
Permanent Collection, 2005.116, Gift of
Elliott Salter and Museum Purchase Fund

52. **Tony Gleaton** (b. 1948)
The Marriage of Maurillio and Teresa
La boda de Maurillio y Teresa
1990, archival gelatin silver print
16" x 20" (40.6 x 50.8 cm.)
Mexican Fine Arts Center Museum
Permanent Courtesy, 2005.120, Museum
Purchase Fund

53. **Tony Gleaton** (b. 1948)
Pinotepa Nacional, Oaxaca
The Barber Shop / *Peluquería*
1990, archival gelatin silver print
16" x 20" (40.6 x 50.8 cm.)
Mexican Fine Arts Center Museum
Permanent Courtesy, 2005.117, Gift of
Demetrio and Gianna Kerrison and
Museum Purchase Fund

54. **Aydeé Rodriguez Lopez** (b.1955)
Dance of the Straw Bull
Danza de Toro de Petate
2005, oil on canvas
51 3/16" x 35 7/16" (130 x 90 cm.)
Mexican Fine Arts Center Museum
Permanent Collection, 2006.44, Museum
Purchase Fund

55. **Hugo Felix Tovar**
El Ciruelo
1998, watercolor and oil on canvas
17 3/4" x 11 13/16" (45 x 30 cm.)
Collection of Padre Glyn Jemmott

56. **Mario Guzmán Oliveres** (b. 1975)
Friends / *Parientes*
2003, lithograph, 13/13
10 7/8" x 14 15/16" (27.5 x 37.8 cm.)
Mexican Fine Arts Center Museum
Permanent Collection, 2006.39, Museum
Purchase Fund

57. **Aydeé Rodríguez López** (b.1955)
Sound of the Artesa / *Son de la Artesa*
2003, oil on canvas
23 3/4" x 27 3/4" (60.3 x 70.5 cm.)
Mexican Fine Arts Center Museum
Permanent Collection, 2006.42, Museum
Purchase Fund

58 A. **Instruments used in Afro-Mexican Communities** / *Instrumentos usados en las comunidades afromexicanas*

58 B. **Artesa from the town of Ciruelo**
Artesa del pueblo de Ciruelo
1999, carved parota tree trunk
Collection of the Charles H. Wright
Museum of African American History

59. **Dance of the Turtle, Costa Chica**
Danza de la tortuga, Costa Chica

60. **Olegario Hernandez**
Dance of the Turtle / *Danza de la Tortuga*
2005, carved jícara
11" x 14 1/4" (27.9 x 36.2 cm.)
Mexican Fine Arts Center Museum
Permanent Collection, 2006.14, Museum
Purchase Fund

61. **Aydeé Rodríguez López** (b.1955)
Dance of the Turtle / *Danza de La Tortuga*
2004, oil on canvas
43 1/2" x 43 1/4" (110.5 x 109.9 cm.)
Mexican Fine Arts Center Museum Permanent Collection, 2006.43, Museum Purchase Fund

62. **Jose de Luna**
Masks from First Friday of Lent, Dance of Tejorones, Calixto
Máscaras del viernes de cuaresma, Danza de los Tejorones, Calixto
(Pancho, Minga, El Mixteco, El Negro, La Negra)
2005, carved parota wood

63. **Costume for the Dance of the Devils, Costa Chica** / *Traje de la danza de los diablos, Costa Chica*

64. **Costume for the Blacks of Carnaval, Coyolillo, Veracruz** / *Traje de los negros del carnaval, Coyolillo, Veracruz*
Mexican Fine Arts Center Museum Permanent Collection, 2006.68, Museum Purchase Fund

65. **Antonio Gómez R.**
Rumba Woman / *Rumbera*
1947, oil on canvas
60" x 45 9/32" (152.5 x 115 cm.)
Collection of Gálas de México / Museo Soumaya

66. **Alfredo González**
Jarocha Beauty / *Belleza Jarocha*
1952, oil on canvas
49" x 39 3/8" (124.5 x 100 cm.)
Collection of Gálas de México / Museo Soumaya

67. **Anonymous / *Anónimo***
Figure from a Bean Bag Toss Game in the Form of a Black Clown
Traga bolas en forma de payaso moreno
ca. 1910, paper maché and wood
30" x 11" x 7" (78.5 x 30 x 18 cm.)
Collection of Museo Soumaya

68. **Anonymous / Anónimo**
Figure from a Bean Bag Toss Game in the Form of a Yellow Clown / Traga bolas en forma de payaso amarillo
ca. 1910, paper maché and wood
29" x 11" x 7" (76 x 30 x 18 cm.)
Collection of Museo Soumaya

69. **Little Black Angels Movie Poster**
Cartel de Angelitos Negros
1948, chromolithograph
37 1/4" x 27 1/4" (94.6 x 69.9 cm.)
Mexican Fine Arts Center Museum Permanent Collection, 2006.28, Purchase made possible by Sonia G. Cruz

70. **The Curse of My Race Film Poster**
Cartel de La Maldición de Mi Raza
1964, chromolithograph
37" x 27 1/4" (94 x 69.9 cm.)
Mexican Fine Arts Center Museum Permanent Collection, 2006.29, Purchase made possible by Sonia G. Cruz

71. **Anonymous / Anónimo**
Untitled (doll) / Sin título (muñeca)
ca. 2002, wax, cloth, sawdust and plaster
16 1/4" x 5" x 3 1/2"
Mexican Fine Arts Center Museum Permanent Collection, 2006.1, Gift of Leslie Grace

72. **Anonymous / *Anónimo***
Black Couple / *Pareja de negros*
19th Century, polychromed paste and fabric
9" x 8" (23.5 x 20 cm.)
Collection of Museo Soumaya

73. **Anonymous / *Anónimo***
Children Musicians with Base
Niños músicos con base
18th Century, carved and painted wood
8" x 12" (20 x 31 cm.)
Collection of Museo Soumaya

74. **Anonymous / *Anónimo***
Lottery Game Card / *Lotería*
19th Century, watercolor on paper
6 1/2" x 6 1/2" (16.5 x 16.5 cm.)
Collection of Manuel González Gómez

75. **Poster from the First Gathering of Afro-Mexican Communities** / *Cartel del Primer Encuentro de Pueblos Negros*

76. **Wood-cut prints by members of the Cimarron Youth Center** / *Xilografías por miembros del Centro Cultural Cimarron*

77. **Anonymous / *Anónimo***
Saint Martin of Porres
San Martin de Porres
2003, cast resin
17" x 7 1/2" (43.5 x 19.1 cm.)
Mexican Fine Arts Center Museum

78. **Guillermo Vargas Alberto** (b. 1966)
La Virgen de Guadalupe
2005, carved and painted parota wood
16 3/8" x 5 1/4" x 2 3/4" (41.6 x 13.3 x 7 cm.)
Mexican Fine Arts Center Museum
Permanent Collection, 2006.12, Purchase made possible by an anonymous donor

79. **Dr. Hermenegildo González Fernández** (b. 1953)
Road to the Cemetery, Yanga, Veracruz
Calzada del panteón, Yanga, Veracruz
ca.1983, oil on canvas
23 3/5" x 35 3/5" (60 x 90.5 cm)
Collection of Museo de Arte del Estado de Veracruz

80. **Dr. Hermenegildo González Fernández** (b. 1953)
The Central Plaza in Yanga, Veracruz
Plaza Central,Yanga, Veracruz
ca.1983, oil on canvas
20" x 31 1/8" (50.8 x 79 cm.)
Collection of Eduardo López Noriega

81. **Ignacio Canela** (b. 1950)
Self Portrait: The Copper-Toned Black Man Carrying One Thousand Years on My Palette, City of Tlacotlalpan
Autorretrato: El negro cobrizo cargando mil años en mi paleta, La ciudad Tlacotlalpan
2005, oil on canvas
45" x 73" (114.3 x 185.42 cm.)
Mexican Fine Arts Center Museum
Permanent Collection, 2006.70, Museum Purchase Fund

82. **Ignacio Canela** (b. 1950)
Self-Portrait: Cuban (Baseball Player) with Woman from Tehuantepec / *Autorretrato, Cubano (beisbolista) con Tehuana*
2005, oil on canvas
24" x 39 1/2" (61 x 100.3 cm.)
Mexican Fine Arts Center Museum
Permanent Collection, 2006.71, Museum Purchase Fund

83. **Elizabeth Catlett** (b. 1915)
My Sons / *Mis hijos*
1955, linocut, A/P
28" x 24" x 1 3/4" (71.1 x 61 x 4.5 cm.)
Collection of the Hampton University Museum

84. **Elizabeth Catlett** (b. 1915)
Three Women of America
Tres mujeres de América
1990, serigraph, 3/10
Collection of Sragow Gallery

85. **Elizabeth Catlett** (b. 1915)
Shawl / *Rebozo*
1968, limestone
16" x 20" x 10" (40.6 x 50.8 x 25.4 cm.)
Collection of Bruce and Shahara Llewellyn

86. **Francisco Mora** (1922-2002)
Head of a Miner / *Cabeza de minero*
1947, oil on canvas
38 3/10" x 26 3/5" (97.3 x 67.5 cm)
Collection of Secretaría de Hacienda y Crédito Público, Antiguo Palacio del Arzobispado

87. **Francisco Toledo** (b. 1941)
The Warriors / *Los Guerreros*
2004, sugar aquatint
22 1/4" x 21 1/20" (56.5 x 53.5 cm.)
Collection of Galería Juan Martín

88. **Francisco Toledo** (b. 1941)
Three Baseball Players / *Tres beisbolistas*
2003, drypoint etching 1/10
22 1/4" x 21 1/20" (56.5 x 53.5 cm.)
Collection of Galería Juan Martín

89. **Guillermo Vargas Alberto** (b. 1966)
Man with the Dove / *Señor con la paloma*
2005, carved parota wood
20" x 5 10/16" x 9" (50.8 x 14.6 x 22.9 cm.)
Mexican Fine Arts Center Museum
Permanent Collection, 2006.18, Museum
Purchase Fund

90. **Guillermo Vargas Alberto** (b. 1966)
Black Woman with Braided Hair
Mujer negra con sus chorritos
2005, carved parota wood
25 1/2" x 7" x 6" (64.8 x 17.8 x 15.2 cm.)
Mexican Fine Arts Center Museum
Permanent Collection, 2006. 21, Museum
Purchase Fund

91. **Guillermo Vargas Alberto** (b. 1966)
Woman with Her Umbrella
Mujer con su sombrilla
2005, carved parota wood
22 1/2" x 7" x 6 1/2" (57.2 x 17.8 x 16.5 cm.)
Mexican Fine Arts Center Museum
Permanent Collection, 2006. 20, Museum
Purchase Fund

92. **Roberto Salazar Rodríguez** (b. 1961)
Blues
2005, carved and painted wood
Mexican Fine Arts Center Museum

93. **Roberto Salazar Rodríguez** (b. 1961)
The Little Road to School
Caminito de la escuela
2005, carved and painted wood
Mexican Fine Arts Center Museum

94. **Mario Guzmán Oliveres** (b. 1975)
The Gathering of Black Towns
Encuentro de Pueblos Negros
2004, wood-cut print, 1/20
31 1/4" x 43 7/8" (60.4 x 92.3 cm.)
Mexican Fine Arts Center Museum
Permanent Collection, 2006.35, Museum
Purchase Fund

95. **Mario Guzmán Oliveres** (b. 1975)
The Brown Woman in a Hammock
La more en hamaca
2005, wood-cut print, 1/20
23 3/4" x 31 5/8" (60.3 x 80.2 cm)
Mexican Fine Arts Center Museum
Permanent Collection, 2006.36, Museum
Purchase Fund

96. **Emmanuel Cruz Muñoz** (b. 1980)
Sometimes I Dream of the Carnaval
A veces sueño con el Carnaval
2005, charcoal on wood
49" x 60" (124.5 x 152.4 cm.)
Collection of the artist

97. **Guillermo Olgin** (b. 1969)
Untitled / *Sin título*
1999, ink on paper
21 11/16" x 14" (55 x 35.5 cm.)
Collection of Padre Glyn Jemmott

98. **Maximino Javier** (b. 1950)
Indecisive Chacmool / *Chacmool indeciso*
2002, oil on canvas
59" x 39" (150 x 100 cm.)
Collection of Galería Quetzalli

99. **Maximino Javier** (b. 1950)
Summer's Dream / *Sueño de verano*
2002, oil on canvas
78" x 51" (200 x 130 cm.)
Collection of Galería Quetzalli

100. **Carlos Cons** (b. 1975)
From the Sugar Cane Harvest to the Dining Room
Llendo de la zafra al comedor
2005, machetes, plastic, wood and silver
39" x 39" x 8" (99 x 99 x 20.3 cm.)
Collection of the artist

101. **Alfred J. Quiroz** (b. 1944)
The Kosmic Race / *La Raza Kósmica*
2005, acrylic on wood panel
64" x 95 1/2" x 3 1/2" (162.6 x 242.6 x 8.9 cm.)
Collection of the artist

102. **Ancient Veracruz /** *Veracruz Antiguo*
Hacha of a ballplayer
Hacha de jugador de pelota
600-900 CE, stone
6" x 3" x 5" (15.2 x 7.6 x 12.7 cm.)
Collection of Michael Cook

103. **Olmec /** ***Olmeca***
Figure / *Figura*
1100-500 BCE, jade
7" x 2 1/2" x 1 1/2" (17.8 x 6.4 x 3.8 cm.)
Collection of Michael Cook

104. **Olmec /** ***Olmeca***
Mask / *Máscara*
1100-500 BCE., jade
4 1/2" x 3 5/8" x 1 1/2" (11.4 x 9.2 x 3.8 cm.)
Collection of Michael Cook

105. **Central Veracruz (Cuenca de Papaloapan)**
Anthropomorphic Head
Cabeza Antropomorfa
600 – 900 C.E., ceramic
3 11/20" x 2 14/25" (9 x 6.5 cm)
Collection of Museo de Antropología de Xalapa, Universidad Veracruzana, Reg. 49 P. J. 12983

106. **Central Veracruz (Cuenca de Papaloapan)**
Anthropomorphic Head
Cabeza Antropomorfa
600 – 900 C.E., ceramic
4 3/10" x 3 3/4" (11 x 9.5 cm)
Collection of Museo de Antropología de Xalapa, Universidad Veracruzana, Reg. 49 P. J. 65

107. **Central Veracruz**
Anthropomorphic Head
Cabeza Antropomorfa
600 – 900 C.E., ceramic
4 3/10" x 3 3/20" (11 x 8 cm)
Collection of Museo de Antropología de Xalapa, Universidad Veracruzana, Reg. Stav. 273

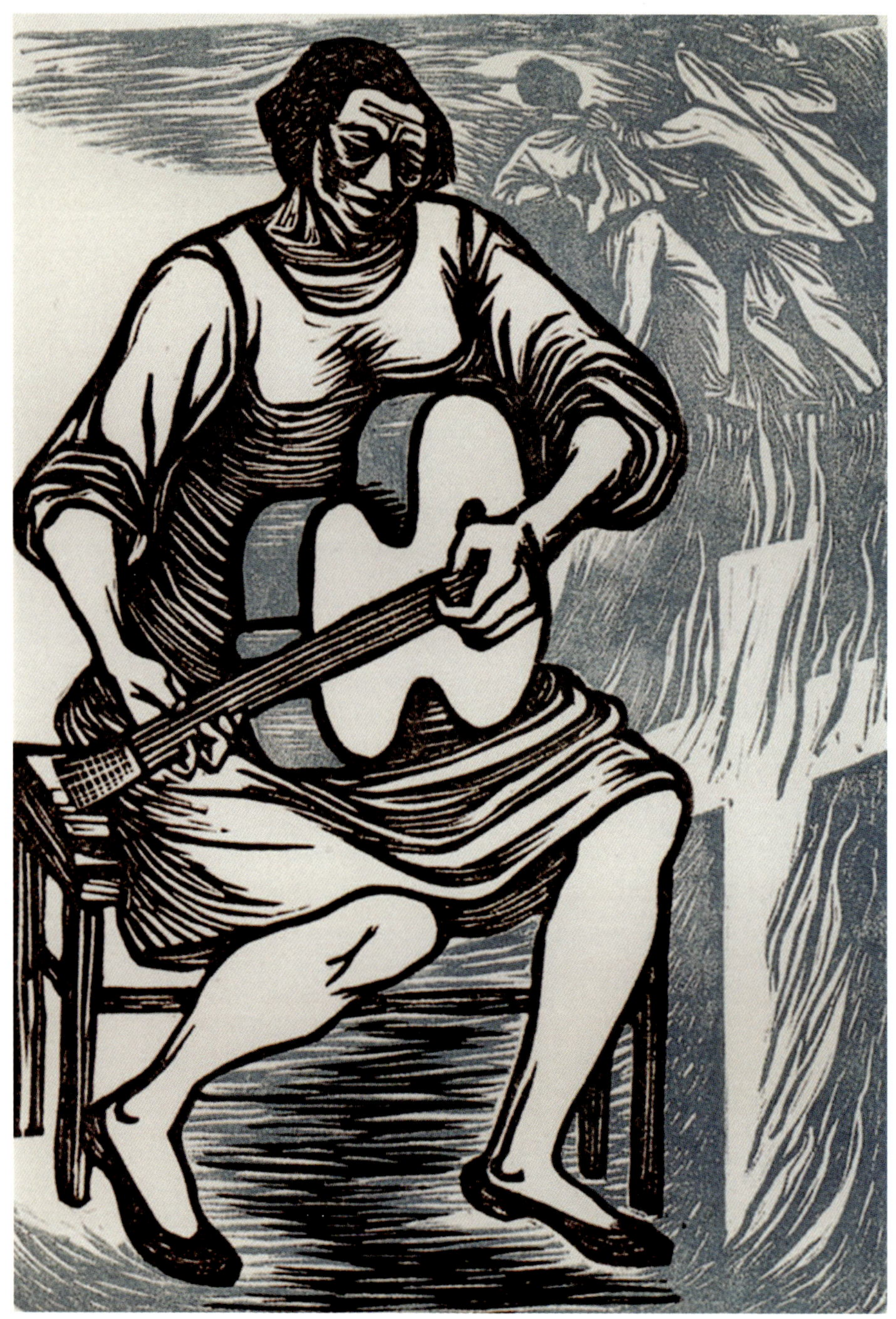

Elizabeth Catlett (b. 1915)
I Have Given the World My Songs / *He dado mis canciones al mundo*
1948, linocut
13 1/2" x 10" (34.3 x 25.4 cm.)
Collection of Sragow Gallery

Who Are We Now?
Roots, Resistance, & Recognition

By Elena Gonzales

Introduction

In the United States, Mexicans[1] and African Americans don't talk to each other nearly as much as they talk to the White majority. This seems strange when considering the long history that the groups have spent working together and resisting similar forms of oppression. In the 19th Century, White people in the U.S. had very similar prejudices about Mexicans as they did about African Americans, and they understood that Mexicans did not feel the same way about African Americans. So, in order to rid themselves of free Black people, the U.S. Congress attempted to send Black people to colonies elsewhere, either in Africa or on the border of Mexico. An article from 1895 describes a bill introduced into Congress in 1864 that allowed for the Black population to be exported from the U.S. and used as a tool to improve relations with Mexico. According to Senator James Lane:

> It is known to us that among that people [Mexicans] there are no prejudices against the black man . . . It is confidently believed that the colony provided for in this bill, by intermarriage with the people of those Mexican States, and friendly intercourse with them, would so Americanize them as that they would be prepared and seek an annexation to our then glorious free republic.[2]

When the U.S. did eventually install Blacks on the border of Mexico in 1894, it was winter and too late to raise crops. Starving and freezing, living in squalor, they received no support from either side of the border. Within a year, smallpox swept through the colony.[3] According to J. Fred Rippy in the *Journal of Negro History*, "those who were able began precipitously to desert the settlement for the United States . . . By the latter part of July all had left except about fifty of the most persistent and faithful who chose to stay by their crops."[4]

¿Quiénes somos ahora?
Raíces, Resistencia y Reconocimiento

Translated by Linda Aurora Keller and Rosinda Morales

En los Estados Unidos, los mexicanos[1] y los afroamericanos no suelen hablar tanto entre sí como con la mayoría blanca, lo cual parece curioso si se toma en cuenta la larga historia de colaboración conjunta y resistencia de ambos grupos a formas similares de opresión. En el siglo XIX, los prejuicios de los blancos estadounidenses contra los mexicanos y afroamericanos eran muy parecidos y sabían que los primeros no sentían lo mismo que ellos hacia los segundos. Por lo tanto, para deshacerse de los africanos libertos, el Congreso estadounidense intentó mandarlos a otras colonias, a África o a la frontera con México. Un artículo de 1895 describe un proyecto de ley sometido al Congreso en 1864 que permitía el traslado, fuera del país, de la población negra y que ello contribuyerá a mejorar las relaciones con México. Según el Senador James Lane:

> Sabemos que ese pueblo [mexicano] no tiene prejuicios en contra de los negros . . . Se cree, sin temor a equivocaciones, que la población contemplada en este proyecto, al casarse y establecer relaciones amistosas con gente de los Estados Mexicanos, americanizaría a éstos de tal forma que estarían dispuestos a buscar la anexión a nuestra entonces república gloriosa y libre.[2]

Cuando finalmente en 1894, los EE.UU. asentaron a negros en los límites con México, ya era invierno y demasiado tarde para sembrar. Hambrientos, helados y viviendo en pésimas condiciones de miseria, no recibieron ayuda de ninguno de los dos lados de la frontera. En un año, la viruela arrasó la colonia.[3] Según J. Fred Rippy en el *Journal of Negro History* [Revista de la Historia de los Negros], "aquéllos que pudieron empezaron a abandonar precipitadamente la colonia para irse a los Estados Unidos . . . Para fines de julio, ya todos se habían marchado, salvo unos cincuenta de los más perseverantes y convencidos que decidieron quedarse cerca de sus cultivos."[4]

During the second half of the 19th Century, Mexicans in the U.S. faced racism very similar to that which Blacks faced. For example:

> An unwritten code existed in Texas forbidding Mexicans (or anyone of color . . .) to be insolent toward white people. Impertinent Mexicans could face anything from a ranting rebuke [to] a pistol whipping, or, if the infraction be murder, lynch law.[5]

Both African Americans and Mexicans ran a high risk of being lynched in the late 19th and early 20th Centuries.[6]

When African Americans and Mexicans in the U.S. do come together, they become the majority in many cities. For example, the Chicago Public School system is 50% African American and 30% Mexican. Roughly 25% of the people in the Chicago area are Latino; roughly 75% of the Latinos in the Chicago metro area are Mexican, and that percentage is rising.[7]

In organizing the exhibition *Who Are We Now? Roots, Resistance, and Recognition*, the Mexican Fine Arts Center Museum's hope is that Mexicans and African Americans will critically assess their group identities in light of their shared history both in the United States and in Mexico. The title of the exhibition refers to three phases of a timeline that charts the course of collaboration between the two groups in the U.S. over more than 200 years. We hope the groups will recognize shared elements of history and culture and begin to work together in various realms—increasing social capital between African Americans and Latinos in general. In order for this to happen, it is important to understand the relationships between Mexicans and African Americans over the past several hundred years, the relationships between African Americans and the country of Mexico, and the differing concepts of race that exist in both countries.

Gaining this contextual understanding is a matter of being able to situate the development of each of these things in their historical contexts. *The African Presence in México* described the nearly 500 years of history in Mexico that Africans and Mexicans share. *Who Are We Now?* explores two parallel stories: that of Mexicans and African Americans interacting in the U.S. and that of African

Durante la segunda mitad del siglo XIX, los mexicanos que vivían en Estados Unidos sufrieron un racismo muy similar al de los negros, por ejemplo:

> En Tejas, existía una ley no escrita que prohibía a los mexicanos (o a cualquier persona de tez de color . . .) a ser insolentes con los blancos. A los mexicanos impertinentes les esperaba una variedad de consecuencias posibles, desde una reprimenda grave [a] un fustigamiento con pistola, y si la falta se trataba de asesinato, se les sometía a la ley de linchamiento.[5]

A finales del siglo XIX y principios del XX, tanto los afroamericanos como los mexicanos vivían con grandes posibilidades de ser linchados.[6]

Cuando los afroamericanos y los mexicanos que viven en los EE.UU. se juntan, se convierten en mayoría en muchas ciudades. Por ejemplo, el porcentaje de estudiantes matriculados en el sistema de educación pública de Chicago es de 50% afroamericanos y 30% mexicanos. Aproximadamente 25% de la población en la zona chicagüense son latinos y aproximadamente 75% de ellos son mexicanos. Dichos porcentajes van en alza.[7]

Al organizar la exhibición *¿Quiénes somos ahora? Raíces, Resistencia y Reconocimiento*, el deseo del Centro Museo de Bellas Artes Mexicanas es que los mexicanos y los afroamericanos evalúen con sentido crítico sus identidades como grupos a la luz de su historia compartida, tanto en Estados Unidos como en México. El título de la exhibición hace referencia a tres fases en la cronología que muestra el curso de la colaboración entre ambos grupos en los EE.UU. durante más de 200 años. Esperamos que estos grupos reconozcan los elementos compartidos de su historia y cultura y empiecen a colaborar juntos en varios ámbitos, lo cual aumentaría del capital social entre los afroamericanos y los latinos en general. Para ello, es fundamental entender las relaciones entre los afroamericanos y los mexicanos en los últimos siglos, las relaciones entre los afroamericanos y México, y la diferencia en el concepto de raza en ambos países.

A fin de captar dicha comprensión contextual, se requiere ubicar el desarrollo de cada una de estas relaciones en su contexto histórico. La exhibición "La Presencia Africana en México" describe casi 500 años de la historia de ese país que comparten mexicanos y africanos. *¿Quiénes somos ahora?* explora dos relatos paralelos: el de la interacción entre mexicanos y afroamericanos en los EE.UU. y el de los

Americans in the U.S. moving between the U.S. and Mexico. The exhibition's title asks the Museum's visitors to look for information to include in their own personal histories and their concepts of race.

The Social Construction of Race

To paraphrase Bobby Vaughn, black people who have sought refuge in Mexico during the past two centuries have usually found that Afro-Mexicans[8] rarely find similarities between themselves and African Americans from the U.S.[9] Tony Gleaton is a photographer whose work appears in *Who Are We Now? Roots, Resistance, and Recognition*, the Mexican Fine Arts Center Museum's exhibition. He had a similar experience to that of Mr. Vaughn, an African-American scholar. Both are personally familiar with the fact that being Black in the U.S. is simply not the same thing as being dark-skinned or even Afro-Mexican in Mexico. That's not surprising, since the definition of being Black in the U.S. (at least in the lower South) is a throwback to the days of slavery. In those days, anyone with a drop of Black blood was considered to be Black. This was called the "one drop rule."[10] Now, anyone with "one drop" of Black ancestry can make a valid cultural claim to be Black. Thus, though Mr. Gleaton is very light skinned, most people in the U.S. would not question his Blackness. The racial construction of the one drop rule came from British ideas about slavery.

In Mexico, that is not the case. A different ideology about race prevails. In this ideology, conceived of and used by other slave traders such as the Spanish and Portuguese, skin tone, not blood determines race. The Spanish ideology was illustrated in Colonial Mexico by *casta* paintings. The *castas* were social castes based on racial mix and skin tone. The paintings were often a series of 16 different *castas* beginning with the marriage of a Spanish person and an indigenous Mexican, which resulted in a *mestizo* child, or the marriage of a Spanish person and an African person, which resulted in a *mulatto* child. The taxonomy of people in Colonial Mexico was so complex that it ultimately became virtually impossible to impose the social strictures that the Spanish had in place for the different treatment of each caste. The one clear thing was that he who looked most Spanish was highest in the social order, and those who looked most indigenous or African were on the lowest rungs of the social ladder. The Museum's exhibition *The African Presence in México: From Yanga to the Present* illustrates the story of the *castas* in great detail. Here, it helps us understand why,

afroamericanos estadounidenses que se trasladaban entre su país y México. El título de la exhibición sugiere a los visitantes del museo que busquen información que pudieran integrar a su historia personal y a su concepto de raza.

La Construcción Social de la Raza

Parafraseando a Bobby Vaughn,[8] los negros de Estados Unidos que se han refugiado en México en los últimos dos siglos han descubierto que los afromexicanos[9] rara vez encuentran similitudes con ellos. Tony Gleaton, un fotógrafo cuya obra se muestra en la exhibición del Centro Museo de Bellas Artes Mexicanas *¿Quiénes somos ahora? Raíces, Resistencia y Reconocimiento*, tuvo una experiencia similar a la del Sr. Vaughn, un académico afroamericano. Ambos han vivido la experiencia de que no es lo mismo ser negro en Estados Unidos que en México. Esto no es sorprendente, ya que la definición de pertenencia a la raza negra en los EE.UU. (al menos en el Sur Bajo del país) proviene de la época de la esclavitud. En aquel época, se consideraba negro a cualquier individuo que llevara una sola gota de sangre negra por sus venas, lo cual se conocía como " la regla de una gota".[10] Hoy en día, cualquier persona que tenga "una gota" de ascendencia negra puede decir que es negro con justificación cultural. Por lo tanto, aunque el Sr. Gleaton era de tez muy clara, la mayoría de los estadounidenses no cuestionaría su negritud. La construcción racial de la regla de una gota tiene sus orígenes en las ideas británicas sobre la esclavitud.

No es el mismo caso en México, donde, como en el Sur Bajo de los EE.UU., prevalece una ideología distinta en cuanto a la raza. Esta ideología, concebida e utilizada por los comerciantes de esclavos, tanto españoles, franceses, como portugueses, considera como determinante de la raza al color de la piel y no a la sangre. En el México Colonial, esta ideología española se mostró en las pinturas de castas sociales. Dichas castas se basaban en la mezcla racial y el color de la piel. A menudo las pinturas estaban compuestas por una serie de dieciséis castas distintas, que empezaban con el matrimonio de una persona española con una indígena mexicana del que nacía un hijo mestizo, o el matrimonio de una persona española con un africano, cuyos hijos eran mulatos. La taxonomía de la población del México Colonial era tan compleja que, al fin y al cabo, resultó prácticamente imposible imponer las restricciones sociales que los españoles habían ideado para el tratamiento según la casta. Lo único claro era que aquél que se pareciera más a un español ocupaba un lugar más alto en la escala social

in 1981,[11] when Tony Gleaton began to travel extensively throughout Mexico seeking the "hidden" "Black" population, he was not seen as black (*negro*) by Mexicans. When he finally did find the Afro-Mexicans along the Pacific Costa Chica, he felt that he had found his people – Black people. Gleaton saw the Afro-Mexicans as Black but he was soon to find that they did not see themselves, or him, that way at all. Mark Sawyer put it this way in his essay "Racial Politics in Multiethnic America: Black and Latina/o Identities and Coalitions":

> Despite their nappy hair, full lips, and dark skin, many [Latin] Americans find it impossible to think that African heritage plays a significant role in their racial makeup. This denial extends to myths that slavery never existed in their countries and Blacks never set foot on the land.[12]

Tony Gleaton (b. 1948)
Las Muñecas / *The Dolls*
1987
archival gelatin silver print
20" x 16" (50.8 x 40.6 cm.)
Mexican Fine Arts Center Museum Permanent Collection, 2005.124, Gift of and Jorge and Isabel Flores and Museum Purchase Fund

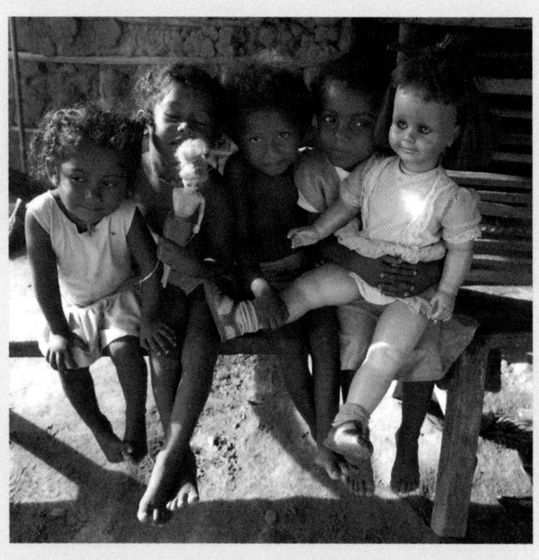

Until recently, Afro-Mexicans have emphasized their *Mexicanidad* (Mexican-ness) and *mestizaje* to the exclusion of their African ancestry. African Americans, by contrast, have created a new cultural identity – Blackness – inside of their American identity to preserve their African roots. As a consequence, the two groups see Afro-Mexicans differently. Though Afro-Mexicans look Black to people from the U.S., their culture is completely different. The term "African American" should include Afro-Mexicans just as the term "American" should logically include everyone from the Americas, but Afro-Mexicans don't often think of themselves as having African features. The recognition of Afro-Mexican culture is relatively new. According to Sawyer and other contributors to the groundbreaking book, *Neither Enemies Nor Friends: Latinos, Blacks, Afro-Latinos*, the most frequently cited reason that Afro-Mexicans didn't claim their own culture sooner was that they could rise to a higher social position by denying their own African ancestry. Likewise, in the U.S. most "Afro-Latinos/as . . . do not become bridges between [African Americans and Latinos] but rather become examples of how no one wants to be Black in the U.S." by opting out of their "Afro" identity in favor of their "Latino" one.[13]

y aquellos de apariencia más indígena o africana estaban en los últimos peldaños. La historia de las castas sociales se ilustra detalladamente en la exhibición "La Presencia Africana en México: De Yanga al presente", y nos ayuda a entender porqué, en 1981,[11] cuando Tony Gleaton comenzó a viajar por todo México en busca de la población negra "oculta", los mexicanos no lo percibieron como negro. Cuando al fin encontró a los afromexicanos a lo largo de la Costa Chica del Pacífico, pensó haber hallado a su pueblo – la gente negra. Gleaton vió a los afromexicanos como negros, pero pronto descubriría que ni ellos se consideraban así, ni lo veían a él como tal. En su ensayo *"Racial Politics in Multiethnic America: Black and Latina/o Identities and Coalitions"* [La política racial en una América multiétnica: Identidades y Coaliciones negras y latinas], Mark Sawyer lo expresa así:

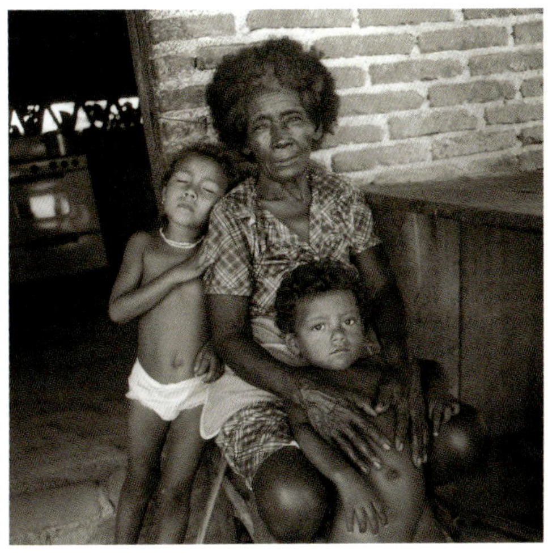

Tony Gleaton (b. 1948)
Madre África
Mother Africa
1987
archival gelatin silver print
20" x 16" (50.8 x 40.6 cm.)
Mexican Fine Arts Center Museum Permanent Collection, 2005.121, Gift of William F. Cheek and Aimee Lee Cheek and Museum Purchase Fund

> A pesar de su pelo rizado, labios gruesos y piel oscura, para muchos [latino] americanos es imposible pensar que la ascendencia africana juega un papel significante en su composición racial. Esta negación se extiende a mitos de que la esclavitud jamás existió en sus países y que los negros nunca llegaron a poner pie en sus tierras.[12]

Hasta hace muy poco, los afromexicanos han recalcado su mexicanidad y su mestizaje, excluyendo su ascendencia africana. En contraste, a fin de preservar sus raíces africanas como parte de su identidad estadounidense, los afroamericanos se han creado una nueva identidad cultural: la negritud. Consecuentemente, los dos grupos ven a los afromexicanos de forma distinta. Aun cuando los estadounidenses ven como negros a los afromexicanos, su cultura es totalmente diferente. El término afroamericano debiera incluir a los afromexicanos, así como el término "americano" lógicamente debiera incluir a todos los habitantes de los continentes americanos, pero los afromexicanos no creen tener rasgos africanos. El reconocimiento de la cultura afromexicana es relativamente nuevo. Según Sawyer y coautores del libro precursor titulado *Neither Enemies nor Friends: Latinos, Blacks, Afro-Latinos* [Ni amigos, ni enemigos: Latinos, negros, y afrolatinos], el motivo más recurrente por el cual los afromexicanos no reclaman su cultura es que al negar su ascendencia africana, podrían disfrutar de una posición social más elevada. De igual manera, en Estados Unidos, la mayoría de "los afrolatinos . . . no se convierten en enlace

Furthermore, Latin Americans in general, and Afro-Mexicans in particular, are hesitant to identify themselves by race for fear of seeming unpatriotic.[14] In Mexico, for example, *Mexicanidad* is far more important than, say, Blackness. As a result, Blackness, as a cultural category, does not even enter into a Mexican's idea of himself. This is changing as Afro-Mexicans begin to gain a voice, first culturally and then politically,[15] but it's a very slow process, just as it was for African Americans in the U.S. Indeed, as we in the U.S. examine what appear to be expressions of racism against Blacks such as the Mexican postage stamp of Memín Pinguín, released in June of 2005, or President Vicente Fox's comment that Mexicans do work that "not even blacks want to do,"[16] it is important to remember the different histories of Mexico and the U.S. Clarence Page, a writer for the *Chicago Tribune* writes:

> Unlike [the United States of] America's system, enslaved Africans in Mexico could buy their freedom and give birth to children who were free to marry anyone of any racial origin. Mexico abolished slavery decades before the United States and never enacted Jim Crow-style laws.

Thus, we in the U.S. must understand that our fight for racial equality and racial representation has had a different trajectory from that of Mexico. At times, African Americans have had much more freedom to achieve professional success and have a higher quality of life in Mexico than in the U.S. Though the people of U.S. and Mexico have both fought for civil rights and won particular battles, their intentions have been different. In the U.S., "civil rights" is virtually synonymous with "racial equality" because, "civil rights campaigns in the U.S. have been dominated by racial politics."[17] Furthermore, racial stereotypes, such as the Mexican one that Memín Pinguín embodies, cannot be exported. The social construction of race is unique to every society, and a rigorous ethnographic study in Mexico would be needed to adequately explain Memín Pinguín to people from the U.S. Similarly, the social construction of race in the U.S. might be unintelligible in Mexico, as shown by the widespread confusion in Mexico about why African Americans are insulted by the image of Memín Pinguín.

entre [afroamericanos y latinos], sino más bien en ejemplos del rechazo a ser negro en los EE.UU.", y niegan su identidad africana a favor de su identidad latina.[13] Además, los latinoamericanos en general, y los afromexicanos en particular, se muestran reticentes a identificarse según su raza por miedo a parecer antipatriotas,[14] por ejemplo: en México, es mucho más importante la mexicanidad que, digamos, la negritud. Esto da como resultado que la negritud, como categoría cultural, ni siquiera entre en el concepto que tiene el mexicano de sí mismo. Dicha situación está cambiando conforme aumenta la voz de los afromexicanos, primero en el campo cultural y luego en lo político,[15] pero es un proceso sumamente lento, como lo fue para los afroamericanos en los EE.UU. En este último país, al examinar lo que aparenta ser expresiones de racismo contra los negros, por ejemplo, el sello postal mexicano de Memín Pinguín emitido en junio de 2005 o el comentario del Presidente Vicente Fox que los mexicanos hacen el trabajo que "ni siquiera los negros quieren hacer,"[16] es importante recordar las diferentes historias de México y lo que escribe Clarence Page, columnista del periódico *The Chicago Tribune*:

> Al contrario del sistema estadounidense, los africanos esclavizados en México podían comprar su libertad y traer al mundo niños libres que podían casarse con una persona de cualquier origen racial. En México se abolió la esclavitud décadas antes que en los Estados Unidos y jamás se promulgaron leyes en favor de la discriminación racial.

Por tanto, en Estados Unidos hemos de comprender que nuestra lucha en pro de la igualdad y la representación raciales ha tenido una trayectoria distinta a la de México. A veces, los afroamericanos han tenido mucha mayor libertad para alcanzar el éxito profesional y disfrutar de una mejor calidad de vida en México que en su país. Aunque tanto los estadounidenses como los mexicanos han luchado a favor de los derechos civiles y han ganado algunas batallas específicas, sus objetivos han sido diferentes. En los EE.UU., "los derechos civiles" son prácticamente sinónimo de "igualdad racial" porque "las campañas para los derechos civiles en los EE.UU. han sido dominadas por la política racial."[17]

Además, los estereotipos raciales, tal como el que representa Memín Pinguín, no se pueden trasladar de un país a otro. La construcción social de la raza es única y particular en cada sociedad y sería necesario hacer un estudio etnográfico minucioso en México para poder explicar adecuadamente a los estadounidenses

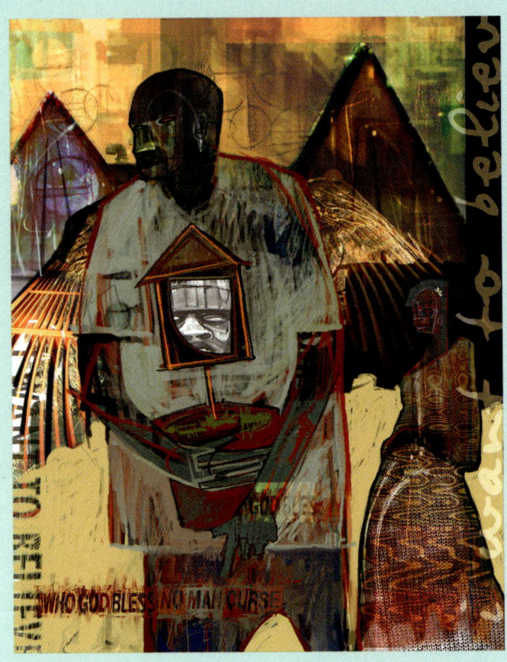

John Trevino (b. 1972)
Street Scene
Escena de la calle
2002, iris print
50" x 40"
(127 x 101.6 cm.)
Collection of the artist

The practical result of the U.S.'s history as the "melting pot" and Mexico's ideology of *mestizaje* is that the U.S. is a country with many races and is aware of that, whether they are accepted as equal or not. Mexico, though very diverse, thinks of itself as homogeneous. Thus, since everyone in Mexico is considered to be *mestizo*, the fight for civil rights in Mexico has been largely about class and less about race. That said, the indigenous peoples of Mexico have fought over the past five decades for recognition and acceptance and have made great strides in their struggles. As it becomes clear that not everyone is *mestizo*, a struggle for Afro-Mexican civil rights is evolving as well.

"Before the 1990s there had been no political organization of Afro-Mexicans . . . Unlike the rather successful indigenous organizing efforts among the Zapotec[18] to the east of the Costa Chica.[19]"[20] Then, suddenly, in 1997 two separate groups organized conferences and gatherings to explore Afro-Mexican identity. Father Glyn Jemmott, featured in Mr. Gleaton's work from Oaxaca, founded the Afro-Mexican movement with the first regional gathering of Afro-Mexicans.[21] Just a week after Fr. Jemmott's "*Encuentro,*" three institutions held a formal conference about "*África en México*" in Xalapa, Veracruz. They were the Fundación y el Instituto de Investigaciones Antropológicas de la Universidad Veracruzana (Foundation and Institute of Anthropological Investigations of the University of Veracruz, Mexico), the University of Santa Barbara, California, and the Instituto Veracruzano de la Cultura (Veracruz Institute of Culture).[22] The conference was called *El Encuentro: África en México* (The Meeting: Africa in Mexico). Ever since then, a group identity that could be called Afro-Mexican consciousness has been evolving and Afro-Mexicans are becoming more vocal. Nevertheless, this group is still emerging, and their identity as *Afro-Mexicano* is by no means dominant among those who could claim it.

el concepto de Memín Pinguín. Del mismo modo, es posible que la construcción social de la raza en los Estados Unidos sea incomprensible en México, tal como lo demuestra la confusión generalizada en este último país sobre el motivo por el cual los afroamericanos se sintieron ofendidos por la imágen de Memín Pinguín.

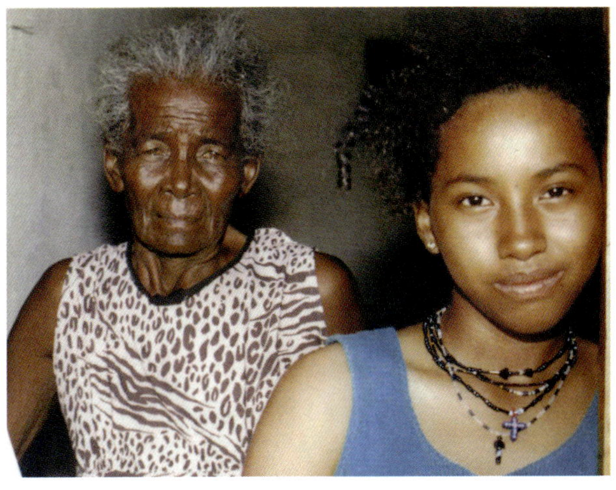

Ron Wilkins
Grandma and Me
Abuela y yo
Ciruelo, Oaxaca
1998, photograph
16" x 20" (40.6 x 50.8 cm.)
Collection of the Artist

El resultado práctico de la historia estadounidense como un crisol y la ideología mexicana del mestizaje es que los EE.UU. es un país con muchas razas y consciente de ello, independientemente de que los acepte o no de modo igualitario. En cambio, México, aún con su población muy diversa, se considera homogéneo. Por consiguiente, ya que todo mexicano se sabe mestizo, la lucha por los derechos civiles en México ha sido más bien una lucha de clases y no tanto de tipo racial. Aun así, en las últimas cinco décadas, los indígenas mexicanos han luchado para ser reconocidos y aceptados y han avanzado mucho en sus propósitos. Al hacerse claro que no todos son mestizos, se da también lugar una lucha por los derechos civiles afromexicanos.

"Antes de los años noventa no existía alguna agrupación política afromexicana . . . a diferencia de los esfuerzos fructíferos de organización entre los indígenas zapotecas[18] al este de la Costa Chica [19]." [20] De repente, en 1997, dos grupos, independientes entre sí, organizaron conferencias y encuentros para explorar la identidad afromexicana. El Padre Glyn Jemmott, quien aparece en las obras del Sr. Gleaton tomadas en Oaxaca, fundó el movimiento afromexicano con un primer encuentro regional.[21] Una semana después de ese encuentro, tuvo lugar en Xalapa, Veracruz, una conferencia formal llamada "África en México" patrocinada por tres instituciones, la Fundación y el Instituto de Investigaciones Antropológicas de la Universidad Veracruzana, la Universidad de Santa Bárbara, California, y el Instituto Veracruzano de la Cultura.[22] El título de la conferencia era El Encuentro: África en México. Desde entonces, ha ido emergiendo lo que se podría denominar conciencia afromexicana y los afromexicanos están haciendo oír su voz. No obstante, este grupo sigue surgiendo todavía y su identidad de afromexicano no es dominante entre aquéllos que pudieran adoptarla.

Roots

In this section we see the oldest historical connections between Mexicans and African Americans in the U.S., beginning with the domestic slave trade: the Underground Railroad to Mexico, the Black Seminole migrations to Mexico, and the Mexico-Louisiana Creole Connection. We see that the precedent for interaction between the two groups is set for collaboration. This section of the exhibition includes contemporary photography by Tony Gleaton and Ron Wilkins that documents the Afro-Mexican population in Mexico, a print by John Trevino, which illustrates the possibility of an ancient connection between the two populations, and work by Carlos Cortéz .

The Slave Trade

The British began to enslave people from West Africa and export them to the British colonies in what is now the U.S. in 1619, while the Spanish were exporting enslaved Africans from countries such as Angola and Mozambique[23] to Mexico. The U.S. definitively won its independence from Britain in 1776; and, though the importation of enslaved people to the U.S. was banned in the early 19th Century, the domestic slave trade was still legal when the U.S. took Texas from Mexico. Thus, the enslaved people who had been brought to Texas became the focal point for the debate about whether or not slavery should be allowed in the U.S. The conflict between Mexicans living in Texas under Mexican law – which had outlawed slavery – and slave owners from the U.S. who moved to Mexico and wanted to keep their slaves, brought Mexico into the fray as well. The U.S. remained a nation of slaveholders long after the slave trade was outlawed. In the meantime, Mexico gained independence from Spain in 1821 and abolished slavery in 1829.[24]

Mexican Underground Railroad

When Mexico outlawed slavery, the abolition movement was in full swing in the U.S., and the Underground Railroad (UGRR) was becoming an efficient system for moving enslaved people to freedom. The 100,000 people who escaped slavery via the UGRR make up only a small portion of the roughly four million who escaped.[25] Most of those 100,000 went to the northern U.S. and Canada. But a few thousand went south and made the much shorter journey into Mexico. According to the National Park Service, "Mexico [was a] favored destination for many enslaved in the lower South".[26]

Raíces

En esta sección veremos las conexiones históricas más antiguas entre mexicanos y afroamericanos en los EE.UU., empezando con la trata de esclavos en el interior. Estas conexiones son: el *Underground Railroad* [las vías clandestinas de escape de Africanos esclavizados] a México, las migraciones de los semínolas negros a México y la conexión criolla México-Luisiana. Veremos que existen precedentes para la interacción de los dos grupos en pro de la colaboración. Esta parte de la exhibición incluye la fotografía contemporánea de Tony Gleaton y Ron Wilkins que documenta la población afromexicana en México, un grabado de John Trevino que ilustra la posibilidad de una conexión antigua de ambas poblaciones, y obras de Carlos Cortéz.

La trata de esclavos

En 1619, los británicos empezaron a esclavizar a los habitantes de África Occidental y exportarlos a sus colonias, hoy EE.UU., mientras que los españoles enviaban a México africanos esclavizados de países como Angola y Mozambique.[23] En 1783, Estados Unidos se independizó definitivamente de Inglaterra. A pesar de que la importación de esclavos a los EE.UU. se prohibió a principios del siglo XIX, la trata de esclavos en el interior seguía siendo legal en la época en que los EE.UU. despojó a México de Tejas. Por lo tanto, los esclavos que los españoles habían traído a Tejas fueron el tema álgido en el debate sobre si se debería permitir, o no, la esclavitud. El conflicto entre los mexicanos que vivían en Tejas bajo leyes mexicanas, que prohibían la esclavitud, y de dueños de esclavos estadounidenses que se habían mudado a México y querían quedarse con sus esclavos, involucró también a México en la cuestión. Estados Unidos siguió siendo una nación de propietarios de esclavos mucho después que se prohibiera su comercio. Mientras tanto, México se independizó de España en 1821 y en 1829 se abolió la esclavitud.[24]

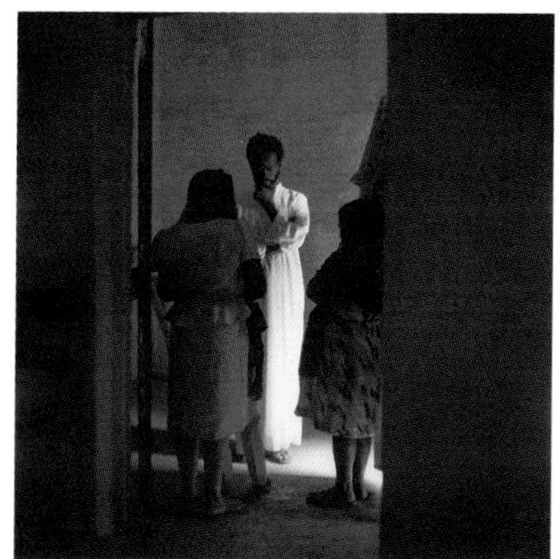

Tony Gleaton (b. 1948)
Padre Glyn / *Father Glyn*
1989
archival gelatin silver print
20" x 16" (50.8 x 40.6 cm.)
Mexican Fine Arts Center Museum Permanent Collection, 2005.122, Gift of Bruce W. Talomon and Karen Grigsby Bates and Museum Purchase Fund

El *Underground Railroad* a México

Cuando México proscribió la esclavitud, el movimiento abolicionista estaba en pleno auge en los Estados Unidos, el *Underground Railroad*, (la red o vías clandestinas de escape de esclavos), se estaba convirtiendo en un sistema eficaz para llevar a los esclavos hacia la libertad. Las 100,000 personas que

The UGRR is important not only because of the numbers of people it freed but also because its agents worked together to achieve freedom across international borders in spite of racial differences.

Researchers have studied the UGRR for decades, but the research on its penetration into Mexico is only just beginning. According to Arnoldo de León, author of *Racial Frontiers: Africans, Chinese, and Mexicans in Western America, 1848-1890*:

> [On the slave plantations of central Texas] in the 1850s, Mexicans and blacks joined together, bound by a common belief and trust in freedom and a common distaste for Anglo oppression. Mexicans, both natives of the state and other recent arrivals from Mexico, had established a quasi-underground railroad designed to facilitate the slaves' escape to Mexico. Defying slave codes and conventions forbidding fraternizing with the bondspeople, Mexicans braved both the threatened punishment tied to sabotaging [slavery] and the forbidding terrain on the way to the Rio Grande to assist runaways.[27]

Since the very existence of the UGRR was by necessity a closely-held secret, researching it is a difficult task. But it's possible to imagine how it took shape. The UGRR was not, of course, a literal railroad with trains and tracks and stations. It was a network of individual people and groups, such as abolitionists and Quakers, who were inspired to help others move to safety in a time of grave desperation. Some managed safe houses, while others helped escort people to freedom. The great network that the UGRR ultimately became evolved organically, by word of mouth. Undoubtedly, there were "station masters," people who coordinated the efforts of others. Yet many "agents" of the UGRR, including Mexicans on both sides of the border, were not even aware that they were part of a network. Nevertheless, the Mexican URGG eventually established a stable population of formerly enslaved Africans inside the national boundaries of Mexico. There was a clear difference, though, between settlements of Blacks in Mexico that were affiliated with the Seminoles, described in the following section, and those that were not. One report from 1854 states that:

escaparon de la esclavitud por ese medio sólo representan un pequeño porcentaje de los casi cuatro millones que lograron huir.[25] La mayoría de aquellos 100,000 se fugaron al norte de los EE.UU. y a Canadá, pero unos cuantos miles se dirigieron al sur y siguieron el camino mucho más corto a México. El Servicio de Parques Nacionales, asevera que "México [era uno] de los destinos predilectos de muchos esclavos en el bajo Sur." [26]

El *Underground Railroad* es importante, no sólo por el número de personas al que brindó la emancipación, sino porque a pesar de diferencias raciales, sus agentes trabajaron conjuntamente en pro de la libertad cruzando fronteras internacionales.

Si bien los investigadores han estudiado al *Underground Railroad* durante décadas, apenas se está explorando su alcance en México. Según Arnoldo de León, autor de *Racial Frontiers: Africans, Chinese, and Mexicans in Western America, 1848-1890* [Las Fronteras Raciales: Los africanos, chinos y mexicanos en el oeste americano, 1848-1890]:

> [En relación con las plantaciones que tenían esclavos en el centro de Tejas] en la década de 1850, los mexicanos y los negros se juntaron, unidos por la creencia y la fe en la libertad y su disgusto por la opresión anglosajona. Los mexicanos, tanto los nacidos en el estado, así como los recién llegados de México, habían establecido una quasi *Underground Railroad* diseñada para facilitar el escape de los esclavos a México. Al desafiar los códigos y costumbres que prohibían fraternizar con los esclavos, los mexicanos afrontaron tanto la amenaza del castigo al que se harían acreedores por sabotear [la esclavitud], como el terreno peligroso camino al Río Grande para asistir a los fugitivos.[27]

Por necesidad, la mera existencia del *Underground Railroad* tenía que ser un secreto celosamente guardado, lo que ocasiona que su investigación sea una tarea difícil. No obstante, es posible imaginar cómo se formó. Naturalmente, el *Underground Railroad* no era un "ferrocarril" real con trenes, vías férreas y estaciones, sino una red de individuos y grupos como los abolicionistas y los cuáqueros, inspirados en ayudar a terceros a llegar a un lugar seguro en momentos de desesperación acuciante. Algunos se encargaron de organizar

> Among the Seminoles there are two hundred and twenty odd negroes . . . [who are] . . . identified with the Seminoles in every way . . . There are negroes in Santa Rosa and vicinity, who have not been incorporated with the Seminole negroes [and] are designated as 'State raised.'[from the U.S.] . . . Negroes arrive frequently from the U.S . . . [and] fully three thousand negroes have entered Mexico since 1848.[28]

Some African Americans who moved to Mexico with the Seminoles were incorporated into Seminole culture, and the literature refers to them as the Black Seminoles. Other African-American people who found their way to Mexico by way of the UGRR, or through less formal ties to Native Americans, retained their original culture and lived as Blacks in Mexico.

In 1998, Congress passed the National Underground Network to Freedom Act (NUNFA) for the purpose of authorizing the National Park Service to commemorate, honor, and interpret the UGRR. Though its focus is on the U.S., the NUNFA project is helping to extend research on the Mexican UGRR. It has already identified one "International Freedom Station" at Mazamitla, Mexico.[29] That a project that is so clearly focused on the U.S. would point out Mexico's role in the UGRR indicates its importance and the need for further study.

The Seminole Wars and Migrations

The underground affiliations between the Seminoles and the African Americans who escaped slavery should not be confused with official political alliances between Seminoles and African Americans who became Black Seminoles.

African Americans were migrating to Mexico with the Seminoles in at least two different ways – via the Underground Railroad and with the Seminoles who migrated from Florida and Texas to Mexico around the time of the Civil War. Both Kenneth Porter's book *The Black Seminoles: A History of a Freedom-Seeking People*, and Kevin Mulroy's *Freedom on the Border: The Seminole Maroons in the Indian Territory, Cuahuila, and Texas* provide detailed and well substantiated accounts of the relationships between the Seminoles and African Americans. The

casas de refugio, mientras que otros escoltaban a los esclavos hacia la libertad. Con el tiempo, la gran red del *Underground Railroad* creció de forma natural, de boca en boca. Había, sin duda, "jefes de estación", es decir, personas que coordinaban los esfuerzos de otros. No obstante, muchos "agentes" del *Underground Railroad*, incluídos mexicanos de ambos lados de la frontera, ni siquiera sabían que formaban parte de una red. Aun así, a la larga, el *Underground Railroad* mexicana asentó una población estable de esclavos africanos liberados dentro de las fronteras de México. Sin embargo, hubo una clara diferencia entre los asentamientos de negros en México afiliados con los semínolas, descritos en la sección siguiente, y aquellos sin dicha afiliación. Un informe fechado en 1854 asevera que:

> Entre los semínolas hay unos doscientos veinte negros . . . [quienes se han] . . . identificado plenamente con los semínolas . . . Hay negros en Santa Rosa y sus afueras que no se han integrado a los negros semínolas [y] se llaman "criados en el Estado" [de los EE.UU.] . . . con frecuencia, llegan los negros provenientes de los Estados Unidos . . . [y] desde 1848, tres mil de ellos han entrado a México.[28]

Algunos afroamericanos que se mudaron a México con los semínolas se integraban a la cultura de éstos y, en la literatura, se les llama negros semínolas. Otros afroamericanos llegaron a México por el *Underground Railroad*, o a través de lazos menos formales con los indios americanos y preservaron su cultura original y vivieron como negros en México.

En 1998, el congreso estadounidense aprobó la *National Underground Network to Freedom Act*, NUNFA, por sus siglas en inglés [Ley Nacional de la Vía Clandestina de Esclavos hacia la Libertad] con el fin de autorizar al Servicio de Parques Nacionales la conmemoración, honra e interpretación del *Underground Railroad*. Aun cuando su objetivo se centra en los Estados Unidos, el proyecto NUNFA está ayudando a ampliar la investigación de la *Underground Railroad* mexicana. Ya se ha identificado una "Estación Internacional de Libertad" en Mazamitla, México.[29] El hecho de que un proyecto tan claramente centrado en los EE.UU. señale la participación de México en el *Underground Railroad* indica su importancia y la necesidad de investigaciones adicionales.

history of these formerly enslaved people and Native Americans evolved over nearly a century, from the 1840s to the late 1930s. Here is the story of the Black Seminoles – the formal alliance between African Americans and Seminoles – as Porter and Mulroy tell it.

> The enslaved Blacks did connect with the Seminoles in the swamps; but in many cases, the Seminoles took the Black people as slaves for themselves.[30] The Seminole notion of slavery, though, was quite different from the White notion of slavery. The Black people had the freedom to run their lives as they saw fit, and the Black and Seminole communities often remained quite separate. Nevertheless, the Blacks were required by the Seminoles to assist in fighting the White oppressors. In addition, African-Americans and Seminoles both had motives for banding together of their own free will, the former "to preserve their freedom" and the latter to preserve their land, upon which the U.S. government was encroaching.[31]

The U.S. government changed its position on the Seminoles, the escaped Black slaves in general, and the Black Seminoles in particular, numerous times between the 1840s and the 1930s. When it suited the government, it would attempt to mollify them with land or other bribes; and at times it fought these groups as it did in the Seminole Wars that drove the Seminoles from Florida and the Indian Territory. Sometimes the Black Seminoles were supposedly granted their freedom.[32] At other times, U.S. officials allowed slave owners and other profiteers to invade Mexico to claim escaped Black slaves. The Seminoles protected the Black people from those efforts, because they considered them to be both their property and their family.

Despite their differences, despite the African-Americans' desire to be free,[33] the Blacks lived and collaborated with the Seminoles in Mexico.[34] Before leaving the U.S. for Mexico, a group of African Americans and another of Seminoles coalesced into a political body that worked together for decades in the face of great hardships. The leader of the Black group was John Cavallo, who was also known in Mexico as Juan Caballo or Juan Vidaurri. He is sometimes also referred

Las guerras semínolas y las migraciones

No se deben confundir las afiliaciones clandestinas entre los semínolas y los afroamericanos que escaparon de la esclavitud con las alianzas políticas oficiales entre los semínolas y los afroamericanos que posteriormente se convirtieron en *Black Seminoles* [los semínolas negros].

Los afroamericanos migraban a México con los semínolas de, al menos, dos modos distintos: con el *Underground Railroad* y con los semínolas que migraron de la Florida y Tejas a México durante la época de la guerra civil. Tanto el libro de Kenneth Porter, *The Black Seminoles: A History of Freedom-Seeking People*, como el de Kevin Mulroy, Freedom on the Border: *The Seminole Maroons in the Indian Territory, Cuahuila and Texas*, ofrecen relatos detallados y bien fundamentados sobre las relaciones entre los semínolas y los afroamericanos. La historia de los esclavos liberados y de los afroamericanos libres comprende casi un siglo, desde principios de la década de 1840 a finales de la década de 1930. Aquí presentamos la historia de los semínolas negros, la alianza formal entre los afroamericanos y los semínolas, tal como la relatan Porter y Mulroy.

> Los esclavos negros se contactaron con los semínolas en los pantanos, pero, con frecuencia los semínolas hicieron de ellos sus propios esclavos.[30] Más como el concepto de esclavitud de los semínolas era muy diferente al de los blancos, los negros gozaban de libertad para vivir sus vidas tal como ellos quisieran y, a menudo, las comunidades negras y semínolas permanecían bastante separadas. No obstante, los semínolas obligaron a los negros a asistirles en su lucha contra los opresores blancos. Además, los afroamericanos y los semínolas tenían motivo suficiente para aliarse por su propia voluntad: los primeros, para "preservar su libertad" y los segundos, para preservar sus tierras que estaban siendo usurpadas por el gobierno estadounidense.[31]

De los años 1840 hasta finales de 1930, el gobierno estadounidense cambió varias veces su postura en cuanto a los semínolas, los esclavos negros fugados en general, y los semínolas negros en particular. Cuando le convenía al gobierno, intentaba apaciguarles con tierras u otros sobornos y a veces luchó contra ellos como sucedió en las Guerras Semínolas, cuando los expulsó de la Florida y del Territorio Indio. Otras veces, supuestamente les concedía a los semínolas negros

to as John Horse or John Hoss.[35] The leader of the Seminole group was Wild Cat. In 1849, the two joined their "two nations" together and moved "just across the Rio Grande" to Mexico. Cavallo knew that slavery had been outlawed there, and the Seminoles, who were being expelled from Florida, knew that they could find a place to live away from their enemies in the Indian Territory, the Creeks.[36] In 1850, nearly 300 Blacks and Seminoles, led by Wild Cat and John Cavallo, fled to Mexico.[37]

In Mexico, Seminoles and Blacks gradually evolved into a single society made up of "Indians" and "*Mascogos*" (the Mexican name for Black Seminoles in Mexico).[38] As John Cavallo says in Porter: "When we came fleeing slavery, Mexico was a land of freedom, and the Mexicans spread out their arms to us."[39] The immigrants' status in relationship to the Mexican government changed several times over the years. They were first granted land in Coahuila, North of Piedras Negras. Later they were moved to La Navaja. Finally, the government moved them to Hacienda el Nacimiento.

Nacimiento eventually became two communities. Nacimiento de los Indios was the Indian side, and Nacimiento de los Negros was the *Mascogo* side. Seminole society was still segregated, though gradually, the two groups began to intermarry. The Mexican government moved the Seminoles to Nacimiento to protect them, especially the *Mascogos*, from kidnappers from the U.S. The Mexican government was also concerned about preserving their land from marauding bands of Native Americans.[40] Both Wild Cat and John Cavallo agreed to the pact and accepted the land.[41]

The Mexican government also provided the Seminoles with tools for farming; but since it was too late in the season to plant crops when they arrived, their Mexican neighbors helped them through the winter. The agreement with the Mexican government stipulated that the Seminoles would fight on behalf of Mexico (and they frequently did), but they stayed out of Mexican politics. Over the decades, the Seminoles, especially the *Mascogos*, won numerous battles with Native Americans, Whites, and other invaders for Mexico.

After those battles, the U.S. government realized that it could use such skilled warriors. It lured many Black Seminoles back with the promise of a land grant when their tour of duty ended.[42] These Black Seminole soldiers became known as the Seminole Scouts and abandoned their homes in Nacimiento with the understanding that they could return if they did so within five years. Predictably,

su libertad.[32] Y en ocasiones, las autoridades estadounidenses permitían a los propietarios de esclavos y a otros especuladores oportunistas invadir México para reclamar a los esclavos negros que habían huido. Sin embargo, los semínolas los protegieron de dichos intentos, pues los consideraban tanto su propiedad como su familia.

A pesar de sus diferencias, a pesar del deseo de los afroamericanos de ser libres,[33] los negros vivieron y colaboraron con los semínolas en México.[34] Antes de dejar los EE.UU. con destino a México, un grupo de afroamericanos y otro de semínolas formaron un grupo político y trabajaron juntos durante décadas enfrentando grandes penurias. El líder del grupo de negros era John Cavallo, también conocido en México como Juan Caballo o Juan Vidaurri, en ocasiones se le llama John Horse o John Hoss.[35] El líder del grupo semínola era Wild Cat [Gato Salvaje]. En 1849, los dos unieron sus "dos naciones" y se mudaron "apenas al otro lado del Río Grande", a México. Cavallo sabía que ahí la esclavitud estaba proscrita y los semínolas, que estaban siendo expulsados de la Florida, sabían que podrían encontrar un lugar para vivir lejos de los indios Creeks, sus enemigos en el Territorio Indio.[36] En 1850, casi 300 negros y semínolas, conducidos por Wild Cat y John Cavallo, huyeron a México.[37]

En México, los semínolas y los negros posteriormente formaron una sola sociedad integrada por los "indios" y los "mascogos" (el nombre mexicano de semínolas negros en México).[38] En su libro, Porter cita a Juan Cavallo: "Cuando llegamos huyendo de la esclavitud, México era un país de libertad, y los mexicanos nos recibieron con los brazos abiertos."[39] La situación de los inmigrantes en relación al gobierno mexicano cambió varias veces en el curso de los años. Al principio, les fueron otorgadas tierras en Coahuila, al norte de Piedras Negras, después los trasladaron a La Navaja y finalmente, el gobierno los mudó a la Hacienda el Nacimiento.

Más tarde, Nacimiento se dividió en dos comunidades: Nacimiento de los Indios y Nacimiento de los Negros. La sociedad semínola seguía segregada aunque poco a poco empezaron los casamientos entre ambos grupos. El gobierno mexicano mudó a los semínolas a Nacimiento para protegerles, especialmente a los mascogos, de secuestradores estadounidenses, pues también se preocupaba por conservar sus tierras de bandas merodeadoras de indios americanos.[40] Wild Cat y John Cavallo aceptaron el trato y las tierras.[41]

the U.S. reneged on its promise, even though some Scouts served until they were very old and had forfeited their rights to their land in Mexico. But many Scouts did leave the U.S. to claim their land in Nacimiento when it became clear that the U.S. had lied to them.[43] By 1914, the Scouts were demobilized. And when they were, all those who had stayed in Texas, hoping for a home, were evicted.[44]

Meanwhile, in Nacimiento, the Mexican government was slowly taking back portions of the *Mascogos'* land grant. Finally, in 1882, John Cavallo went to Porfirio Díaz, the Mexican dictator, to request that the land grant to the *Mascogos* be reinstated and formalized. Díaz eventually granted Cavallo's request in 1884.[45] (In 1936, President Lázaro Cárdenas ratified the land grant and added to it.[46]) During this time, the U.S. government was extremely concerned not only about losing slaves to Mexico but also about revolutionaries in Mexico inciting enslaved people to rebellion and escape. Because of the UGRR, these migrations to Mexico permanently altered the relationship between the two nations.[47]

The Mexico-Louisiana Creole Connection

Mary Gehman is a writer and researcher for Margaret Media, an organization dedicated to "researching, publishing, and promoting Louisiana's people, culture, and music."[48] Her hypothesis is that free people of color[49] in Louisiana fled to Mexico twice in the 19th and 20th Centuries and formed communities in Mexico.

In the 1850s, the government of Louisiana began to restrict the rights of free people of color, mainly merchants and business people, who were not interested in having their freedoms curtailed. The impending Civil War and the Dred Scott decision (1857) encouraged them to move to Mexico's Gulf Coast.[50] Ms. Gehman has already documented their movements through genealogies, travel documents, marriage licenses, and death certificates.

John Wilson (b. 1922)
Mexican Woman
Mujer Mexicana
1951, lithocrayon drawing
10" x 12 3/8" (26.7 x 31.4 cm)
Collection of Sragow Gallery

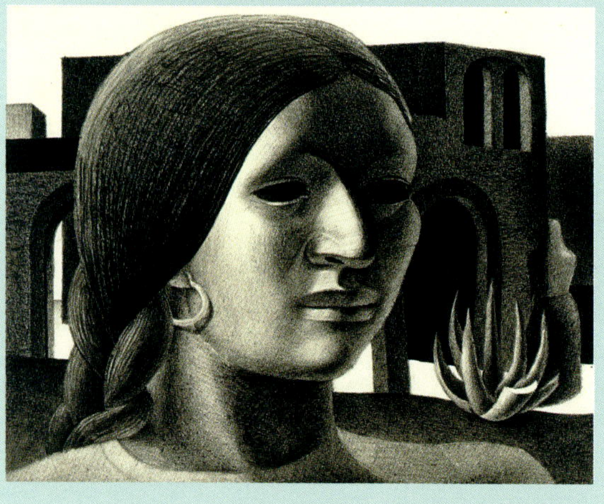

The Civil War lasted from 1861 to 1865, when slavery was abolished. During Reconstruction, which lasted from 1865 to 1877, some free people of color returned to Louisiana from Mexico.[51] In the 1880s, when the Jim Crow laws institutionalized segregation, their descendants escaped again; and, based on family names and customs, Gehman believes that they reunited with relatives in Mexico. She is still visiting the area regularly to research the possibility of a Mexican-Creole community there.

Asimismo, el gobierno mexicano proporcionó a los semínolas herramientas para el cultivo, pero como cuando llegaron ya era demasiado tarde para sembrar, sus vecinos mexicanos les ayudaron a sostenerse durante el invierno. El acuerdo con el gobierno mexicano estipulaba que los semínolas lucharían por México (y a menudo lo hicieron), pero que no participarían en la política mexicana. Durante décadas, los semínolas, y especialmente los mascogos, ganaron numerosas batallas a favor de México contra los indios americanos enemigos, los blancos y otros invasores.

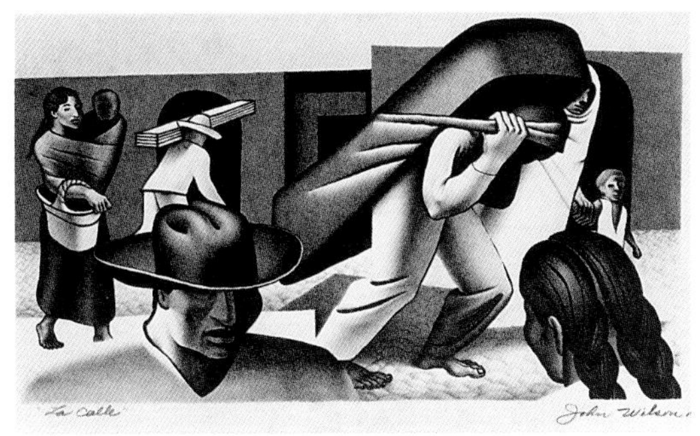

John Wilson (b. 1922)
La Calle/*The Street*
1951, opaque watercolor
8" x 14 " (20.3 x 35.6 cm.)
Collection of Sragow Gallery

Tras dichas batallas, el gobierno estadounidense se dio cuenta de que semejantes guerreros tan hábiles podrían serle útiles y alentó a muchos semínolas negros a regresar con la promesa de concederles tierras al finalizar su servicio militar.[42] Se les conoció como los Seminole Scouts [los exploradores semínolas]. Así, abandonaron sus casas en Nacimiento con el entendimiento de que podrían volver si lo hacían en un plazo de cinco años. Como era de esperarse, el gobierno estadounidense incumplió su promesa, aún cuando algunos Scouts habían prestado su servicio hasta edad avanzada y ya habían perdido su derecho a sus tierras en México. Pero, muchos otros dejaron los EE.UU. para reclamar sus tierras en Nacimiento cuando ya era evidente que el gobierno estadounidense les había mentido.[43] En 1914, los Scouts fueron desmovilizados y todos los que se habían quedado en Tejas, con la esperanza de tener un hogar, fueron desalojados.[44]

Mientras tanto, en Nacimiento, el gobierno mexicano paulatinamente retiraba parte de la concesión de tierras a los mascogos. Finalmente, en 1882, John Cavallo fue al dictador mexicano, Porfirio Díaz, para pedirle que les restituyera la concesión de tierras a los mascogos y que se formalizara el trato. Finalmente, en 1884, Díaz otorgó la petición de Cavallo.[45] En 1936, el Presidente Lázaro Cárdenas ratificó y amplió la concesión de tierras.[46] Durante este tiempo, el gobierno estadounidense estaba sumamente preocupado, no sólo por la posibilidad de perder esclavos a México, sino también por el temor de que los revolucionarios mexicanos incitaran a los esclavos a la rebelión y la fuga. Debido al *Underground Railroad*, estas migraciones a México cambiaron, de forma permanente, la relación entre ambos países.[47]

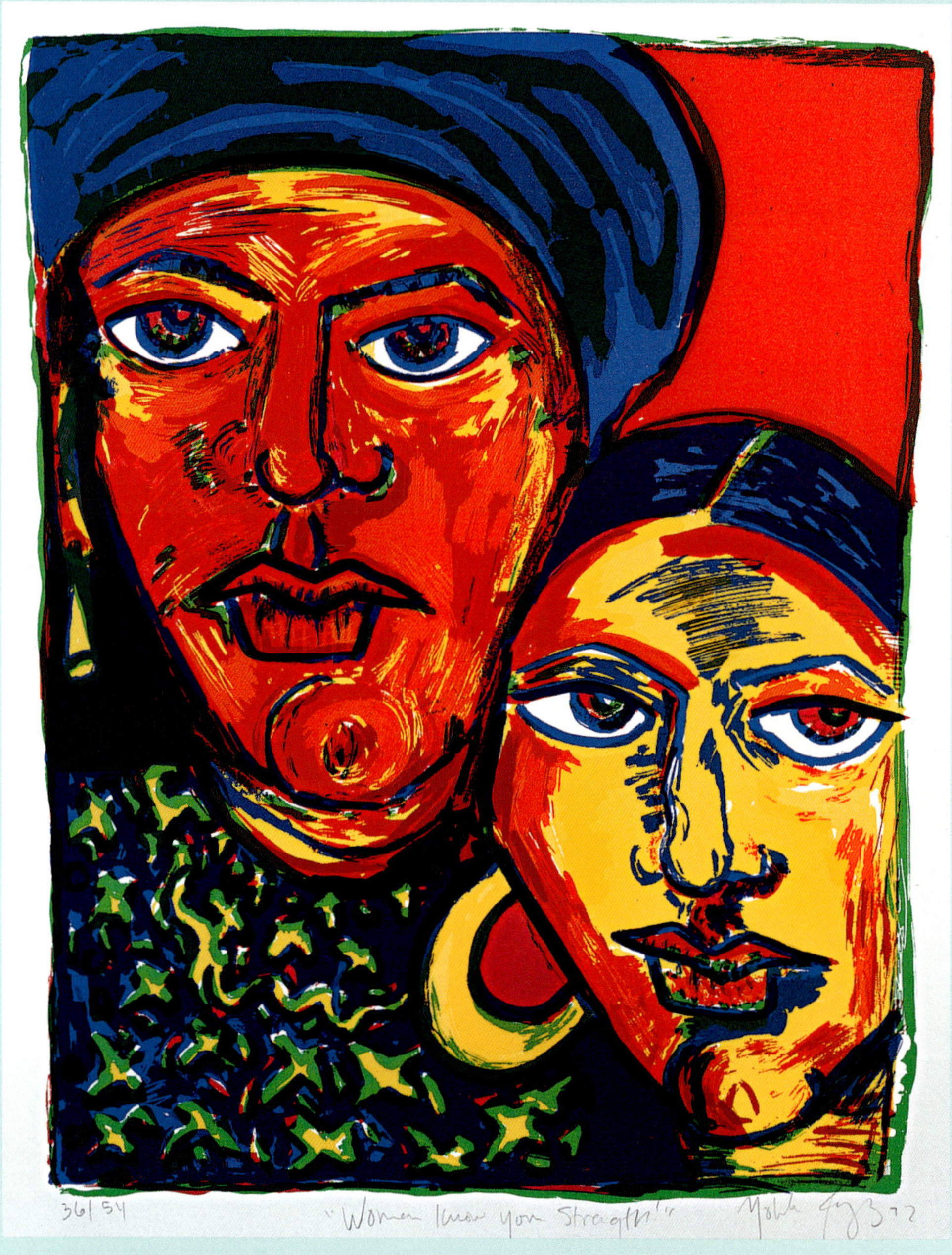

Yolanda Gonzalez (b. 1964)
Women Know Your Strength / *Mujeres conozcan su poder*
1992, serigraph, 26/54
26 1/8" x 20" (68.3 x 50.8 cm.)
Mexican Fine Arts Center Museum Permanent Collection, 1996.12, Gift of Self Help Graphics

La Conexión Criolla México-Luisiana

Mary Gehman es una escritora e investigadora de Margaret Media, una organización que se dedica a "la investigación, publicación y promoción del pueblo, la cultura y la música de Luisiana." [48] Su hipótesis es que, en Luisiana, los afroamericanos libres[49] huyeron a México en dos ocasiones, durante los siglos XIX y XX, y ahí formaron comunidades.

En la década de 1850, el gobierno de Luisiana empezó a restringir los derechos de los afroamericanos libres, principalmente a los comerciantes y negociantes, a quienes no les beneficiaba que les redujeran sus libertades. La guerra civil inminente y la decisión del caso Dred Scott (1857) les animaron a mudarse a la Costa del Golfo de México.[50] La Sra. Gehman ya ha documentado sus movimientos estudiando su genealogía, documentos de viaje, actas de matrimonio y de defunción.

La guerra civil duró de 1861 a 1865, cuando fue abolida la esclavitud. Durante la época de la Reconstrucción, de 1865 a 1877, algunos afroamericanos libres regresaron a Luisiana provenientes de México.[51] En la década de 1880, cuando las leyes *Jim Crow* institucionalizaron la segregación racial, sus descendientes escaparon de nuevo. Gehman cree, con base en sus apellidos y costumbres, que se reunieron con sus parientes en México. Ella sigue visitando la zona con frecuencia para estudiar la posibilidad de la existencia de una comunidad mexicana-criolla allí.

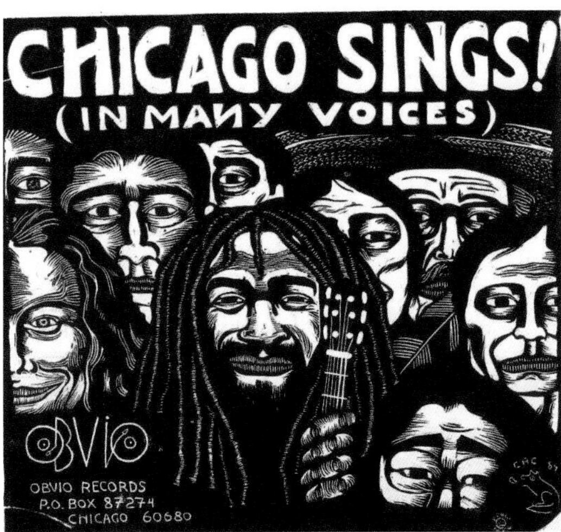

Carlos Cortéz (1923-2005)
Chicago Sings in Many Voices
Chicago canta en muchas voces
1984, linocut, N.N.
22 1/2" x 22 1/2"
(57.2 x 57.2 cm.)
Mexican Fine Arts Center Museum Permanent Collection, 1997.41,
Gift of the artist

Resistance

The Mexican Revolution prepared the political and social climates of Mexico to foster the arts and to be a safe haven for artists. This section is divided into an historical account of the Revolution and the aftermath and a thematic discussion of the influence of the Mexican School. Elizabeth Catlett and the other artists in this section of the exhibition, such as Carlos Cortéz, Malaquías Montoya, Chaz Bojorquez, John Wilson, Margaret Burroughs, and Favianna Rodríguez, bring to life the cooperative spirit shared by African Americans and Mexicans. *Resistance* describes an exchange of people and ideas. Mexican revolutionary and populist artists influenced African-American revolutionary and nationalist artists. African Americans sought refuge in Mexico once again. And the African-American fight for social justice in the U.S. inspired Mexicans in the U.S.

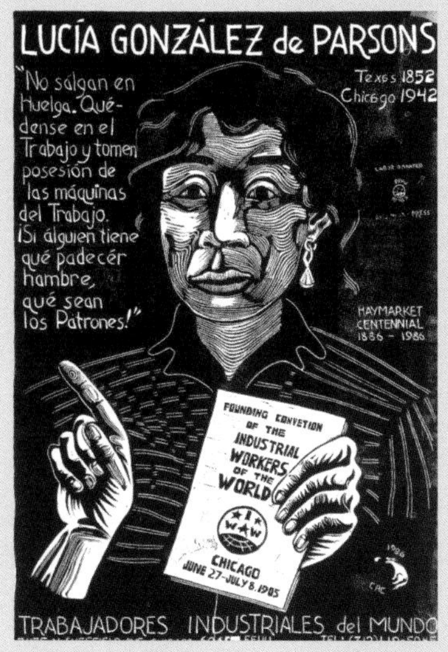

Carlos Cortéz (1923-2005)
Lucía González de Parsons
1986, linocut
33" x 23 1/8" (83.8 x 58.7 cm.)
Mexican Fine Arts Center Museum Permanent Collection. 1990.28, Gift of the Artist

The *Porfiriato* and the Mexican Revolution

In 1876 Porfirio Díaz became dictator in Mexico. Paradoxically, he started out his political career by working on behalf of the people and working for democracy. Like many idealists, he was ultimately seduced by money and power. Díaz ruled as dictator for 35 years. His main goal was to modernize Mexico, which meant to make it more like Europe. He constructed railroads, built up industry in Mexico City, and renovated buildings in the grand European style. But only the elite were reaping the benefits of modernization. For the first time in Mexican history, the workers were concentrated in factories in Mexico City, and they began to organize to oppose the *Porfiriato* (Díaz's administration). Meanwhile, the *Porfiriato* began confiscating land from indigenous Mexicans and distributing it to wealthy *hacendados* (elite land-owners), who functioned as feudal lords. In response, revolutionaries sprang up - Emiliano Zapata in the south and Pancho Villa in the north - and organized armies to redistribute land, power, and wealth, and to improve the education system. Zapata and Villa ultimately led the Mexican Revolution, which began in 1910.

Back in the U.S., laborers were just beginning to fight for fair and safe working conditions as well. One woman's story is of importance to us because of her combined African American, Mexican, and Native American origins. Lucy Ella Gonzales Parsons, sometimes also known as Lucía Ella González de Parsons, was one of the leaders of the labor movement in Chicago from the 1870s until her

Resistencia

La revolución mexicana favoreció el clima político-social de México para fomentar las artes y para que el país se convirtiera en refugio de artistas. Esta sección está dividida en un relato histórico de la revolución y sus consecuencias y en un comentario temático acerca de la influencia de la Escuela Mexicana. Elizabeth Catlett y otros artistas en esta sección de la exhibición tales como Carlos Cortéz, Malaquías Montoya, Chaz Bojorquez, John Wilson, Margaret Burroughs y Favianna Rodríguez, expresan el espíritu cooperativo entre afroamericanos y mexicanos. "Resistencia" describe un intercambio de personas y de ideas. Los artistas revolucionarios y populistas mexicanos tuvieron influencia en los artistas revolucionarios y nacionalistas afroamericanos. Una vez más, los afroamericanos buscaron refugio en México y la lucha afroamericana para la justicia social en los EE.UU. inspiró a los mexicanos residentes en ese país.

El Porfiriato y la Revolución Mexicana

En 1876, Porfirio Díaz se convertía en dictador de México. Paradójicamente, empezó su carrera política trabajando por el bien del pueblo y a favor de la democracia, pero como muchos idealistas, al final fue seducido por el dinero y el poder. Díaz gobernó como dictador durante 35 años y su meta principal fue modernizar al país, lo cual significaba hacerlo más al modo europeo. Construyó ferrocarriles, aumentó la industria en la Ciudad de México y renovó edificios siguiendo el gran estilo europeo. Sin embargo, sólo la élite disfrutaba de los beneficios de la modernización. Por otro lado, por primera vez en la historia mexicana, los obreros estaban concentrados en las fábricas en la capital y comenzaron a organizarse para oponerse al gobierno de Díaz. Al mismo tiempo, el Porfiriato empezó a confiscar la tierra de los indígenas para luego distribuirla entre los hacendados adinerados que actuaban como señores feudales. En respuesta a ello, surgieron los revolucionarios: Emiliano Zapata en el sur y Pancho Villa en el norte, que organizaron ejércitos para redistribuir las tierras, el poder y la riqueza, así como mejorar el sistema educativo. Zapata y Villa serían los líderes de la revolución mexicana, que dio inicio en 1910.

Carlos Cortéz
(1923-2005)
Ben Fletcher
1987, linocut, N.N.
35" x 23"
(88.9 x 58.4 cm.)
Mexican Fine Arts Center Museum Permanent Collection, 1992.118,
Gift of the artist

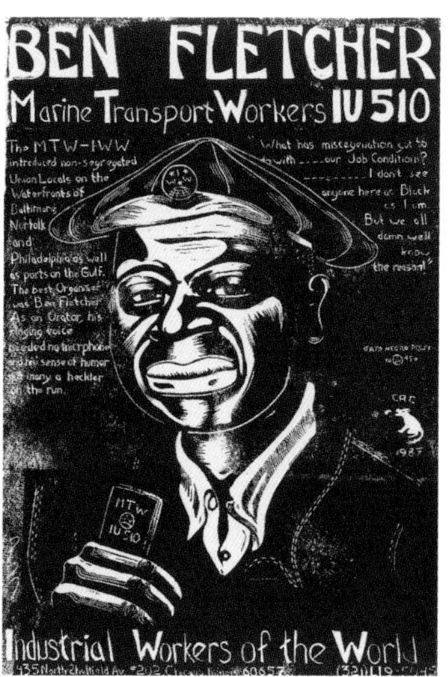

En los Estados Unidos, los obreros también empezaban apenas a reclamar condiciones de trabajo seguras y justas. En particular nos interesa la historia de una mujer debido a sus orígenes: era afroamericana, mexicana e indoamericana.

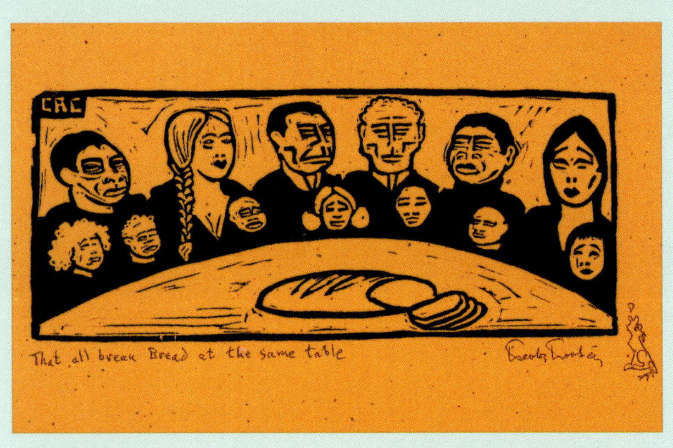

Carlos Cortéz
(1923-2005)
That All Break Bread at the Same Table
Que todos compartan el pan en la misma mesa
1965 (printed in 1999)
linocut, N.N.
8 1/2" x 11" (21.6 x 27.9 cm.)
Mexican Fine Arts Center Museum Permanent Collection, 1999.77
Gift of the artist

death in 1942. She also worked for the rights of African Americans and women. According to Joe Lowndes, a writer for the Industrial Workers of the World (IWW), it is even possible that Parsons herself was a slave in Texas at some point. She was living in Texas when she met and married Albert Parsons, another famous organizer. Because Parsons was white, they were forced to leave Texas for Chicago. Ms. Parsons participated in founding the International Working People's Association and the Industrial Workers of the World. Her husband was put to death for his alleged role in the Haymarket Riot, but Ms. Parsons continued the fight. She worked for justice until her death. Yet even in death, her work wasn't safe. The police secured her home, but all of her papers and her books disappeared. No explanation was ever given, and the work was never recovered.[52] In 2004 Ms. Parsons was still such a controversial figure that the police unions in Chicago strenuously protested the naming of a small park after her.[53]

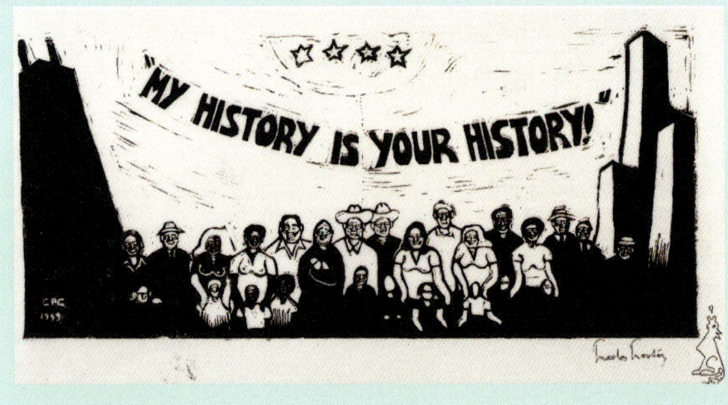

Carlos Cortéz
(1923-2005)
My History Is Your History
Mi historia es su historia
1999, linocut, N.N.
18" x 31 3/4"
(45.7 x 80.6 cm.)
Mexican Fine Arts Center Museum Permanent Collection, 1999.83, Gift of the artist

Since the goal of the Mexican Revolution was to return power to the people, it is no surprise that it inspired the public art movement in Mexico, a major artistic movement. Printmaking became the tool of the Revolution and the images produced by radical artists inspired the population of Mexico, especially illiterate people, to rebellion. Mexican artists, both in Mexico and the U.S., are still following in the footsteps of those printmakers. One such artist is Carlos Cortéz, a radical champion of organized labor, civil rights, and civil liberties, and printmaker from Chicago. His work is featured in all three sections of the exhibition. Cortéz created artwork for the labor movements in Chicago for decades and illustrated the IWW's newspaper. His portraits of famous organizers, such as Lucy Parsons and Ben Fletcher, complement other works of his, such as *Chicago Sings with Many Voices* (1984) and *That All Break Bread at the Same Table* (1965), which call for multi-racial and multi-cultural collaborations.

Su nombre era Lucy Ella Gonzales Parsons, a veces conocida como Lucía Ella González de Parsons y fue uno de los líderes del movimiento obrero en Chicago desde la década de 1870 hasta su muerte, en 1942. Asimismo, luchó por los derechos de los afroamericanos y de las mujeres. Según Joe Lowndes, un escritor de la asociación Obreros Industriales del Mundo (*'Industrial Workers of the World,'* IWW, por sus siglas en inglés), es posible que la misma Parsons hubiera sido esclava en Tejas, en algún momento de su vida. Ella vivía en Tejas cuando conoció y se casó con Albert Parsons, otro activista de renombre. Como Parsons era blanco, se les obligó a dejar Tejas y se fueron a Chicago. La Sra. Parsons participó en la fundación de la Asociación Internacional de Obreros (*International Working Peoples' Association*) y de IWW. Su marido fue ejecutado por su supuesta participación en los disturbios de la Plaza Haymarket, pero la Sra. Parsons siguió la lucha y trabajó en pro de la justicia hasta su muerte. Pero, aun muerta, su obra no estaba segura y aunque la policía cercó su casa, desaparecieron todos sus libros y sus documentos, sin que se diera jamás una explicación ni se recuperara su obra.[52] En 2004, la figura de la Sra. Parsons seguía siendo tan polémica, que los sindicatos de policías de Chicago protestaron vigorosamente cuando se nombró un pequeño parque en su honor.[53]

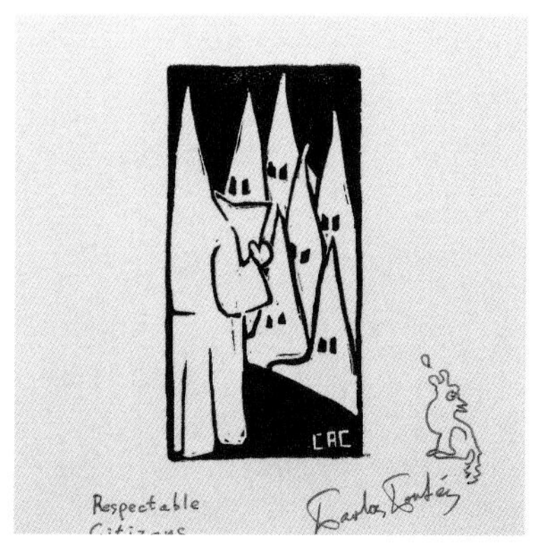

Carlos Cortéz
(1923-2005)
Respectable Citizens
Ciudadanos respetables
1987, linocut, N.N.
9" x 8" (22.9 x 20.3 cm.)
Mexican Fine Arts Center Museum Permanent Collection, 1992.131, Gift of the artist

La revolución mexicana tenía como objetivo devolver el poder al pueblo y por ello, no es sorprendente que haya inspirado el movimiento de arte popular en México, que alcanzó notable importancia. El grabado se convirtió en herramienta de la revolución y las imágenes producidas por artistas radicales alentaron al pueblo a rebelarse, especialmente a los analfabetas. Los artistas mexicanos, tanto en los EE.UU. como en México, aún siguen los pasos de estos grabadores. Un ejemplo de ellos es Carlos Cortéz, un grabador chicagüense y defensor radical de los obreros sindicalizados, los derechos y las libertades civiles. Su obra figura en las tres partes de la exhibición. Durante décadas, Cortéz, fallecido en 2005, creó obras artísticas para los movimientos de obreros en Chicago e ilustró el periódico de la IWW. Sus retratos de activistas famosos como Lucy Parsons y Ben Fletcher complementan otras obras suyas, *Chicago Sings with Many Voices* [Chicago canta con muchas voces] (1984) y *That All Break Bread at the Same Table* [Que todos compartan el pan en la misma mesa] (1965), hacen un llamamiento a la colaboración multirracial y multicultural.

The Harlem Renaissance

By the end of the Mexican Revolution, in 1920, the African American community in the U.S. was coming together for the Harlem Renaissance, which was made popular by Alain Locke's book, *The New Negro*, in 1925. Locke and other artists and writers rebelled against racism and segregation by creating a body of work done entirely by and for African Americans.[54] More importantly, Locke's followers were concerned with creating an image of Black people that was not defined by slavery and that would therefore change the way Black people viewed themselves for the better.[55] Since most mainstream museums and galleries would not show the work, African Americans opened their own galleries.[56] They also began to publish their own magazines and newspapers such as *Ebony Magazine*, *Jet Magazine*, and *The Chicago Defender*.[57] Thus, African Americans in the U.S. found themselves in a very powerful, productive, creative social environment, just as the Mexicans were beginning a reconstruction nurtured by communities of artists. In short, the two cultures were perfectly positioned for a profound exchange of ideas, techniques, and even people.

Langston Hughes, the poet of the Harlem Renaissance, is just one example of how this monumental exchange took place. His father, James, left the U.S. in 1903 in search of a less racist place in which to do business and ultimately settled in Mexico.[58] Though James Hughes was Black, his grandfathers were both White, and he seems to have most strongly identified with them. He had no sympathy for African Americans or indigenous Mexicans.[59] But when Langston traveled to Mexico as a teenager in 1919, his experiences inspired him to write about ethnic groups other than his own, especially Mexicans. Hughes returned to Mexico in 1921 to teach and publish his first prose, "Mexican Games," and what is considered to be his best poem, "The Negro Speaks of Rivers." When James Hughes died in 1934, Langston returned to Mexico again.[60] He enjoyed the social freedom there that he couldn't have in the U.S. and was inspired by the culture of Mexican "Indians" or indigenous Mexicans and the Mexican Revolution. According to James Emanuel, one of Hughes's first biographers, "At nineteen, having come to New York from Mexico, Hughes was painfully aware of his 'first positive feeling that Negro emancipation was not progressing well at all.'"[61] For him, as for so many others, Mexico provided a much better opportunity to be a full member of society.

El Renacimiento de Harlem

En 1920, al final de la Revolución Mexicana, la comunidad afroamericana en los EE.UU. se estaba uniendo en el movimiento conocido como el Renacimiento de Harlem, que se popularizó en 1925, a raíz del libro de Alain Locke, *The New Negro* [El nuevo negro]. Locke y otros artistas y escritores se rebelaron en contra del racismo y de la segregación mediante la creación de un conjunto de obras hechas única y exclusivamente para y por los afroamericanos.[54] Más importante aún, los seguidores de Locke se preocupaban en crear una imagen de los negros que no estuviera definida por la esclavitud y que, con ello, mejorará la percepción que tenían de sí las personas negras.[55] Como la mayoría de los museos y las galerías de arte principales no exhibirían sus obras, los afroamericanos abrieron sus propias galerías.[56] De igual manera, empezaron a publicar sus propias revistas y periódicos como *Ebony Magazine, Jet Magazine* y *The Chicago Defender.*[57] Por lo tanto, los afroamericanos estadounidenses se hallaron en un ambiente social sumamente poderoso, productivo y creativo, justo cuando los mexicanos empezaban la reconstrucción nutrida por las comunidades de artistas. En resumen, las dos culturas estaban perfectamente orientadas para gozar de un intercambio profundo de ideas, técnicas, e incluso, gente.

Langston Hughes, el poeta del Renacimiento de Harlem, es sólo un ejemplo de como se desarrolló este intercambio monumental. Su padre, James, dejó los EE.UU. en 1903, en busca de un sitio menos racista donde pudiera desarrollar su actividad comercial y, finalmente, se estableció en México.[58] Aunque James Hughes era negro, sus dos abuelos eran blancos y parece que él se identificó más estrechamente con ellos; no sintió la menor empatía con los afroamericanos o los indígenas mexicanos.[59] Sin embargo, cuando Langston viajó a México en 1919, siendo adolescente, sus experiencias le inspiraron a escribir sobre grupos étnicos diferentes a los suyos, particularmente los mexicanos. En 1921, Hughes volvió a México para enseñar y publicar su prosa inicial, *Mexican Games* [Juegos mexicanos] y, lo que se considera su mejor poema, *The Negro Speaks of Rivers* [El negro habla de ríos]. Cuando James Hughes murió en 1934, Langston volvió de nuevo a México[60], donde disfrutó de una libertad social que no podía gozar en los Estados Unidos. En sus obras se inspiró en la cultura de los "indios" o indígenas mexicanos y la revolución mexicana. Según James Emanuel, uno de los primeros biógrafos de Hughes, "a los diecinueve años de edad, tras volver a Nueva York proveniente de México, Hughes se dio cuenta con dolor de su "primera percepción sólida de que la emancipación negra no marchaba nada bien".[61] Para él, como para tantos otros, México ofrecía una mayor oportunidad de integrarse plenamente como un miembro de la sociedad.

The Disappearance of Afro-Mexicans and the Birth of Populist Art

Alvaro Obregón was President of Mexico from 1921 to 1924. His Minister of Public Education, José Vasconcelos, coined the term "*Mexicanidad*" and thus founded the ideology of "*mestizaje*." *Mexicanidad* is the term that was to bind Mexican people together, at least in theory.[62] It encompasses the essence of being Mexican and is used with *mestizaje* to describe the qualities that are common to all Mexicans. Vasconcelos was charged with the task of helping Obregón to unite a country that was just beginning to recover from a revolution. Vasconcelos's campaign was wildly successful, especially in its goal of eradicating the social existence of Afro-Mexicans. Not only do many Mexicans believe that the people of Mexico are all *mestizo*, but Afro-Mexicans are, to this day, mistaken for foreigners in their own county.

Mestizaje literally means mixture, and *mestizo* was a racial category used by the Spanish to describe the offspring of a Spanish person and an indigenous Mexican person. When Vasconcelos used the term to describe and unite all Mexicans, he linguistically denied the existence of Mexico's Afro-Mexican population. This denial was intentional, as we can see from the overt racism in Vasconcelos's "theory of evolution of the human species," in which the lowest level of human evolution is a black person and the most highly evolved person is white.[63] Over the course of decades, this linguistic denial became a cultural denial and effectively barred any public discussion of race in Mexico. Today, it is clear that there are many more Mexicans of African descent than was previously thought, and some of the urban legends in Mexico about where the dark-skinned people came from are starting to disappear. Given the number of Africans who were brought to Mexico by the Spanish, a large number of Mexicans must have African ancestry, though that figure has not been determined definitively because of the lack of racial categories on the Mexican census. It was not until 1946 that Gonzalo Aguirre Beltrán, an anthropologist, reintroduced the world to the history of Afro-Mexicans.[64]

During the early 20th Century, the concept of *mestizaje* caught on with Communist artists, who wanted to focus on the qualities that all Mexicans share. They formed the *Sindicato de Obreros Técnicos, Pintores, y Escultores* (Union of Technical Workers, Painters, and Sculptors). This group of artists, including Diego Rivera and David Alfaro Siqueiros, focused on making monumental public art for the

La desaparición de afromexicanos y el nacimiento del arte populista

Alvaro Obregón fue presidente de México, de 1921 a 1924, su Secretario de Educación Pública, José Vasconcelos, fue quien concibió el término "mexicanidad" y con ello fundó la ideología del "mestizaje". Mexicanidad era la palabra que uniría a todo el pueblo, al menos en teoría.[62] Pues encierra la esencia de ser nativo de ese país y se utiliza, junto con mestizaje, para describir las cualidades comunes a todo mexicano. Se le encargó a Vasconcelos la tarea de ayudar a Obregón a unir un país que apenas se estaba recuperando de una revolución. La campaña del Secretario de Educación tuvo mucho éxito, especialmente para lograr su objetivo de erradicar la existencia social de los afromexicanos. La mayor parte de los mexicanos no sólo creen que su población es totalmente mestiza, sino que hasta hoy en día, a los afromexicanos se les toma por extranjeros en su propio país.

Dado que mestizaje quiere decir literalmente una mezcla y mestizo era una categoría racial usada por los españoles para denominar la progenie de español con indígena, el término que empleó Vasconcelos para describir e unir a todos los mexicanos, negó lingüísticamente, la existencia de la población afromexicana. Dicha negación fue intencionada como se percibe en el racismo evidente de la "teoría de evolución de la especie humana" de Vasconcelos, en donde el ser inferior es una persona negra y el superior es blanca.[63] Con el transcurso de las décadas, esta negación lingüística pasó al ámbito cultural, eliminando de forma eficaz cualquier debate público sobre la raza en México. Hoy en día, está claro que existen muchos más mexicanos de ascendencia negra de lo que se pensaba anteriormente, y van desapareciendo algunos de los mitos populares sobre el origen de la gente de tez oscura. Dado el número de africanos que los españoles llevaron a México, una gran parte de los pobladores de ese país deben ser de ascendencia africana, aunque esta cifra no se haya determinado de forma definitiva por la falta de categorías raciales en el censo mexicano. No fue sino hasta 1946 cuando Gonzalo Aguirre Beltrán, un antropólogo, reintrodujo al mundo la historia de los afromexicanos.[6]

[4]A principios del siglo XX, el concepto del mestizaje se popularizó entre los artistas simpatizantes del comunismo que querían enfocarse en las cualidades compartidas por todos los mexicanos. Formaron el Sindicato de Obreros Técnicos, Pintores, y Escultores, un grupo de artistas, que incluía a Diego Rivera y David Alfaro Siqueiros, y que se dedicó a crear arte monumental para el pueblo.

people, and in their artwork, "indigenous history and culture [became] the visual language of *Mexicanidad*."[65] Along with José Clemente Orozco, Rivera and Siqueiros became known as the three great Mexican muralists. The muralists and other artists of the time period in Mexico became what is often referred to as the Mexican School or the Mexican Modernist School. Numerous scholars including Romare Beardon, Harry Henderson, Lizetta Le-Falle Collins, and Shifra Goldman have documented that it was this very focus on the indigenous Mexicans, which still excluded Afro-Mexicans, that served as a model for Black people in the U.S. as they used their own heritage to inspire their new identity.[66] The movement in the U.S., the Harlem Renaissance, was led by Alain Locke.

The Influence of the Mexican School - Art and Society

Public Art

After the Revolution, Mexicans created an excellent model of how a people can invent a new identity based on indigenous culture and political justice, rather than simply adopting the culture of their oppressors.[67] In 1929, the Great Depression struck the U.S. Meanwhile, fascism took hold in Europe. Franklin Delano Roosevelt was elected as President of the U.S. in 1932 and instituted the Work Projects Administration (WPA) in 1935. Under that program, the Federal Art Project (FAP) employed artists to create public artwork, such as murals. In fact, the WPA itself was influenced by Mexico and its policy of supporting muralists, according to George Biddle, an advisor to Roosevelt.[68] Under one of Mexico's most well-loved presidents, Lázaro Cárdenas, many artists took on the mission of the Popular Front against Fascism to create "popular art for the masses and betterment of society" by becoming "cultural workers."[69] Cárdenas gave commissions to organizations such as LEAR (*Liga de Escritores y Artistas Revolucionarias* / League of Revolutionary Artists and Writers) and artists of the Sindicato such as Rivera. LEAR dissolved in 1937 when World War II began in Asia; but, the *Taller de Gráfica Popular* (TGP / Popular Graphic Art Workshop) was founded that same year.[70] The TGP's mission was to create artwork of the highest quality for all Mexicans.[71] And since nearly half of Mexico was illiterate during the heyday of the TGP, their prints provided a way to teach people who couldn't read and to campaign on their behalf for a better system of education.[72]

En sus obras, "la historia y la cultura indígena [se convirtieron] en el idioma visual de la mexicanidad."[65] José Clemente Orozco, Rivera y Siqueiros llegaron a ser conocidos como los tres grandes muralistas mexicanos y junto con otros artistas de esta época se integraron en lo que hoy se conoce como la Escuela Mexicana o la Escuela Modernista Mexicana. Muchos académicos como Romare Beardon, Harry Henderson, Lizetta Le-Falle Collins, y Shifra Goldman han documentado que fue este enfoque sobre los indígenas mexicanos, que seguía excluyendo a los afroamericanos, lo que sirvió de modelo a las gentes negras en los EE.UU. para usar su propia historia como medio para inspirar su nueva identidad.[66] El movimiento de los EE.UU., El Renacimiento de Harlem, fue guiado por Alain Locke.

La influencia de la Escuela Mexicana – El arte y la sociedad

El arte popular

Después de la revolución, los mexicanos crearon un modelo excelente de cómo un pueblo puede inventarse una nueva identidad fundamentada en la cultura indígena y la justicia política, en vez de simplemente adoptar la cultura de sus opresores.[67] En 1929, la Depresión abatió a los EE.UU. y el fascismo se fortaleció en Europa. Franklin Delano Roosevelt fue elegido presidente de los EE.UU. en 1932 y, en 1935, estableció la Administración de Proyectos de Trabajo (*Work Projects Administration*, WPA, siglas en inglés), con la cual el Proyecto Federal de Arte (*Federal Art Project*, FAP, siglas en inglés) empleó a artistas para crear obras, como murales, en espacios públicos. De hecho, según George Biddle, consejero de Roosevelt, la WPA se vio influenciada por México y su política de apoyo a los muralistas.[68] Durante el gobierno de Lázaro Cárdenas, uno de los presidentes más apreciados de México, muchos artistas adoptaron la misión del Frente Popular contra el Fascismo para crear "arte popular para las masas y el mejoramiento de la sociedad", convirtiéndose en "obreros culturales".[69] Cárdenas encargó obras a organizaciones como la Liga de Escritores y Artistas Revolucionarios (LEAR), así como a artistas del sindicato como Rivera. En 1937, al inicio de la Segunda Guerra Mundial en Asia, esta liga se disolvió, pero ese mismo año se fundó el Taller de Gráfica Popular (TGP),[70] cuya misión era de crear obras de arte de la mayor calidad para todos los mexicanos.[71] Durante el auge del Taller, casi la mitad de los mexicanos era analfabeta, por ello, sus grabados ofrecieron una herramienta didáctica para la población y era, a la vez, una forma de abogar por el mejoramiento del sistema educativo.[72]

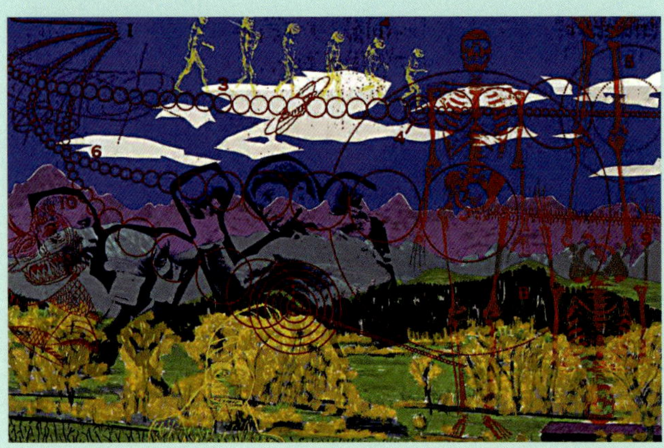

Daniel Martinez
(b. 1955)
The Promised Land
La tierra prometida
1986, serigraph,16/46
26" x 38" (66 x 96.5 cm.)
Mexican Fine Arts Center Museum Permanent Collection, 1991.92,
Gift of Self Help Graphics

The FAP was one of the ways that the artists of the Harlem Renaissance broke into the mainstream.[73] Many African American artists who were funded by the FAP went on to exert a strong influence on future generations of African American artists. These artists, in turn, drew heavily on their experience in learning from and working with the great Mexican muralists –Rivera, Orozco, and Siqueiros. According to James Prigoff and Robin Dunitz, "Mexican Muralist influence cannot be more appropriately illustrated than in the work of Charles White . . . [and] White's influence on African American artists has been profound."

Throughout the early part of the 20th Century, Mexican muralists, such as Miguel Covarrubias, were drawn to the Harlem Renaissance; and the Mexican masters spent time in the U.S., attracting the attention of artists, such as Jackson Pollock and Hale Woodruff, who would later define new genres. Woodruff, one of the most influential African American muralists, actually served as an apprentice to Diego Rivera. The African American artists not only learned techniques, such as how to create a fresco or use a particular style, they also learned how to use visual art as a form of resistance to assimilation and oppression and as a way of energizing others to resist those forces as well.[74] According to Lizzetta LeFalle-Collins, the curator of *In the Spirit of Resistance: African American Modernists and the Mexican Muralist School*:

> [African American artists'] conscious decision to emulate the tenets, techniques, art processes, and themes of the Mexican School was not just a matter of artistic preference but also a profoundly political choice made during a period of rapid social change, particularly for African Americans.[75]

Despite linguistic and cultural barriers, African Americans in the U.S. have also influenced Mexicans in a variety of ways including music and fashion.

El Proyecto Federal de Arte (FAP) era una de las formas con que los artistas del Renacimiento de Harlem incursionaron al foro público.[73] Muchos artistas afroamericanos apoyados económicamente por FAP, ejercieron una influencia importante sobre futuras generaciones de artistas afroamericanos, quienes, a su vez, aprovecharon la experiencia que ganaron aprendiendo y trabajando con los grandes muralistas mexicanos – Rivera, Orozco y Siquieros. Según James Prigoff y Robin Dunitz, "La influencia del muralista mexicano no se puede ilustrar más adecuadamente que en la obra de Charles White . . . [y] la influencia de White sobre los artistas afroamericanos ha sido profunda."

Durante la primera parte del siglo XX, los muralistas mexicanos, entre ellos Miguel Covarrubias, se sintieron atraídos por el Renacimiento de Harlem y los maestros mexicanos pasaron una temporada en los EE.UU. llamando la atención de artistas como Jackson Pollack y Hale Woodruff, quienes más tarde definirían nuevos géneros artísticos. Woodruff, uno de los muralistas afroamericanos de mayor influencia, fue aprendiz en el taller de Diego Rivera. Los artistas afroamericanos no sólo aprendieron la técnica, por ejemplo, para pintar un fresco o utilizar un estilo en particular, sino también a usar el arte visual como una forma de resistencia a la asimilación y la opresión, y como medio de estimular a otros a oponerse a esas fuerzas.[74] Según Lizetta Le-Falle Collins, la conservadora de *In the Spirit of Resistance: African-American Modernists and the Mexican Muralist School* [Con el espíritu de la resistencia: los modernistas afroamericanos y la escuela muralista mexicana]:

> La decisión consciente de [los artistas afroamericanos] de emular los principios, técnica, procesos artísticos, y temas de la Escuela Mexicana no era simplemente una preferencia artística, sino una decisión política profunda, tomada en una época de cambios sociales acelerados, especialmente para los afroamericanos.[75]

A pesar de las barreras lingüísticas y culturales, los afroamericanos de los EE.UU. también han influenciado los mexicanos en varios ámbitos, incluidas la música y la moda.

Mexico – A Safe Haven

Since collecting racial data in the national census was banned in Mexico after the War for Independence from Spain in 1821, the government's position was that racism was illegal and therefore didn't exist.[76] This led to much more subtle forms of racism, in contrast to the blatant segregation seen in the U.S. From the outside, it seemed to many African Americans in the U.S. that Mexico was a sort of "promised land," where Black people were free and equal. *Who Are We Now?* includes a print entitled *Promised Land* (1986) that illustrates this idea.

As early as the 1840s it was widely believed in the U.S. that Mexicans accepted Black people as equals. General Matthew Arbuckle[77] is quoted as having said that "[In] Mexico . . . a negro [is] as big as anybody."[78] This is very much the same sentiment that baseball players of the Negro Leagues expressed in the 1930s and 40s when they moved to Mexico to play there. From 1887 to 1949, baseball in the U.S. was kept separate but (supposedly) equal. The Negro Leagues mirrored the other major leagues in that there was eventually a Negro American League, a Negro National League, and a Negro International League.[79] According to Jonathan Clark of the *Miami Herald*, Willie Wells, a Black shortstop, was famously quoted in the *Pittsburgh Courier* in 1944 as saying "one of the main reasons I came back to Mexico is because I've found freedom and democracy here, something I have never found in the United States . . . Here in Mexico, I am a man."[80] Bill Cash, a catcher, said of the Mexican League: "I loved it down there. The fans loved the team, not the Mexicans, blacks, or whites, but the team. Didn't matter what color you were – a hit was a hit."[81] In addition, players in the Mexican League earned as much as four times what they made at home and were able to use those higher salaries to bargain with teams in the U.S.

The Black population of Chicago had reached 230,000 by 1930 because of the Great Migration of Blacks from the South.[82] The Chicago Renaissance was a movement that inspired a great deal of activism and artistic expression from 1932 – 1950. According to Craig Werner, it can be distinguished ideologically from the Harlem Renaissance because that movement was mainly concerned with fighting the effects of racism and segregation. The Chicago Renaissance was also concerned with fighting the effects of oppression based on class.[83] In the late 1930s and early 1940s, African-American artists in U.S., especially in Chicago, were inspired by workshops and communities of artists in Mexico, such as the *Taller de Gráfica Popular* (TGP / Popular Graphic Art Workshop). These groups inspired the general public in Mexico to work for social justice by embracing their

México – Un refugio

Una vez que México se independizó de España en 1821, se prohibió recabar datos raciales en el censo nacional, dado que según el gobierno el racismo era ilegal y, por lo tanto, inexistente.[76] Lo anterior fomentó modos mucho más sutiles de racismo, en contraste con la segregación al descubierto en Estados Unidos. Desde el extranjero, muchos afroamericanos en la Unión Americana creían que México era una especie de "tierra prometida", donde las personas negras eran libres e iguales a todos. En la exhibición *¿Quiénes somos ahora?* se muestra un grabado titulado *Promised Land* [*La Tierra Prometida*] (1986) para ilustrar esta idea.

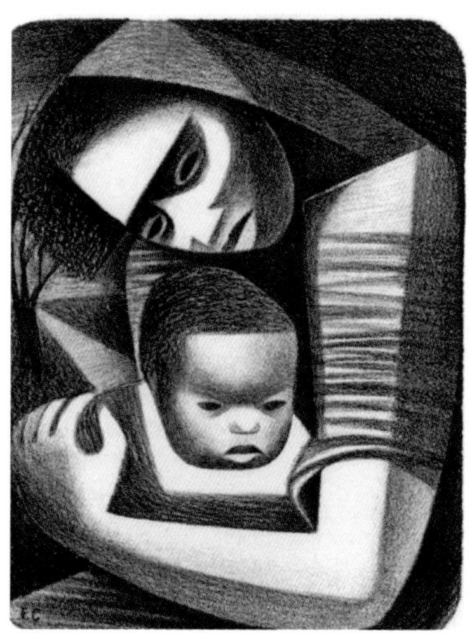

Elizabeth Catlett
Mother and Child
Madre e hijo
1944, lithograph
17" x 18" (43.2 x 45.7 cm.)
Collection of Hampton University Museum

Ya desde la década de 1840, se creía por doquier que los mexicanos aceptaban a los negros como iguales. Al General Matthew Arbuckle [77] se le cita diciendo "[En] México . . . un negro [es] tan importante como cualquiera."[78], lo cual es muy similar al sentimiento expresado por los jugadores de béisbol de las Ligas Negras en los años 1930 – 1940, cuando se trasladaron a México para jugar allí. Desde 1887 hasta 1949, el béisbol en los EE.UU. estuvo segregado, aunque (supuestamente) igualitario. Las Ligas Negras reflejaron las otras ligas mayores en el sentido de que, posteriormente, hubo una Liga Negra Americana, una Liga Negra Nacional y una Liga Negra Internacional.[79] Según Jonathan Clark del periódico Miami Herald, Willie Wells, un *infielder* negro, dijo una cita que se volvió célebre al diario Pittsburgh Courier en 1944: "uno de los motivos principales de mi regreso a México, fue debido a que aquí he encontrado la libertad y la democracia, algo que jamás hallé en los Estados Unidos . . . Aquí en México, soy un hombre."[80] Bill Cash, un receptor, comentó sobre las ligas mexicanas: "A mí me encantó estar allí. Los fanáticos le tuvieron cariño al equipo, no a los mexicanos, a los negros o a los blancos, sino al equipo. No importaba el color que fueras: un hit era un hit".[81] Además, en la liga mexicana se les pagaba a los jugadores casi cuatro veces más de lo que ganaban en su país y pudieron usar esos sueldos más altos en sus negociaciones con los equipos estadounidenses.

En 1930, la población negra de Chicago había ascendido a 230,000 debido a la gran migración de los negros provenientes del sur.[82] El Renacimiento de Chicago era un movimiento que alentó mucho activismo y expresiones artísticas desde 1932 hasta 1950. Según Craig Werner, el renacimiento de Chicago se puede distinguir ideológicamente del de Harlem porque éste se ocupaba, de modo

indigenous history and culture. The Black artists of the Chicago Renaissance took note and created art that used African culture for inspiration. During this period, Bronzeville came into being on the south side of Chicago and is now hailed as a historically significant Black neighborhood partly because of this movement.[84] The South Side Community Art Center, funded by FAP and founded by Margaret Burroughs and others in 1941, was the cultural bastion of Bronzeville and the artistic center of the Chicago Renaissance.[85]

In 1941, the United States entered World War II, and the Great Depression ended. A culture of revolution in Mexican and African-American communities, as well as the desire to leave an increasingly oppressive U.S., inspired many activists and artists to move to Mexico to escape post-World War II McCarthyism. McCarthyism was the U.S. government's crusade against Communists and any other radicals, and Senator Joseph McCarthy was its leader. This witch-hunt for Communists in America took place roughly from 1950-1954. During the hysteria created during the first half of the 1950s by the mindless pursuit of Communists in America, visual artists, actors, and filmmakers (not to mention anyone harboring a radical idea), became targets of McCarthyism.

Elizabeth Catlett
(b. 1915)
I Have Given the World My Song
He dado mis canciones al mundo
1948, linocut
13" x 10"
(43.2 x 45.7 cm.)
Collection of Sragow Gallery

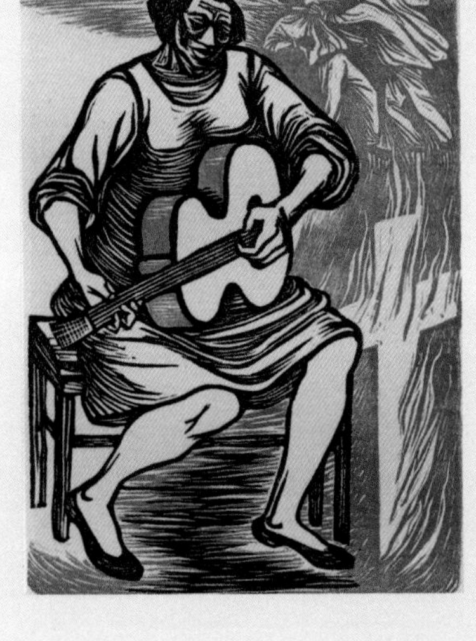

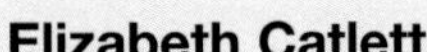

Elizabeth Catlett

Catlett is a sculptor and printmaker whose extraordinarily fine work is renowned in both her native U.S. and her adopted Mexico as well as all over Europe. Her personal history and experiences as well as her artwork so clearly typify the various themes of the exhibition that she warrants a significant space in this essay. Not only did she study with master artists of the Mexican School, she took refuge in Mexico when the political climate in the U.S. became intolerable. The Mexican artists of the *Taller de Gráfica Popular* influenced her work and she influenced theirs.

Catlett was born in 1915 and has become, in many ways, the matriarch of Black art today. Her work has become so important to the Black community in the U.S. and to Mexico because it is true to her mission – "to present black people in their beauty and dignity for ourselves and others to understand and enjoy and to exhibit my work where black people can visit and find art to which they can relate."[86] Catlett's work is so important to *Who Are We Now?* because it addresses all of the exhibition's themes – roots, resistance, and recognition. Her early research led to her constant references to the history shared by Mexican and African people in pieces such as *Mother and Child* (1944) and *I Have Given*

preponderante, de la lucha contra los efectos del racismo y la segregación, mientras que el renacimiento de Chicago se dedicaba, además, a la lucha contra las consecuencias de la opresión de clases.[83] A finales de la década de 1930 y principios de 1940, los artistas afroamericanos en los EE.UU., y especialmente en Chicago, se inspiraron en los talleres y comunidades de artistas en México, como el Taller de Gráfica Popular (TGP). Estos grupos estimularon al público mexicano a trabajar a favor de la justicia social al acoger con entusiasmo su historia y cultura indígenas. Los artistas negros del renacimiento de Chicago tomaron nota y crearon arte inspirado en la cultura africana. Durante esta época, se formó el barrio de Bronzeville en el sur de Chicago, al cual se le considera ahora un barrio negro de importancia histórica debido, en parte, a este movimiento.[84] El *South Side Community Art Center* [Centro de arte comunitario de la zona sur de Chicago], fundado en 1941 por la FAP [siglas en inglés, 'Proyecto Federal de Arte'] por Margaret Burroughs y otros, era el baluarte cultural de Bronzeville y el núcleo artístico del Renacimiento de Chicago.[85]

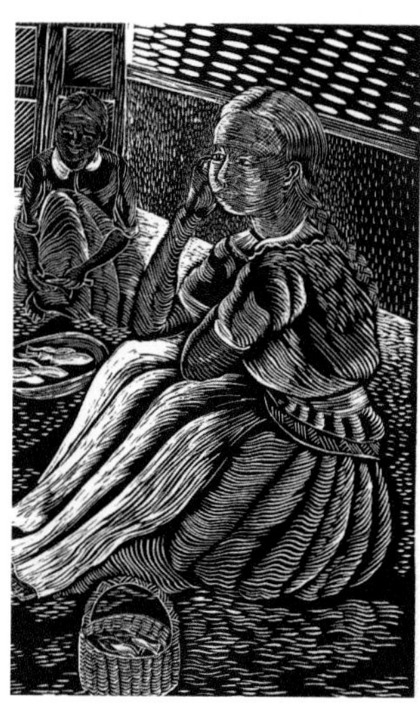

Margaret Burroughs
(b. 1917)
Mexican Girl
Niña Mexicana
ca. 1952-1953
(printed and signed in 2005),
linocut, N.N.
23" x 17" (58.4 x 43.2 cm.)
Mexican Fine Arts Center Museum
Permanent Collection,
2005.114, Gift of
Dr. Margaret Burroughs

En 1941, Estados Unidos entró a la Segunda Guerra Mundial y terminó la Gran Depresión. Una cultura de revolución en las comunidades afroamericana y mexicana, al igual que el deseo de salir de un ambiente cada vez más opresivo en los EE.UU., estimuló a muchos activistas y artistas a mudarse a México para escapar del macartismo de la posguerra. El macartismo era una cruzada del gobierno estadounidense en contra de los comunistas y cualquier otro grupo radical. El senador Joseph McCarthy era el líder de esta cacería de comunistas que acaeció aproximadamente de 1950 a 1954. Durante la histeria creada durante la primera mitad de la década de 1950 por la persecución sin sentido de comunistas en los EE.UU., los artistas visuales, actores y cineastas (y cualquier otro que albergara ideas radicales) se convirtieron en blanco del macartismo.

Elizabeth Catlett

Catlett es una escultora y grabadora cuya obra extraordinariamente bella es famosa tanto en los Estados Unidos, su país de origen, como en México, su patria adoptiva, y en toda Europa. Sus experiencias y su trayectoria personal, así como sus obras de arte, representan, de forma tan clara, los varios temas de la exhibición, que merece ocupar un espacio importante en este ensayo. Catlett no sólo estudió con los grandes maestros de la Escuela Mexicana, sino también se refugió en México cuando el clima político en los EE.UU. se tornó insostenible. La influencia entre Catlett y los artistas mexicanos del Taller de Gráfica Popular fue recíproca.

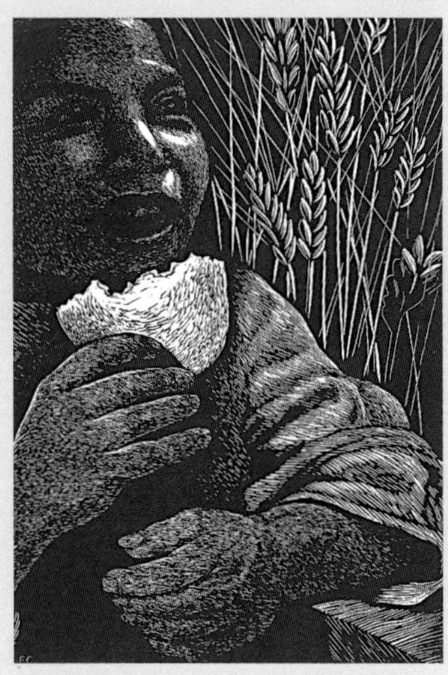

Elizabeth Catlett
(b. 1915)
Bread / *Pan*
1968, linocut, 12/35
22 1/4" x 18"
(56.5 x 45.7 cm.)
Mexican Fine Arts Center Museum Permanent Collection, 1993.49 Museum Purchase Fund

the World My Songs (1948). In *Mother and Child*, the references are subtle ones involving composition and dress. In *I Have Given the World My Songs*, the title itself refers to Catlett's commitment to both of her peoples.

Catlett studied with many prominent Black artists in the U.S., such as James A. Porter. She worked with him while completing her BS at Howard University, where Porter introduced her to the Mexican School.[87] After completing her undergraduate work, Catlett went to the University of Iowa for her MFA. In 1941, she began working with Margaret Burroughs at the South Side Community Art Center while studying at the School of the Art Institute of Chicago. That summer, Catlett met Charles White, who also worked at the Center, and they married that same year.

When Catlett received a grant to study sculpture and ceramics with José Ruíz and Francisco Zúñiga in Mexico, she and White moved there in 1946.[88] During Catlett's studies, she noticed similarities between ancient African art and ancient Mexican art, and this discovery clearly shows in Catlett's later sculpture. In that work, by Catlett's own admission, African Americans often look like Mexicans and vice versa.[89] Catlett was educated in Mexico during the time when the ideology of *Mexicanidad* and *mestizaje* in Mexican culture was really taking hold. This may have contributed to her portraits in which the viewer can often read the subject as being either Mexican or African American or even both. This is not only true in her sculpture, but also in her prints.

After her brief marriage to White ended, Catlett married her artistic colleague and political comrade, Francisco Mora, in 1948. After the U.S. government exiled Catlett in 1962 for her political activism, she made Mexico her permanent home and became a Mexican citizen. She was barred from the U.S. because she was considered to be a threat to national security. In part, this may have been because the U.S. considered the TGP to be a "red" or Communist organization. As Catlett told the story to *Sculpture Magazine*, she changed her citizenship to Mexican after she was arrested in Mexico in 1958 during a railroad workers' strike. Later, she went to Cuba as part of a Mexican delegation of women. When she attempted to visit her mother in the U.S., she was notified by the U.S. government that she was an "undesirable foreigner," and was not allowed to return. Instead, Catlett's mother, who was ill at the time, moved to Mexico to live

Nacida en 1915, Catlett se ha convertido, de muchas maneras, en la matriarca del arte negro actual. Su obra es tan importante para la comunidad negra en los EE.UU. y para México porque ha sido fiel a su misión de "presentar personas negras en toda su belleza y dignidad, para que nosotros mismos, y otros, lo podamos disfrutar y comprender, y exhibir mis obras donde la gente negra pueda venir a verlas y halle arte con el cual se pueda identificar".[86] La obra de Catlett es fundamental para la exhibición *¿Quiénes somos ahora?* porque trata el temario completo de la muestra: raíces, resistencia y reconocimiento. Sus investigaciones iniciales la guiaron a sus referencias constantes acerca de la historia compartida de los pueblos mexicano y africano en obras como *Mother and Child* (1944) [Madre e hijo] y *I Have Given the World my Songs* (1948) [He dado mis canciones al mundo]. En la primera, las sutiles referencias se hallan en la composición y el atuendo. En *I Have Given the World my Songs* el mismo título habla sobre el compromiso de Catlett para con sus dos pueblos.

Catlett estudió con muchos artistas negros prominentes en los EE.UU., como James A. Porter, con quien trabajó mientras cursaba sus estudios de licenciatura en *Howard University* [la Universidad de Howard], donde Porter la introdujo a la Escuela Mexicana.[87] Tras terminar ese nivel educativo, Catlett asistió a *University of Iowa* [la Universidad de Iowa] para estudiar la maestría en bellas artes. En 1941, mientras estudiaba en *The School of the Art Institute* [la Escuela del Instituto de Arte] de Chicago, empezó a trabajar con Margaret Burroughs en el *South Side Community Art Center*. Aquel verano, Catlett conoció a Charles White, quien también trabajaba en el centro y se casaron ese mismo año.

En 1946, Catlett recibió una beca para estudiar escultura y cerámica con José Ruíz y Francisco Zúñiga en México y se mudó allí con White.[88] En el curso de sus estudios, Catlett se percató de similitudes entre el arte africano y mexicano antigüos, este descubrimiento se manifiesta claramente en su escultura posterior. Catlett misma dice que en estas obras, los afroamericanos se asemejan con frecuencia a los mexicanos y viceversa.[89] Ella se educó en México cuando la ideología de la mexicanidad y del mestizaje estaba tomando arraigo. Es posible que esto haya contribuido en sus retratos, donde se puede apreciar al sujeto de la obra como mexicano, afroamericano o incluso, ambos. Lo anterior se observa tanto en su escultura como en sus grabados.

Elizabeth Catlett (b. 1915)
Sharecropper (man)
Aparcero
1945, linocut
17" x 18" (43.2 x 45.7 cm.)
Collection of Hampton University Museum

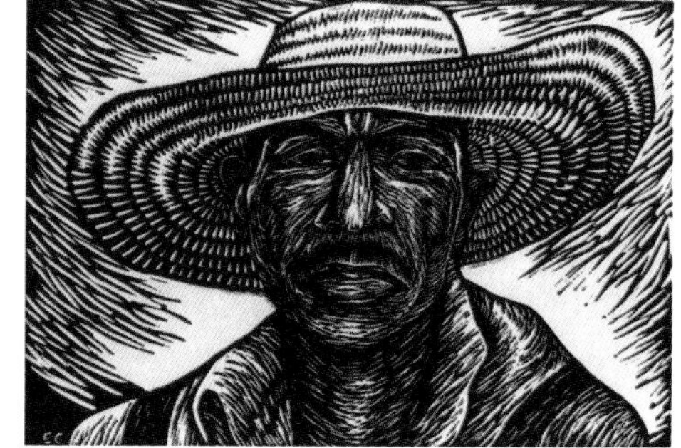

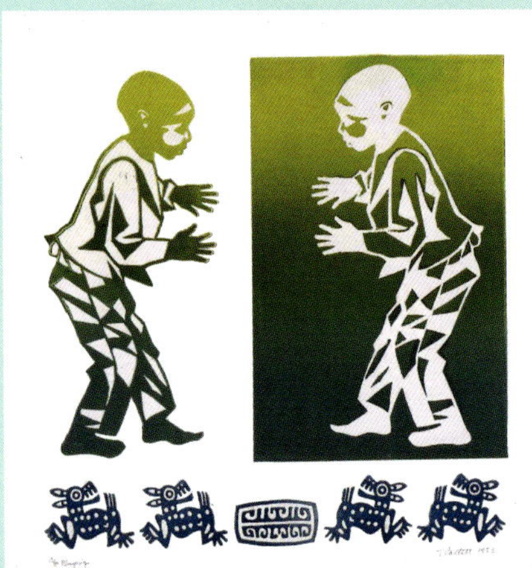

Elizabeth Catlett
(b. 1915)
Playing / *Jugando*
1983, linocut
30 1/4" x 28 1/2"
(76.8 x 72.4 cm.)
Collection of Hampton University Museum

with Catlett and Mora, who went on to raise their three sons there.[90] Although she spent most of her life and did most of her work in Mexico, Catlett's attention never strayed from Black people in the U.S.

Mora and Catlett worked together in the TGP until 1966, when political and artistic differences drove its members apart. Catlett's nearly two decades of work at the TGP speak clearly of her identification with Mexico and its people, as well as her concern for developing an artistic language that would benefit Black people. As Catlett put it, "When I first went to Mexico, the painters and sculptors . . . were all enthusiastically painting about Mexico and for the people of Mexico."[91] Catlett worked hard to promote literacy and workers' rights in Mexico, even as she fought against dictators and the violence they spread throughout Latin America.

According to Floyd Coleman in *A Courtyard Apart*, both Catlett and Mora are heirs to the traditions and values of both the Mexican Revolution and the Harlem Renaissance. During Catlett's tenure at the TGP, she became a Mexican artist, even as she portrayed Black people; and the degree to which she immersed herself in Mexican style and artistic techniques changed her artwork forever. At the same time, Catlett brought her colleagues in Mexico into the process of understanding and depicting Black people through projects such as a series of prints of Black leaders throughout history.[93] Elizabeth Catlett allowed pre-Cuauhtémoc Mexican sculpture to become a part of her artistic heritage along with African sculpture.[94] In Catlett's later work:

> The synthesis [Pre-Hispanic and African] sources does not neutralize their impact but rather demands a recognition of the reality of diaspora, in which art traditions syncretically intersect and inform one another, as do the lineages and legacies of the peoples of the Americas.[95]

Ms. Catlett, now 90 years old, maintains residences in New York and Cuernavaca. By living in Mexico and participating in Mexican culture - even while never losing sight of her own culture – Catlett has become a living demonstration of the collaboration between Mexicans and African Americans and a national treasure for two countries.

Después del fin de su matrimonio breve con White, en 1948, Catlett se casó con Francisco Mora, su colega artístico y camarada político. En 1962, el gobierno estadounidense la desterró por su activismo político, así que Catlett se domicilió en México y adoptó la ciudadanía mexicana. Se le prohibió la entrada a los EE.UU. por ser considerada una amenaza a la seguridad nacional, lo cual pudo haber sido causado por el hecho de que el gobierno de Estados Unidos pensaba que el Taller Gráfico Popular (TGP) era una organización comunista. Según relató Catlett en la revista *Sculpture Magazine*, su cambio de ciudadanía fue después de haber sido detenida en México, en 1958, durante una huelga de los ferroviarios. Después, viajó a Cuba como parte de una delegación femenil de México. Cuando intentó visitar a su madre en los EE.UU., el gobierno de ese país le notificó que se le consideraba una "extranjera indeseable" y que no se le permitiría volver al país, tras lo cual, la madre de Catlett, que en ese entonces estaba enferma, se mudó a México para vivir con ella y Mora, donde más tarde el matrimonio crió a sus tres hijos.[90] Aunque Catlett pasó la mayor parte de su vida y creó sus obras más importantes en México, su atención jamás se desvió de las personas negras estadounidenses.

Mora y Catlett trabajaron juntos en el TGP hasta 1966, cuando las diferencias políticas y artísticas separaron a sus miembros. Las casi dos décadas de trabajo de Catlett con el TGP, demuestran claramente su identificación con México y su gente, así como su inquietud por crear un idioma artístico que beneficiaría al pueblo negro. Catlett dijo: "Cuando llegué por primera vez a México, todos los pintores y escultores . . . estaban pintando con entusiasmo temas mexicanos y dirigidos al pueblo de México".[91] Catlett trabajó arduamente para promover la alfabetización y los derechos de los trabajadores en México y luchó contra los dictadores y la violencia que propagaban en toda América Latina.

Según Floyd Coleman en *A Courtyard Apart*, Catlett y Mora son herederos de las tradiciones y los valores de la revolución mexicana y el renacimiento de Harlem.[92] Durante la afiliación de Catlett en el TGP, se volvió una artista mexicana, incluso al retratar a la gente negra y su inmersión en el estilo mexicano y la adopción de técnicas artísticas mexicanas llegó a tal grado que cambió su obra para siempre. A la vez, Catlett condujo a sus colegas mexicanos en el proceso para entender y retratar a las personas negras mediante proyectos tales como una serie de grabados de líderes negros a través de la historia.[93]

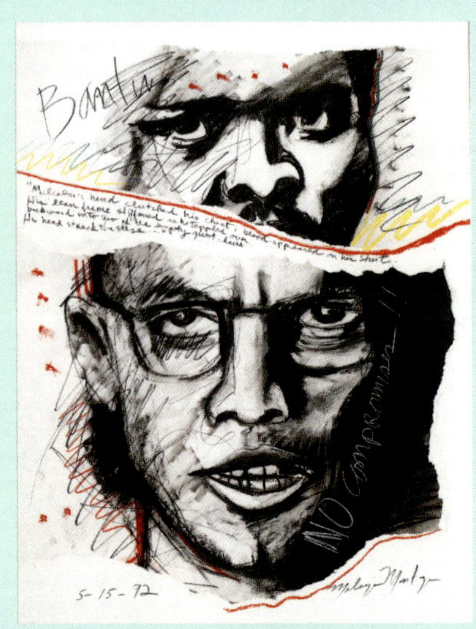

Malaquías Montoya
(b. 1938)
Malcolm X & *Steven Biko*
1992, charcoal collage
37 1/2" x 29 1/2"
(95.3 x 74.93 cm.)
Collection of the Artist

Her print *Playing* reminds us of this. *Playing* shows a young, African-American boy dancing across a pre-Cuauhtémoc Mexican motif. This is Catlett's portrait of the fusion of African and Mexican that permeates much of Mexico as well as Catlett's own family. As Catlett has often said "my art speaks for both my peoples."[96] Catlett's political activism on behalf of both Mexican people and Black people clearly illustrates her resistance to White oppression and assimilation.

Cross-cultural portraits such as Malaquías Montoya's *Steven Biko and Malcolm X* (1992) and Chaz Bojorquez's *Malcolm as the Phoenix* (1993) have a long history beginning with José Clemente Orozco's *The Table of Brotherhood* in 1930 and David Alfaro Siqueiros's painting, *Black Christ* (1932).[97] In addition to helping each other commemorate leaders and resist oppression, Mexicans and African Americans have influenced each other's resistance movements. The Brown Berets, for example, were inspired by the Black Panthers.[98] The Berets were a group of Chicano revolutionaries who fought against social injustice and for education and equality.[99] Like the Panthers, the Brown Berets fought racial oppression and organized a community to care for and educate itself in constant readiness for struggles with White oppressors. Each of these groups, the Panthers and the Brown Berets, was united by a cultural and ethnic identity – the Brown Berets, by being Chicano.[100] Finally, some of the artists in the *Resistance* section of *Who Are We Now?* simply used their work as a way to call for collaboration between Mexicans, African Americans, and other groups or to speak out against oppression of these groups. This is what Favianna Rodríguez did in her poster called *War Targets Poor People of Color* (2002). Carlos Cortéz called for collaboration in his linocut *¡Draftees of the World Unite! ¡You Have Nothing to Lose but Your Generals!* (Ca. 1960).

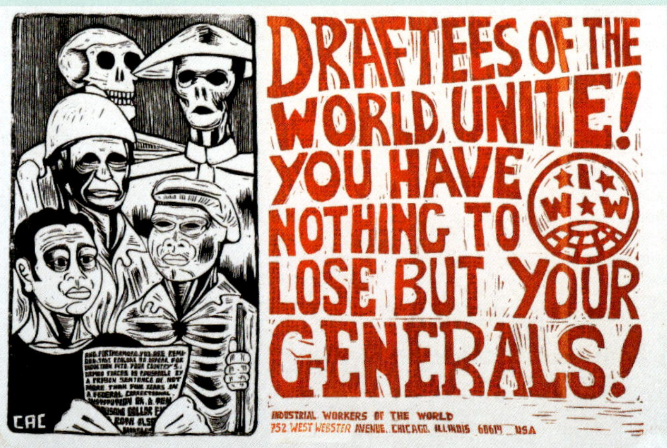

Carlos Cortéz (1923-2005)
¡Draftees of the World Unite! ¡You Have Nothing to Lose but Your Generals*!*
¡Reclutas del mundo, únanse! No tienen nada que perder más que sus Generales!
ca.1968, linocut, N.N.
23 1/8" x 33 1/8" (58.7 x 84.1 cm.)
Mexican Fine Arts Center Museum Permanent Collection, 1997.31, Gift of the artist

Elizabeth Catlett integró la escultura mexicana prehispánica como parte de su herencia artística de igual manera que lo hizo con la escultura africana.[94] En su trabajo posterior:

> La síntesis de las fuentes [africana e pre-hispánica] no neutralizan su impacto, sino más bien exigen un reconocimiento de la realidad de la diáspora, en donde las tradiciones artísticas se cruzan sincréticamente y se influencían mutuamente, así como los linajes y legados de los pueblos del continente americano.[95]

La Sra. Catlett, ahora nonagenaria, mantiene residencias en Nueva York y Cuernavaca. Al vivir en México y ser partícipe de su cultura, sin perder su propia cultura, Catlett es la muestra viva de la colaboración entre mexicanos y afroamericanos y un tesoro nacional de ambos países. Su grabado *Playing* [Jugando] nos lo recuerda. Esta obra retrata a un niño afroamericano bailando frente a un motivo mexicano prehispánico, lo cual ejemplifica la fusión entre lo africano y lo mexicano imbuida en muchas partes de México y en la misma familia de la artista. Catlett suele decir: "Mi obra habla por mis dos pueblos."[96] El activismo político de Catlett en pro de los pueblos mexicano y negro claramente demuestra su resistencia a la asimilación y la opresión blanca.

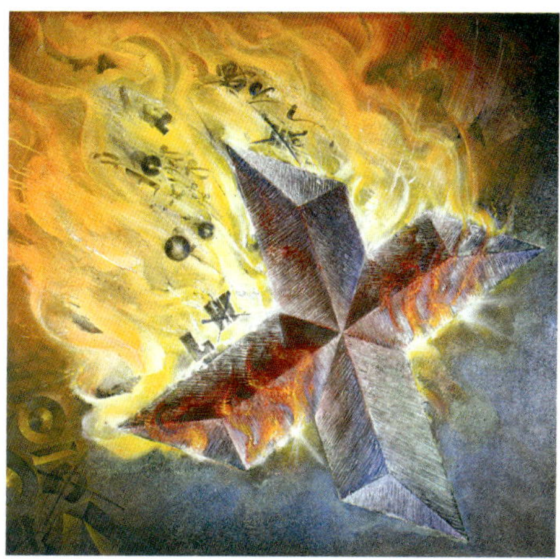

Chaz Bojorquez (b. 1949)
Malcolm as the Phoenix
Malcolm como el fénix
1993, acrylic silver paint, Zolatone paint, spray can on canvas
65" x 65" x 3"
(165.1 x 165.1 x 7.6 cm.)
Collection of the Artist

Los retratos transculturales como *Steven Biko and Malcom X* (1992) de Malaquías Montoya y *Malcolm as the Phoenix* (1993) de Chaz Bojorquez tienen una larga historia, que inicia con *The Table of Brotherhood* [La mesa de la Hermandad] (1930) de José Clemente Orozco y el cuadro *Black Christ* (1932) [Cristo negro] de David Alfaro Siquieros.[97] Además de ayudarse mutuamente a honrar a sus líderes y resistir la opresión, sus influencias han sido recíprocas en sus movimientos de resistencia. Los *Brown Berets* [Boinas cafés] se inspiraron en las Black Panthers [las Panteras Negras].[98] Los *Berets* era un grupo de revolucionarios chicanos que luchó contra la injusticia social y a favor de la educación y la igualdad.[99] Del mismo modo que las Panteras, los *Brown Berets* se opusieron a la opresión racial y organizaron una comunidad a la cual cuidar y educar para estar siempre alerta para resistir a los opresores blancos. A cada uno de estos grupos, las Panteras y los *Brown Berets*, los unía una identidad cultural y étnica: en el caso de los *Brown Berets* era ser chicano. [100] Finalmente,

Malcolm X was assassinated in 1965, and the Black Arts Movement began in the U.S.[101] Though it was not necessarily caused by the assassination, the art of this movement has illustrated the work and goals of the Black Panther Party and other Black revolutionary and nationalist groups, which worked towards similar goals as Malcolm X and other Black leaders. "With the rise of black consciousness in the 1960s, the contemporary community mural movement sprang up. It arose as much from the black neighborhoods of the U.S. as it did the Chicano/Latino ones."[102] Black activists, such as those from the Organization of Black American Culture – a leading collective of visual artists in Chicago,[103] took their cue from the Mexican Muralists and began to make public statements with murals such as *The Wall of Respect* (1967).[104]

Then, in 1968, Dr. Martin Luther King Jr. was also assassinated. The House Un-American Activities Committee which lasted from 1938-1975, was in full swing following the McCarthyism of the 1950s. The more oppressive the political climate became in the U.S., the more important it became to use art as a revolutionary tool. By the 1960s, the political climate in Mexico had changed to be less amenable to revolutionary art, just as the U.S. was in dire need of it. Organizations associated with the Civil Rights Movement, the Black Power Movement, and the Anti-War Movement all used forceful imagery to educate the public; and, in this context, Elizabeth Catlett's work finally became well known in the U.S. She also turned much more of her artistic attention toward creating imagery for these movements.[105] It was also in the 1960s that Mexico finally began to recognize Africa as *la tercera raíz*, its "third root." Though this recognition began, nothing was done to raise awareness of *la tercera raíz* throughout Mexico, much less the U.S.

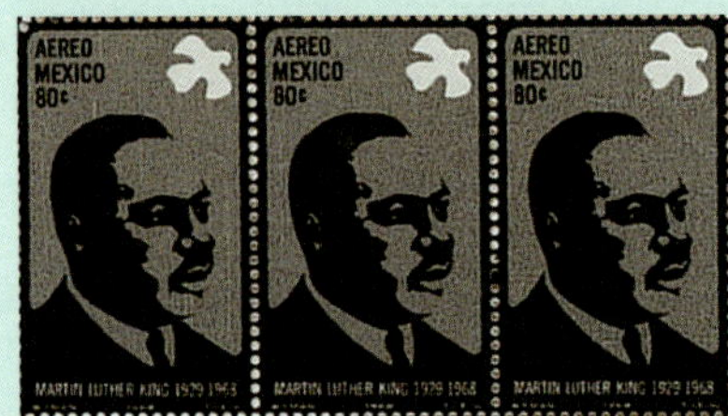

Lance Wyman (b. 1937)
Martin Luther King 1929-1968
postage stamps issued in 1968 by Aereo Mexico
8 3/4" x 10 1/4" (22.2 x 26 cm.)
Mexican Fine Arts Center Museum Permanent Collection, 2005.103, Gift of Lance Wyman in honor of Dr. Martin Luther King Jr.

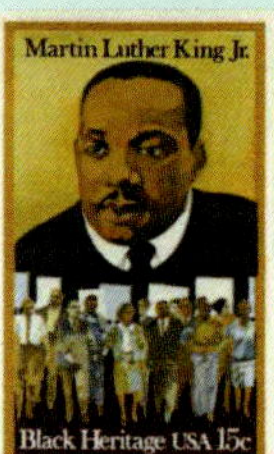

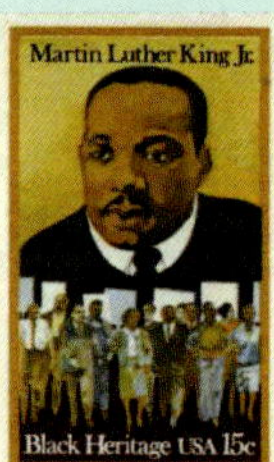

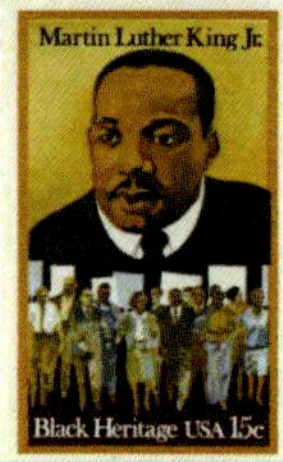

Jerry Pinkney (b. 1939)
Martin Luther King Jr.
Civil Rights Marchers
Martin Luther King Jr. manifestantes de derechos civiles
1979, postage stamps
8 7/8" x 10 1/8" (22.5 x 25.7 cm.)
Exhibition purchase fund

algunos artistas de la sección "Resistencia" de la exhibición *¿Quiénes somos ahora?* simplemente utilizaron su obra como una forma de hacer un llamado para la colaboración entre mexicanos, afroamericanos y otros grupos, o para protestar la opresión contra estos grupos. Eso mismo hizo Favianna Rodríguez en su póster *War Targets Poor People of Color* (2002) [La guerra le apunta a gente pobre de color]. Carlos Cortéz hizo un llamado a la cooperación en su grabado *¡Draftees of the World Unite! ¡You Have Nothing to Lose but your Generals!* (1960) [*¡Reclutas del mundo, únanse! ¡No tienen nada que perder más que sus Generales!*].

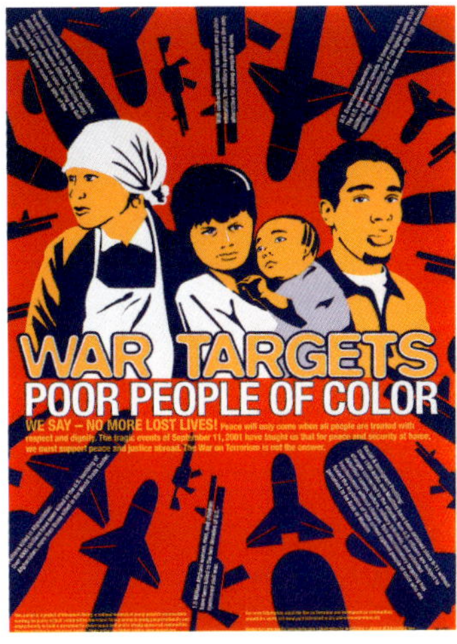

Favianna Rodríguez
(b. 1978)
War Targets Poor People of Color
La gente pobre de color es el blanco de la guerra
2002, offset poster
23 " x 16 7/8"
(59.7 x 42.9 cm.)
Mexican Fine Arts Center Museum Permanent Collection, 2003.327, Gift of the artist in honor of Jesus Chunga

En 1965, Malcolm X fue asesinado y se iniciaba en los Estados Unidos el *Black Arts Movement* [Movimiento de Artes Negras][101] y aunque no fue necesariamente motivado por el atentado, el arte de este movimiento ha ilustrado el trabajo y las metas del Partido Panteras Negras y de otros grupos revolucionarios negros y nacionalistas que trabajaron para lograr objetivos semejantes a los de Malcolm X y otros líderes negros. "Con el aumento de la conciencia negra de los años sesenta, surgió el movimiento contemporáneo de murales comunitarios, que apareció en los barrios negros, chicanos o latinos".[102] Los activistas negros, como los de la organización *Black American Culture* [Cultura americana negra], un colectivo importante de artistas de artes visuales en Chicago,[103] siguieron el ejemplo de los muralistas mexicanos y empezaron a hacer declaraciones públicas con murales como *The Wall of Respect* (1967) [El muro del Respeto]. [104]

En 1968, fue asesinado el Dr. Martin Luther King, Jr. El Comité [de prevención] de actividades antiamericanas de la Cámara de representantes, que duró de 1938 a 1975, estaba a toda marcha siguiendo la era de McCarthy en la decada 1950. Cuán más opresivo era el clima político estadounidense, mayor importancia cobraría el uso del arte como una herramienta revolucionaria. En los años sesenta, la situación política en México había cambiado y aceptaba menos el arte revolucionario, justo cuando en los EE.U.U. se necesitaba de forma acuciante. Todas las organizaciones asociadas con los movimientos por los derechos civiles, *Black Power* [Poder Negro], y antibélicos utilizaron imágenes impactantes para educar al público. En este contexto, la obra de Elizabeth Catlett por fin llegó a conocerse ampliamente en los EE.UU. Asimismo, ella dedicó sus energías artísticas a crear imágenes para dichos movimientos.[105] Fue también en los años sesenta cuando México por fin empezó a reconocer a África como la tercera raíz, sin embargo, a pesar de ello, no se hizo nada para fomentar su divulgación en México y mucho menos en los EE.UU.

Recognition

The most recent element in this story of shared history and culture is that of recognition. In the past few years, visual artists, especially photographers such as Tony Gleaton and Ron Wilkins have been traveling to Mexico to document the African presence throughout the country. Even though Mexicans in Mexico may not have begun to become attuned to its Afro-Mexican population until recently, the importance of African-American leaders has not been lost on them. When Dr. Martin Luther King, Jr. was assassinated, Mexico immediately commemorated him on a postage stamp, created by Lance Wyman. It, along with the first U.S. postage stamp commemorating King, is in the exhibition (*image on previous page*).

This section of the exhibition is a space in which people may begin to recognize the long history of cultural exchange between African Americans and Mexicans that this article has described and see therein the possibility for collaboration. Juan Angel Chávez, an artist from Pilsen, the MFACM's neighborhood in Chicago, has created a special piece for this exhibition, which exemplifies the theme of recognition, called *Muscle, Guts, and Luck*. His work portrays the train tracks – a liminal space where populations meet and mix – in materials he found in communities throughout Chicago where Mexicans and African Americans both live.

Juan Angel Chávez
Muscle, Guts, and Luck
Musculo, Agallas, y Suerte
2005, mixed media installation
9' x 4'1" x 4'7"
(274.3 x 124.5 x 139.7 cm.)
Collection of the Artist

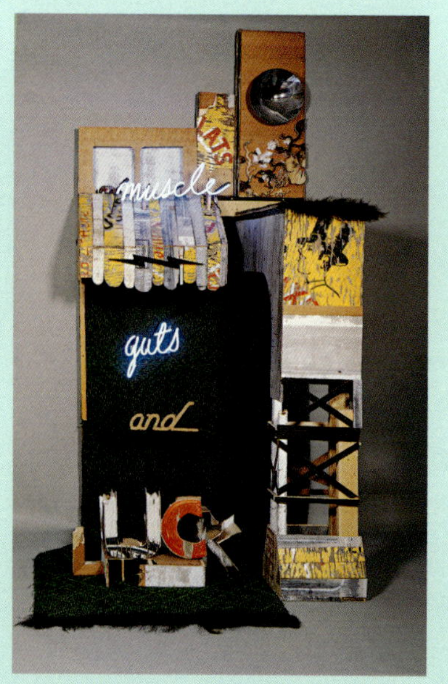

Demographics

The U.S. census in 2000 created a buzz around the country. The Latino population was growing exponentially and increasing its proximity to the size of the African American one. There was also a previously unrecognized crossover between the two populations. In fact, the decision in 2000 to allow people to indicate that they were both African American and Latino significantly affected the results of the census, allowing the nation to see a trend that had already been in progress since the 1980s. In 2003, well in advance of the predictions made in 2000, Latinos became the largest group of color in the U.S.[106] As of 2004, the U.S. Census Bureau estimated that there were 41.3 million Latinos living in the U.S. in comparison to 38.3 million African Americans. Since Mexicans represent roughly 56% of the Latino population in the U.S., Mexicans and African Americans together represent nearly a quarter of the population in the U.S.

Reconocimiento

El elemento más reciente en este relato de la historia y cultura compartidas es el reconocimiento. En años recientes, los artistas dedicados al arte visual, especialmente fotógrafos como Tony Gleaton y Ron Wilkins, han viajado a México para documentar la presencia africana en todo el país. Aunque los mexicanos no hayan empezado a tomar conciencia de su población afromexicana hasta hace poco, no ignoran la importancia de los líderes afroamericanos. Cuando el Dr. Martin Luther King Jr. fue asesinado, México le rindió homenaje de inmediato al emitir una estampilla postal creada por Lance Wyman.

Esta exhibición presenta este sello, junto con el primero en conmemoración del Dr. King que emitió los Estados Unidos diez años después. Esta sección de la muestra es un espacio que brinda al visitante la posibilidad de empezar a reconocer la larga historia de intercambios culturales entre afroamericanos y mexicanos descrita en este ensayo y podrán vislumbrar la posibilidad de una colaboración. Juan Angel Chávez, un artista de Pilsen, el barrio donde se ubica el Centro Museo de Bellas Artes Mexicanas en Chicago, ha creado una obra especial, *Muscle, Guts and Luck* [Fuerza, agallas y suerte] específicamente para esta exhibición, donde se ilustra el tema del reconocimiento. Su obra retrata la vías ferroviarias: un espacio liminal donde las poblaciones se encuentran y mezclan y fue creada empleando materiales que el artista halló en las comunidades chicagüenses donde viven los mexicanos y afroamericanos.

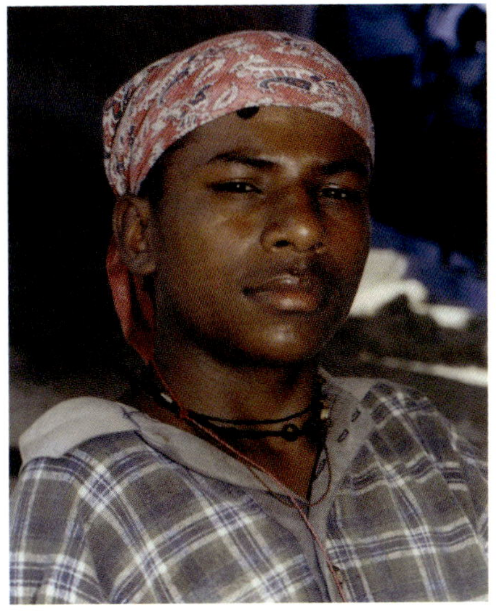

Ron Wilkins
Untitled, Santo Domingo, Oaxaca / *Sin título*
2002, photograph
20" x 16" (50.8 x 40.6 cm.)
Collection of the Artist

El panorama demográfico

El censo estadounidense del año 2000 generó mucha agitación en todo el país: La población latina crecía exponencialmente y se acercaba al tamaño de la población afroamericana. También hubo un intercambio entre ambas poblaciones no tomada en cuenta en censos previos. De hecho, la decisión en 2000 de permitir a la gente indicar que eran tanto afroamericanos como latinos afectó el resultado del censo de una manera significante, lo que permitió a la nación ver una tendencia que ya se estaba dando desde los años ochenta. En 2003, con mucha anticipación a lo previsto en 2000, la población latina se convirtió en el grupo más numeroso de gente de color en los Estados Unidos.[106]

Afro-Mexicans are a relatively new element of the population in the U.S. In the 1980s Afro-Mexicans from Costa Chica (Costeños) began emigrating to Pasadena and Santa Ana, California.[107] In the U.S., Costeños are often mistaken for African Americans, and they usually count this ability to "pass" for Black as a blessing, because the Costeños believe that it helps them to avoid being discovered as undocumented.[108] In 1993, more Afro-Mexicans began to emigrate from Costa Chica to Winston-Salem, North Carolina. Now Afro-Mexicans are also coming to Phoenix, Arizona, Utah, New York City, and New Jersey.[109] Afro-Mexicans from Veracruz only began to come to the U.S. in 1998.[110] Since then, more than 80,000 people from Veracruz have emigrated to Chicago, Dallas, Atlanta, Los Angeles, New York, Arizona, Florida, North Carolina, Indiana, and Texas, and in lesser numbers to Louisiana, Michigan, Mississippi, New Jersey, Oregon, Ohio, and Washington.[111]

A Political Parallel

In 1983, Harold Washington was elected Mayor of Chicago. He was the city's first African American mayor. After the 1980 U.S. census reported huge growth in both the African American and Latino populations, Black activists recruited Washington and helped to get him elected. Washington ran on a platform of reuniting all of the city's ethnic groups, using the slogan "fairness is our standard."[112] African Americans and Latinos came together to support Washington, and a record number of Latinos turned out at the polls to elect Washington.[113] The union of these two major groups in Chicago may have been Washington's greatest accomplishment as Mayor. Mexican leaders such as Rudy Lozano, Juan Solíz, and Juan Velazquéz championed Washington's campaign and helped him to bring the groups together.

When Rudy Lozano was assassinated, Jesús "Chuy" García took his place as Alderman of the 22nd ward in Chicago and continued on as a great supporter of Washington. Washington was reelected in 1987 only to die suddenly of a heart attack shortly thereafter. Unfortunately, the coalition he built in Chicago could not sustain the loss of his leadership. The exhibition commemorates Washington and his Mexican supporters with a video of Jesús García's bilingual eulogy of Washington.

Desde el 2004, la Administración Censal de EE.UU. calculó que la población de latinos ascendía a 41.3 millones, comparado con 38.8 millones de afroamericanos. Ya que los mexicanos representan aproximadamente un 70% de la población latina en los EE.UU., los mexicanos y los afroamericanos representan, en conjunto, casi una cuarta parte de la población del país.

Los afromexicanos son un grupo relativamente nuevo de la población estadounidense. En los años ochenta, los afromexicanos de la Costa Chica (costeños) empezaron a emigrar a Pasadena y Santa Ana, California.[107] En los EE.UU., a menudo se les confunde con afroamericanos y suelen opinar que la posibilidad de "hacerse pasar" por negro es una bendición, porque piensan que les ayuda a evitar ser descubiertos como indocumentados.[108] En 1993, más afromexicanos de la Costa Chica comenzaron a llegar a la ciudad de Winston Salem, en Carolina del Norte. Ahora los afromexicanos están también llegando a Phoenix, Arizona, Utah, Nueva York, y Nueva Jersey.[109] Los afromexicanos de Veracruz sólo empezaron a venir a los EE.UU. en 1998[110] y desde entonces, más de 80,000 veracruzanos han emigrado a Chicago, Dallas, Atlanta, Los Ángeles, Nueva York, Arizona, Florida, Carolina del Norte, Indiana y Tejas y, en cantidades menores a Luisiana, Michigan, Mississippí, Nueva Jersey, Oregon, Ohio, y Washington.[111]

Un paralelo político

En 1983, Harold Washington fue elegido el alcalde de Chicago, convirtiéndose en el primer alcalde afroamericano de la ciudad. Después de que el censo de 1980 informó sobre el gran aumento en las poblaciones afroamericanas y latinas, los activistas negros reclutaron a Washington y le ayudaron a convertirse en alcalde. La plataforma política de Washington partió de la idea de reunir todos los grupos étnicos de la ciudad con el eslógan: "La imparcialidad es nuestra norma."[112] Los afroamericanos y los latinos se unieron en apoyo a Washington y un número inusitado de latinos acudió a las urnas para votar a su favor.[113] Es posible que la unión de estos dos grupos importantes de Chicago haya sido el éxito más trascendental de Washington como alcalde. Los líderes mexicanos como Rudy Lozano, Juan Solíz, y Juan Velázquez hicieron campaña en pro de Washington y le ayudaron a unir los dos grupos.

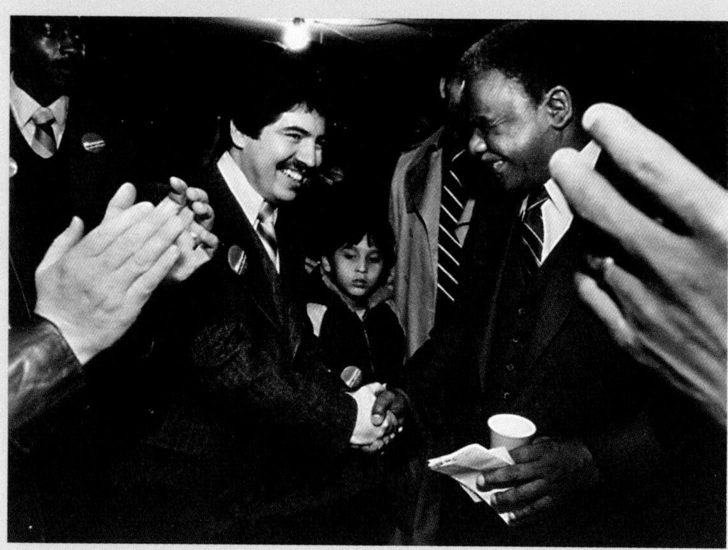

Antonio Dickey (b. 1955)
Untitled/*Sin título*
(Rudy Lozano and Harold Washington)
1983, lambda photographic reprint
16" x 20" (40.6 x 50.8 cm.)
Collection of the artist

Antonio Villaraigosa lost the mayoral race in Los Angeles to James Hahn in 2001, when the Black population voted overwhelmingly with Whites.[114] In 2005, African American leaders such as Representative Maxine Waters and Yvonne Brathwaite Burke, both of whom supported Hahn in 2001, helped lead a Black-Latino coalition to elect Villaraigosa in 2005 to be the city's mayor.[115] According to Bobbi Murray, a writer for the *Los Angeles City Beat*, when Waters endorsed Hahn in 2001, she "all but called African American supporters of Villaraigosa race traitors." But after Hahn fired several African American leaders, such as Bernard Parks, the Chief of Police, Waters and others began to see Villaraigosa as a much better choice for African Americans than Hahn. Furthermore, according to the *Los Angeles Times*, "59% of the blacks who voted for Parks [another candidate in the Democratic primary] in the first round of mayoral voting . . . shifted to Villaraigosa."[116] In 2005, Latino voters – who, for the first time, made up 25% of the electorate - turned out in record numbers; and Villaraigosa won 84% of their votes.[117] Villaraigosa also won 48% of the African American vote.[118]

Some scholars, such as Nicolás Vaca, insist on framing the relationship between Mexicans (or in the case of his book, Latinos) and African Americans in the U.S. as one that is characterized by competition and even racism that hinders cooperation.[119] Mr. Vaca's analysis, however, relies upon the concept of a "limited good," namely that everyone is fighting for his or her piece of "the pie." But the "pie" is not a fixed thing. Many of the issues that have driven the two groups apart over the last 30 - 40 years are structurally imposed from outside of their communities. For example, "Fred Barbaro (1977) argues that the Kennedy-Johnson . . . programs responding to the civil rights movement caused minority groups to break up . . . rather than work together . . . by directing most resources to African Americans."[120]

Cuando Rudy Lozano fue asesinado, Jesús "Chuy" García lo reemplazó como representante municipal del distrito electoral No. 22 de Chicago y continuó siendo un gran apoyo para Washington, quien fue reelegido en 1987, pero poco más tarde, falleció de un infarto de repente. Por desgracia, la coalición que formó en Chicago no sobrevivió la pérdida de su liderazgo. En esta exhibición, un video de la eulogia bilingüe de Jesús García.

En 2001, Antonio Villaraigosa perdió la elección de alcalde en Los Ángeles en contra de James Hahn cuando la población negra votó contundentemente con los blancos.[114] En 2005, los líderes afroamericanos como la congresista Maxine Waters e Yvonne Brathwaite Burke, quienes habían apoyado a Hahn en 2001 ayudaron formar a una coalición afrolatina para elegir a Villaraigosa alcalde de la ciudad en el 2005.[115] Según Bobbi Murray, una reportera del *Los Angeles City Beat*, cuando Waters respaldó a Hahn en 2001, ella por poco llama "traidores de la raza" a los afroamericanos que apoyaron a Villaraigosa". Pero, cuando Hahn despidió a varios líderes afroamericanos como al jefe de la policía, Bernard Parks, Waters y otros comenzaron a considerar a Villaraigosa como un mejor candidato que Hahn para los afroamericanos. Además, de acuerdo con el *Los Angeles Times*, "59% de los negros que votaron por Parks [otro candidato en la elección primaria demócrata] en la primera ronda de votación para la alcaldía . . . cambiaron a favor de Villaraigosa".[116] En 2005, los votantes latinos, quienes por primera vez formaban el 25% del electorado, acudieron a las urnas en números sin precedente, lo que ocasionó que Villaraigosa obtuviera 84% de sus votos,[117] además 48% del voto afroamericano.[118]

Algunos estudiosos como Nicolás Vaca, insisten en enfocar la relación entre los mexicanos (o, en el caso de su libro, los latinos) y los afroamericanos en los EE.UU. como una relación caracterizada por la competencia, e incluso por el racismo, que obstaculiza la cooperación.[119] Pero, el análisis del Sr. Vaca tiene fundamento en el concepto de la existencia de "un bien limitado", es decir, cada uno lucha por su "tajo de pastel". Pero "el pastel" no está delimitado. Muchas de las cuestiones que han separado a los dos grupos en los últimos 30 a 40 años se han impuesto desde fuera de sus comunidades, a manera de ejemplo, "Fred Barbaro (1977) sostiene que los programas Kennedy-Johnson . . . que eran una respuesta al movimiento de derechos civiles, causaron cismas entre grupos minoritarios . . . en lugar de servir [como plataforma] para trabajar juntos . . . ya que la mayor parte de los recursos fueron enviados a los afroamericanos."[120] Como dice John Betancur, "las colaboraciones sencillas forman los cimientos para las complejas."[121] Al presentar esta exhibición, el Centro Museo de Bellas

So, as John Betancur put it, “informal collaborations build the foundations for complex ones.”[121] This is what the Mexican Fine Arts Center Museum and the exhibition's Steering Committee hope to help engineer with this exhibition. The works of art in the exhibition and the stories in this essay show that the history of collaboration between Mexicans and African Americans has not been a steady or consistent flow over the past 200 years. But it has been important and has benefited both groups significantly in their fights for social justice and recognition. Though collaborations have taken place in disperse locations, they have been numerous. Unfortunately, both groups have, in recent years, ignored the precedent that these collaborations set. They are too important to be denied because, at the very least, the changing demographics in the U.S. indicate that collaborations between Mexicans and African Americans can be an extraordinary force with which to create social change.

Artes Mexicanas y el Comité de Dirección de esta muestra tienen el objetivo y la esperanza de ayudar a construir tales cimientos. Las obras de arte de la exhibición y los relatos en este ensayo demuestran que en los últimos 200 años, la historia de la colaboración entre los mexicanos y afroamericanos no ha sido ni constante ni consistente. Pero sí ha sido importante y ha beneficiado a ambos grupos sustancialmente en sus luchas por la justicia social y el reconocimiento. Aunque las colaboraciones han ocurrido en lugares distantes, han sido numerosas. Por desgracia, en los años recientes, ambos grupos han hecho caso omiso al precedente establecido por esas colaboraciones, que son demasiado importantes para negarlas ya que, como mínimo, los cambios demográficos estadounidenses indican que la cooperación entre mexicanos y afroamericanos podría ser una fuerza extraordinaria para efectuar cambios sociales.

ENDNOTES

1. In this essay, “Mexican” refers to people from Mexico or of Mexican ancestry including Chicanos, Mexican Americans, etc.

2. Rippy 66-67

3. Rippy 67-69

4. Rippy 69

5. de León 32

6. In fact, between 1890 and 1930, 27.4 of every 100,000 Mexicans were lynched compared with 37.1 of every 100,000 African-Americans. Carrigan 11

7. U.S. Census, 2000.

8. Mexicans whose ancestors include African people who came to Mexico during the slave trade.

9. Dzidzienyo and Oboler 125

10. Carlos Moore in Peters

11. Zimmerer

12. Dzidzienyo and Oboler 272

13. Dzidzienyo and Oboler 271

14. Fr. Glyn Jemmott in Peters

15. Peters

16. Thompson

17. “Civil Rights Movement in the United States.”

18. The Zapotec are an indigenous Mexican group that is descendant from one of the great Mesoamerican civilizations. They live mainly in the area of Oaxaca.

19. Costa Chica is the western coast of Mexico and was one of the hubs of the slave trade.

20. Dzidzienyo and Oboler, 2005:127

21. Dzidzienyo 128

22. Sotelo

23. Piersen 84

24. Hernández Cuevas 5

25. “Underground Railroad.”

26. “Aboard the Underground Railroad: A National Travel Registry Itinerary.”

27. 4

28. Porter 150

29. National Underground Railroad Freedom Center

30. Mulroy 8, 16

31. Mulroy 17

32. Mulroy 32

33. Mulroy 33

34. Porter 127

35. Mulroy 30, 36

36. Porter 127 and Mulroy 49

37. Porter 133

38. Porter 137

39. 137

NOTAS

1.En este ensayo, "mexicano" se refiere a personas de México o de ascendencia mexicana, incluidos chicanos, mexicanoamericanos, etc.

2. Rippy 66-67

3. Rippy 67-69

4. Rippy 69

5. de León 32

6. De hecho, entre 1890 y 1930, 27.4 de cada 100,000 mexicanos fueron linchados, comparado con 37.1 de cada 100,000 afroamericanos. Carrigan 11.

7. U.S. Census, 2000.

8. Mexicanos cuyos antepasados incluyen africanos traidos a México durante la trata de esclavos.

9. Dzidzienyo and Oboler 125

10. Carlos Moore in Peters

11. Zimmerer

12. Dzidzienyo and Oboler 272

13. Dzidzienyo and Oboler 271

14. Fr. Glyn Jemmott in Peters

15. Peters

16. Thompson

17. "Civil Rights Movement in the United States."

18. Los zapotecas son un grupo indígena mexicano que desciende de una de las grandes civilizaciones mesoamericanas. Viven principalmente en la zona de Oaxaca.

19. Costa Chica es la costa occidental de México y era uno de los centros de la trata de esclavos.

20. Dzidzienyo and Oboler, 2005:127

21. Dzidzienyo 128

22. Sotelo

23. Piersen 84

24. Hernández Cuevas 5

25. "Underground Railroad."

26. "Aboard the Underground Railroad: A National Travel Registry Itinerary."

27. 4

28. Porter 150

29. National Underground Railroad Freedom Center

30. Mulroy 8, 16

31. Mulroy 17

32. Mulroy 32

33. Mulroy 33

34. Porter 127

35. Mulroy 30, 36

36. Porter 127 and Mulroy 49

37. Porter 133

38. Porter 137

40. Porter 143

41. Porter 137-138

42. Porter 184

43. Porter 186

44. Porter 213

45. Porter 220-224

46. Porter 225

47. Dillon 168-232

48. margaretmedia.com/about-us.htm

49. These people of color are also descendants of Africans and may therefore be considered African American, though their cultural identity is Creole and not necessarily Black.

50. Gehman

51. Gehman

52. Lowndes

53. Grossman and Dardick

54. "The Black Renaissance in Washington 1920s – 1930s."

55. LeFalle-Collins 19-20

56. "Wall of Respect."

57. "The Black Renaissance in Washington 1920s – 1930s."

58. Berry 4

59. Berry 19

60. Emanuel Chronology, 23

61. 69

62. Hernández Cuevas 2-3, 18

63. Hernández Cuevas 11

64. Hernández Cuevas xiv

65. Herzog 51-52, Herzog's italics

66. Herzog 52

67. LeFalle-Collins 26

68. Herzog 50

69. Herzog p. 27

70. Prignitz

71. "Elizabeth Catlett."

72. Herzog 56

73. LaFalle-Collins 25

74. Prigoff and Dunitz

75. 19

76. Hernández Cuevas 20-21, 24, Dzidzienyo and Oboler 42, 49

77. Arbuckle commanded U.S. forces on the border of what is now Oklahoma for 20 years until his death in 1851.

78. Porter 126

79. "Negro League Baseball."

80. 2

81. Clark 2

39. 137

40. Porter 143

41. Porter 137-138

42. Porter 184

43. Porter 186

44. Porter 213

45. Porter 220-224

46. Porter 225

47. Dillon 168-232

48. margaretmedia.com/about-us.htm

49. Estos africanos libertos son también descendientes de los africanos y, por tanto, pueden considerarse afroamericanos, aunque su identidad cultural es criolla y no necesariamente negra.

50. Gehman

51. Gehman

52. Lowndes

53. Grossman and Dardick

54. "The Black Renaissance in Washington 1920s – 1930s."

55. LeFalle-Collins 19-20

56. "Wall of Respect."

57. "The Black Renaissance in Washington 1920s – 1930s."

58. Berry 4

59. Berry 19

60. Emanuel Chronology, 23

61. 69

62. Hernández Cuevas 2-3, 18

63. Hernández Cuevas 11

64. Hernández Cuevas xiv

65. Herzog 51-52, Herzog's italics

66. Herzog 52

67. LeFalle-Collins 26

68. Herzog 50

69. Herzog p. 27

70. Prignitz

71. "Elizabeth Catlett."

72. Herzog 56

73. LaFalle-Collins 25

74. Prigoff and Dunitz

75. 19

76. Hernández Cuevas 20-21, 24, Dzidzienyo and Oboler 42, 49

77. Hasta su muerte en 1851, Arbuckle estuvo al mando de las fuerzas armadas estadounidenses durante 20 años en la frontera de lo que hoy en día es Oklahoma.

78. Porter 126

79. "Negro League Baseball."

82. Flug et al.

83. Herzog 26

84. Flug et al.

85. Herzog 25

86. “Elizabeth Catlett’s Life and Career.”

87. Herzog 53

88. “Elizabeth Catlett.”

89. Benson

90. Catlett in Brenson

91. Benson

92. Herzog

93. Herzog 102-104

94. Herzog 116

95. Herzog 123

96. Herzog 126-127

97. LeFalle-Collins 74

98. “History: Brown Berets.”

99. “History: Brown Berets.”

100. “History: Brown Berets.”

101. “Wall of Respect.”

102. Prigoff and Dunitz

103. ya Salaam

104. Bautista et al.

105. Herzog 132-136

106. Vaca 19

107. Dzidzienyo and Oboler 130-131

108. Dzidzienyo and Oboler 132

109. Zamudio Grave

110. Zamudio Grave

111. Zamudio Grave

112. Matthews 4

113. Matthews 18

114. Vaca 104

115. “Maxine goes for Antonio.”

116. Finnegan et al.

117. Finnegan et al.

118. Finnegan et al.

119. Vaca 14-17

120. Dzidzienyo and Oboler 165

121. Dzidzienyo and Oboler 168

80. 2

81. Clark 2

82. Flug et al.

83. Herzog 26

84. Flug et al.

85. Herzog 25

86. "Elizabeth Catlett's Life and Career."

87. Herzog 53

88. "Elizabeth Catlett."

89. Benson

90. Catlett in Brenson

91. Benson

92. Herzog

93. Herzog 102-104

94. Herzog 116

95. Herzog 123

96. Herzog 126-127

97. LeFalle-Collins 74

98. "History: Brown Berets."

99. "History: Brown Berets."

100. "History: Brown Berets."

101. "Wall of Respect."

102. Prigoff and Dunitz

103. ya Salaam

104. Bautista et al.

105. Herzog 132-136

106. Vaca 19

107. Dzidzienyo and Oboler 130-131

108. Dzidzienyo and Oboler 132

109. Zamudio Grave

110. Zamudio Grave

111. Zamudio Grave

112. Matthews 4

113. Matthews 18

114. Vaca 104

115."Maxine goes for Antonio."

116.Finnegan et al.

117. Finnegan et al.

118. Finnegan et al.

119. Vaca 14-17

120. Dzidzienyo and Oboler 165

121. Dzidzienyo and Oboler 168

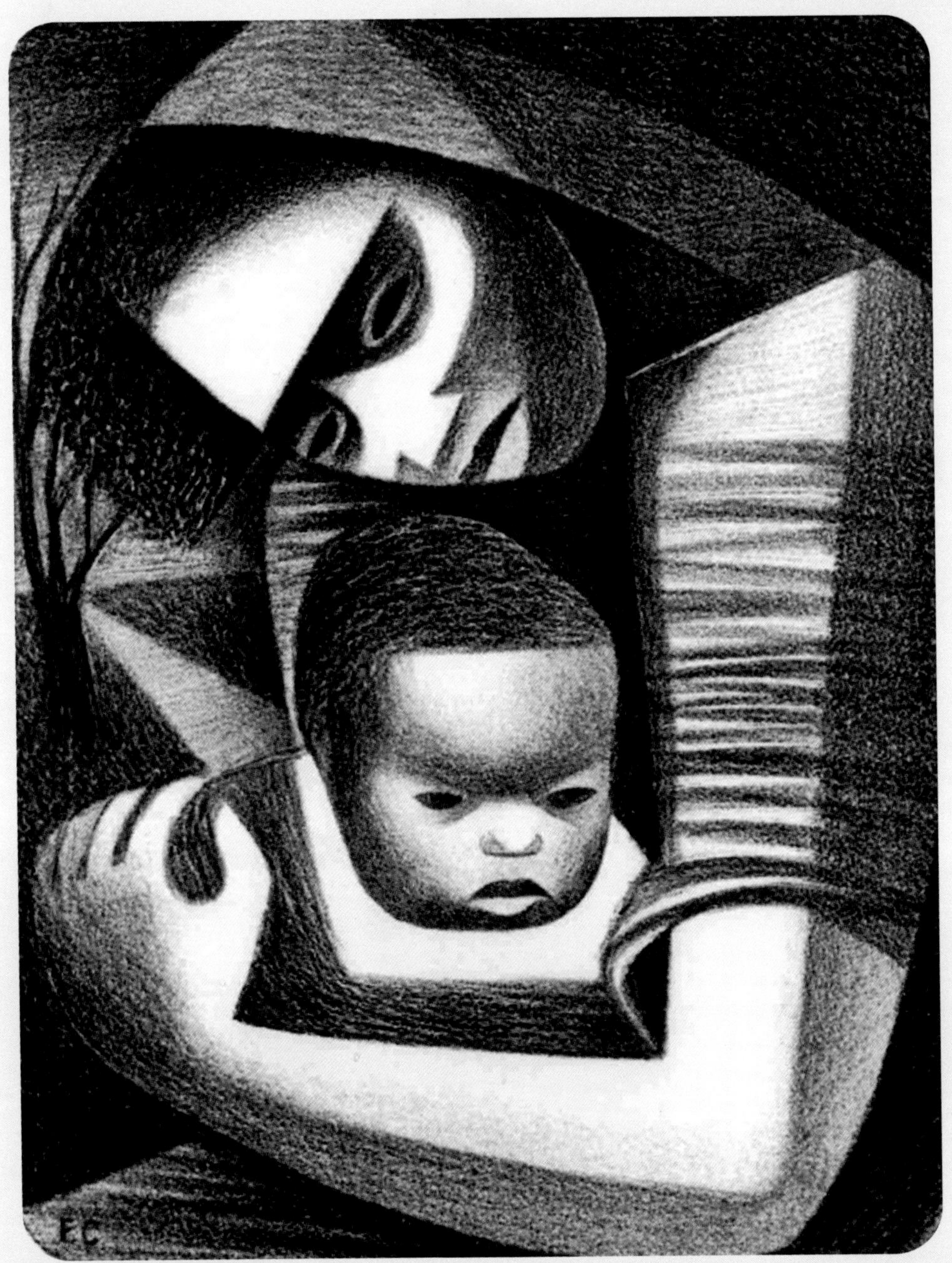

Elizabeth Catlett (b. 1915)
Mother and Child / *Madre e hijo*
1944, lithograph
17" x 18" (43.2 x 45.7 cm.) (frame size)
Collection of Hampton University Museum

Exhibition Catalogue

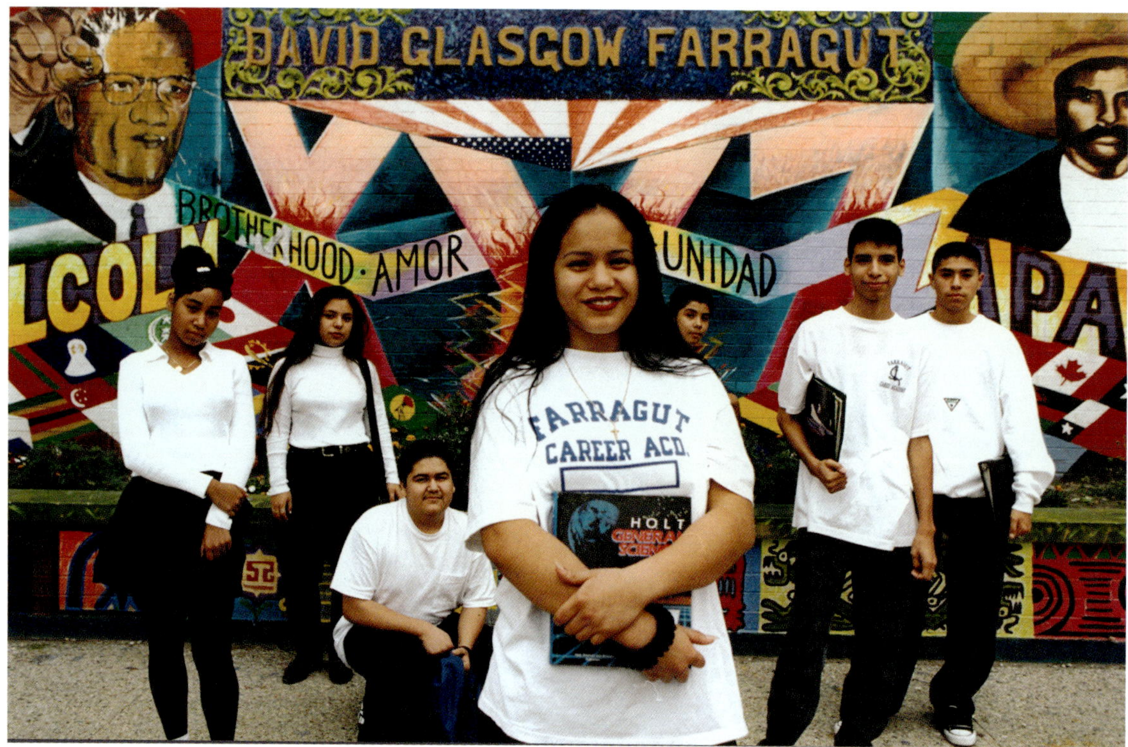

Antonio Pérez (b. 1962)
Farragut High School Students
Estudiantes de Farragut High School
1998, lambda photographic reprint
16" x 20" (50.8 x 40.6 cm.)
Collection of the artist

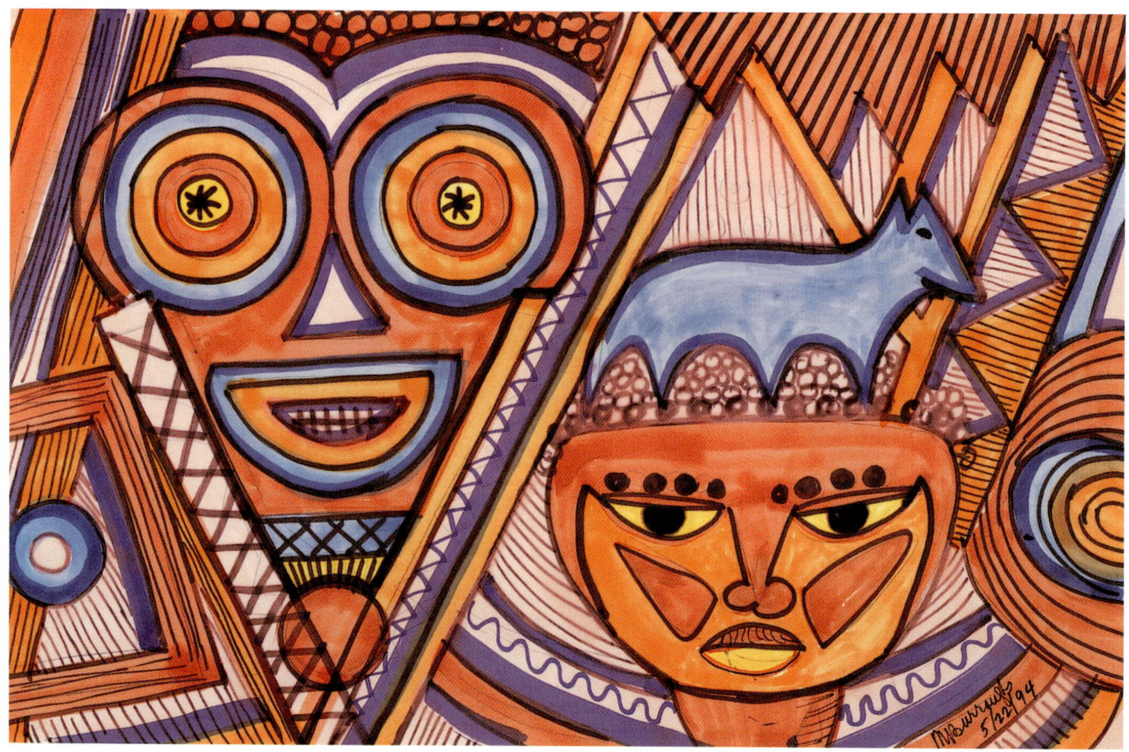

Margaret Burroughs (b. 1917)
Olmec Culture / *La cultura olmeca*
1994, colored markers
26 11/16" x 39 5/8" (67.8 x 100.6 cm.) (frame size)
Collection of the artist

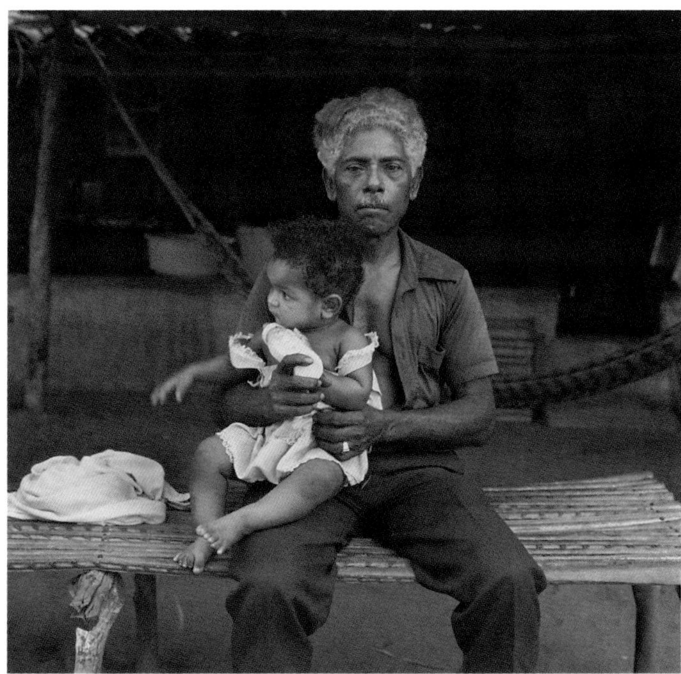

Tony Gleaton (b. 1948)
Justino Silva and His Niece
Justino Silva y su sobrina
1989, archival gelatin silver print
20" x 16"(50.8 x 40.6 cm.)
Mexican Fine Arts Center Museum Permanent Collection, 2005.118,
Gift of Marcia Harris and Museum Purchase Fund

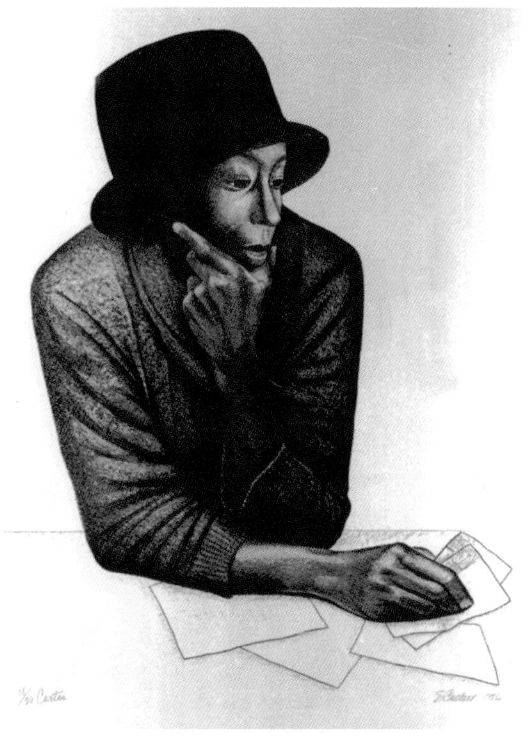

Elizabeth Catlett (b. 1915)
Cartas / *Letters*
1986, lithograph
36 1/2" x 29" (92.7 x 73.7 cm.) (frame size)
Collection of Hampton University Museum

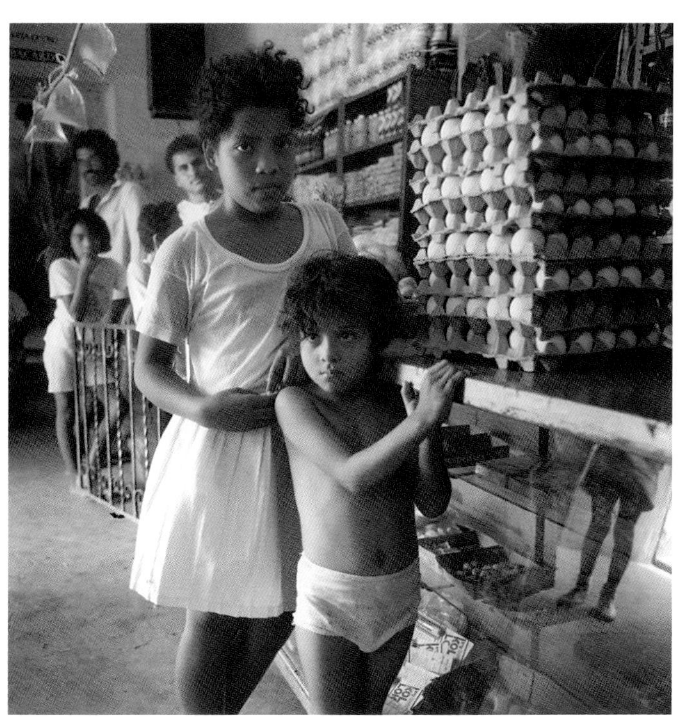

Tony Gleaton (b. 1948)
Untitled / *Sin título*
1993, archival gelatin silver print
20" x 16" (50.8 x 40.6 cm.)
Mexican Fine Arts Center Museum Permanent Collection, 2005.119, Gift of Lisa Ellerbee and Museum Purchase Fund

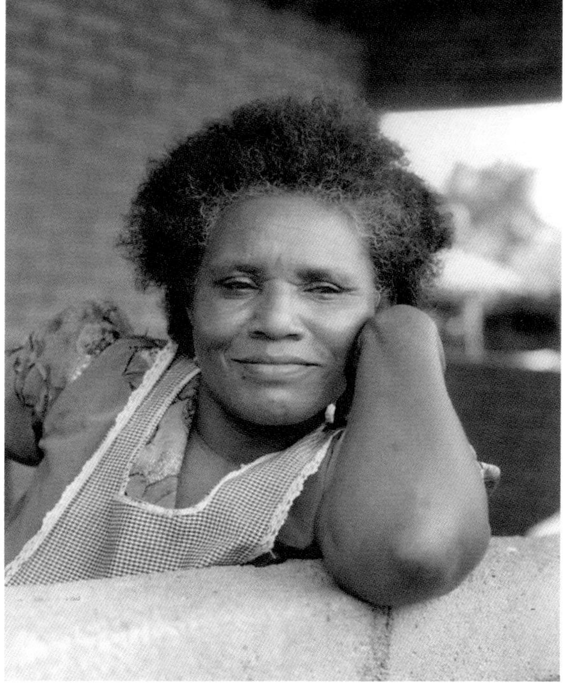

Ron Wilkins
Business Woman / *Empresaria*
Corralero, Oaxaca,
1993, photograph
20" x 16" (50.8 x 40.6 cm.)
Mexican Fine Arts Center Museum Permanent Collection,
2006.31, Museum Purchase Fund

Exhibition Checklist

Who Are We Now?
Roots, Resistance, and Recognition

1. **John Trevino** (b. 1972)
Street Scene/*Escena de la calle*
2002, iris print
50" x 40" (127 x 101.6 cm.)
Collection of the artist

2. **Carlos Cortéz** (1923-2005)
My History Is Your History
Mi historia es su historia
1999, linocut, N.N.
18" x 31 3/4" (45.7 x 80.6 cm.)
Mexican Fine Arts Center Museum
Permanent Collection, 1999.83, Gift of the artist

3. **Tony Gleaton** (b. 1948)
Madre África / *Mother Africa*
1987, *archival gelatin silver print*
20" x 16" (50.8 40.6 cm.)
Mexican Fine Arts Center Museum
Permanent Collection, 2005.121, Gift of
William F. Cheek and Aimee Lee Cheek
and Museum Purchase Fund

4. **Ron Wilkins**
Grandma and Me / *Abuela y yo*
Ciruelo, Oaxaca
1998, photograph
16" x 20" (50.8 40.6 cm.)
Collection of the Artist

5. **Elizabeth Catlett** (b. 1915)
Mother and Child / *Madre e hijo*
1944, lithograph
17" x 18" (43.2 x 45.7 cm.) (frame size)
Collection of Hampton University Museum

6. **Elizabeth Catlett** (b. 1915)
I Have Given the World My Songs
He dado mis canciones al mundo
1948, linocut
13 1/4" x 10" (33.7 x 25.4 cm.)
Collection of Sragow Gallery

7. **Ron Wilkins**
Business Woman / *Empresaria*,
Corralero, Oaxaca
1993, photograph
20" x 16" (50.8 40.6 cm.)
Mexican Fine Arts Center Museum
Permanent Collection, 2006.31, Museum
Purchase Fund

8. **Daniel Martinez** (b. 1955)
The Promised Land / *La tierra prometida*
1986, serigraph, 16/46
26" x 38" (66 x 96.5 cm.)
Mexican Fine Arts Center Museum
Permanent Collection, 1991.92, Gift of Self
Help Graphics

9. **John Wilson** (b. 1922)
Mexican Woman / *Mujer mexicana*
1951, lithocrayon drawing
10 1/2" x 12 3/8" (26.7 x 31.4 cm.)
Collection of Sragow Gallery

10. **John Wilson** (b. 1922)
La calle / *The Street*
1951, opaque watercolor
8 1/4" x 14 1/4" (21 x 36.2 cm.)
Collection of Sragow Gallery

11. **Elizabeth Catlett** (b. 1915)
Sharecropper (man) / *Aparcero*
1945, linocut
17" x 18" (43.2 x 45.7)
Collection of Hampton University Museum

12. **Elizabeth Catlett** (b. 1915)
Bread / *Pan*
1968, linocut, 12/35
22 1/4" x 18" (56.5 x 45.7 xm.)
Mexican Fine Arts Center Museum
Permanent Collection, 1993.49, Museum
Purchase Fund

13. **Margaret Burroughs** (b. 1917)
Mexican Girl / *Niña mexicana*
ca. 1952-1953 (printed and signed in 2005), linocut, N.N.
23" x 17 1/2" (58.4 x 4.5 cm.)
Mexican Fine Arts Center Museum Permanent Collection, 2005.114, Gift of Dr. Margaret Burroughs

14. **Carlos Cortéz (1923-2005)**
Respectable Citizens
Ciudadanos respetables
1987, linocut, N.N.
9" x 8" (22.9 x 20.3 cm.)
Mexican Fine Arts Center Museum Permanent Collection, 1992.131, Gift of the artist

15. **Carlos Cortéz (1923-2005)**
Ben Fletcher
1987, linocut, N.N.
35" x 23" (88.9 x 58.4 cm.)
Mexican Fine Arts Center Museum Permanent Collection, 1992.118, Gift of the artist

16. **Malaquías Montoya** (b. 1938)
Malcolm X & Steven Biko
1992, charcoal collage
37 1/2" x 29 1/2" (95.3 x 74.9 cm.)
Collection of the Artist

17. **Chaz Bojorquez** (b. 1949)
Malcolm as the Phoenix
Malcolm como el fénix
1993, mixed media
65" x 65" x 3" (165.1 x 165.1 x 7.6 cm.)
Collection of the Artist

18. **Carlos Cortéz (1923-2005)**
¡Draftees of the World Unite! You Have Nothing to Lose but Your Generals!
¡Reclutas del mundo, únanse! No tienen nada que perder más que sus Generales!
ca.1968, linocut, N.N.,
23 1/8" x 33 1/8" (58.7 x 84.1 cm.)
Mexican Fine Arts Center Museum Permanent Collection, 1997.31, Gift of the artist

19. **Favianna Rodríguez** (b. 1978)
War Targets Poor People of Color
La gente pobre de color es el blanco de la guerra
2002, offset poster
23 1/2" x 16 7/8" (59.7 x 42.9 cm.)
Mexican Fine Arts Center Museum PermanentCollection, 2003.327, Gift of the artist in honor of Jesus Chunga

20. **Yolanda Gonzalez** (b. 1964)
Women Know Your Strength
Mujeres conozcan su poder
1992, serigraph, 26/54
26 1/8" x 20" (68.3 x 50.8 cm.)
Mexican Fine Arts Center Museum Permanent Collection, 1996.12, Gift of Self Help Graphics

21. **Elizabeth Catlett** (b. 1915)
Cartas / *Letters*
1986, lithograph
36.5" x 29" (92.7 x 73.7 cm.)
Collection of Hampton University Museum

22. **Lance Wyman** (b. 1937)
Martin Luther King (1929-1968)
1969, paste up/collage
9 1/8" x 5 7/8" (23.2 x 14.9 cm.)
Collection of the Artist

23. **Lance Wyman** (b. 1937)
Martin Luther King (1929-1968), issued in 1969 by Aereo Mexico, postage stamps
8 3/4" x 10 1/4" (22.2 x 26 cm.)
Mexican Fine Arts Center Museum Permanent Collection, 2005.103, Gift of Lance Wyman in honor of Dr. Martin Luther King Jr.

24. **Letter from Coretta Scott King to Lance Wyman** / Carta de Coretta Scott King a Lance Wyman
1969, sheet of typing paper
11" x 8 1/2" (27.9 x 21.6 cm.)
Collection of Lance Wyman

25. **Jerry Pinkney** (b. 1939)
Martin Luther King Jr. Civil Rights Marchers/*Martin Luther King Jr. manifestantes de derechos civiles*
1979, watercolor
10 1/2" x 7 1/4" (26.7 x 18.4 cm.)
Stamp Services U.S. Postal Service

26. **Jerry Pinkney** (b. 1939)
Martin Luther King Jr. Civil Rights Marchers
Martin Luther King Jr. manifestantes de derechos civiles
1979, postage stamps
8 7/8" x 10 1/8" (22.5 x 25.7 cm.)
Exhibition purchase fund

27. **Carlos Cortéz (1923-2005)**
That All Break Bread at the Same Table
Que todos compartan el pan en la misma mesa
1965 (printed in 1999), linocut, N.N.
8 1/2" x 11" (21.6 x 27.9 cm.)
Mexican Fine Arts Center Museum Permanent Collection, 1999.77, Gift of the artist

28. **Juan Angel Chávez** (b. 1971)
Muscle, Guts, and Luck
Músculo, Agallas, y Suerte
2005, mixed media installation
9' x 4'1" x 4'7" (274.3 x 124.5 x 139.7 cm.)
Collection of the Artist

29. **Carlos Cortéz (1923-2005)**
Chicago Sings in Many Voices
Chicago canta en muchas voces
1984, linocut, N.N.,
22 1/2" x 22 1/2" (27.2 x 27.2 cm.)
(paper size)
Mexican Fine Arts Center Museum Permanent Collection, 1997.41, Gift of the artist

30. **Antonio Dickey** (b. 1955)
Untitled / *Sin título*
(Rudy Lozano and Harold Washington)
1983, lambda photographic reprint
16" x 20" (40.6 x 50.8 cm.)
Collection of the Artist

31. **Antonio Pérez** (b. 1962)
Farragut High School Students
Estudiantes de Farragut High School
1998, lambda photographic reprint
16" x 20" (40.6 x 50.8 cm.)
Collection of the Artist

32. **Margaret Burroughs** (b. 1917)
Olmec Culture / *La cultura Olmeca*
1994, colored markers
26 11/16" x 39 5/8" (67.8 x 100.6 cm.) (frame size)
Collection of the Artist

33. **Elizabeth Catlett** (b. 1915)
Playing / *Jugando*
1983, linocut
30 1/4" x 28 1/2" (76.8 x 72.4 cm.)
Collection of Hampton University Museum

34. **Tony Gleaton** (b. 1948)
Las muñecas / *The Dolls*
1987, archival gelatin silver print
20" x 16" (50.8 x 40.6 cm.)
Mexican Fine Arts Center Museum Permanent Collection, 2005.124, Gift of Jorge and Isabel Flores and Museum Purchase Fund

35. **Ron Wilkins**
Untitled, Santo Domingo, Oaxaca
Sin título, Santo Domingo, Oaxaca
2002, photograph
20" x 16" (50.8 x 40.6 cm.)
Collection of the Artist

36. **Tony Gleaton** (b. 1948)
Dominós / *Dominos*
1990, archival gelatin silver print
20" x 16" (50.8 x 40.6 cm.)
Mexican Fine Arts Center Museum Permanent Collection, 2005.123, Gift of Susan Branagan and Museum Purchase Fund

37. **Tony Gleaton** (b. 1948)
Padre Glyn / Father Glyn
1989, archival gelatin silver print
20" x 16" (50.8 x 40.6 cm.)
Mexican Fine Arts Center Museum Permanent Collection, 2005.122, Gift of Bruce W. Talomon and Karen Grigsby Bates and Museum Purchase Fund

38. **Museum of Broadcast Communications Harold Washington: On the Air**
Harold Washington: En vivo y directo
1992, video montage incl. eulogy by Ald. Jesús Garcia
Exhibition Purchase Fund

39. **Tony Gleaton** (b. 1948)
Justino Silva and His Niece
Justino Silva y su sobrina
1989, archival gelatin silver print
20" x 16" (50.8 x 40.6 cm.)
Mexican Fine Arts Center Museum Permanent Collection, 2005.118, Gift of Marcia Harris and Museum Purchase Fund

40. **Tony Gleaton** (b. 1948)
Untitled / *Sin título*
1991, archival gelatin silver print
20" x 16" (50.8 x 40.6 cm.)
Mexican Fine Arts Center Museum Permanent Collection, 2005.119, Gift of Lisa Ellerbee and Museum Purchase Fund

41. **Carlos Cortéz (1923-2005)**
Lucía González de Parsons
1986, linocut
33" x 23 1/8" (83.8 x 58.7 cm.)
Mexican Fine Arts Center Museum Permanent Collection
1990.28, Gift of the Artist

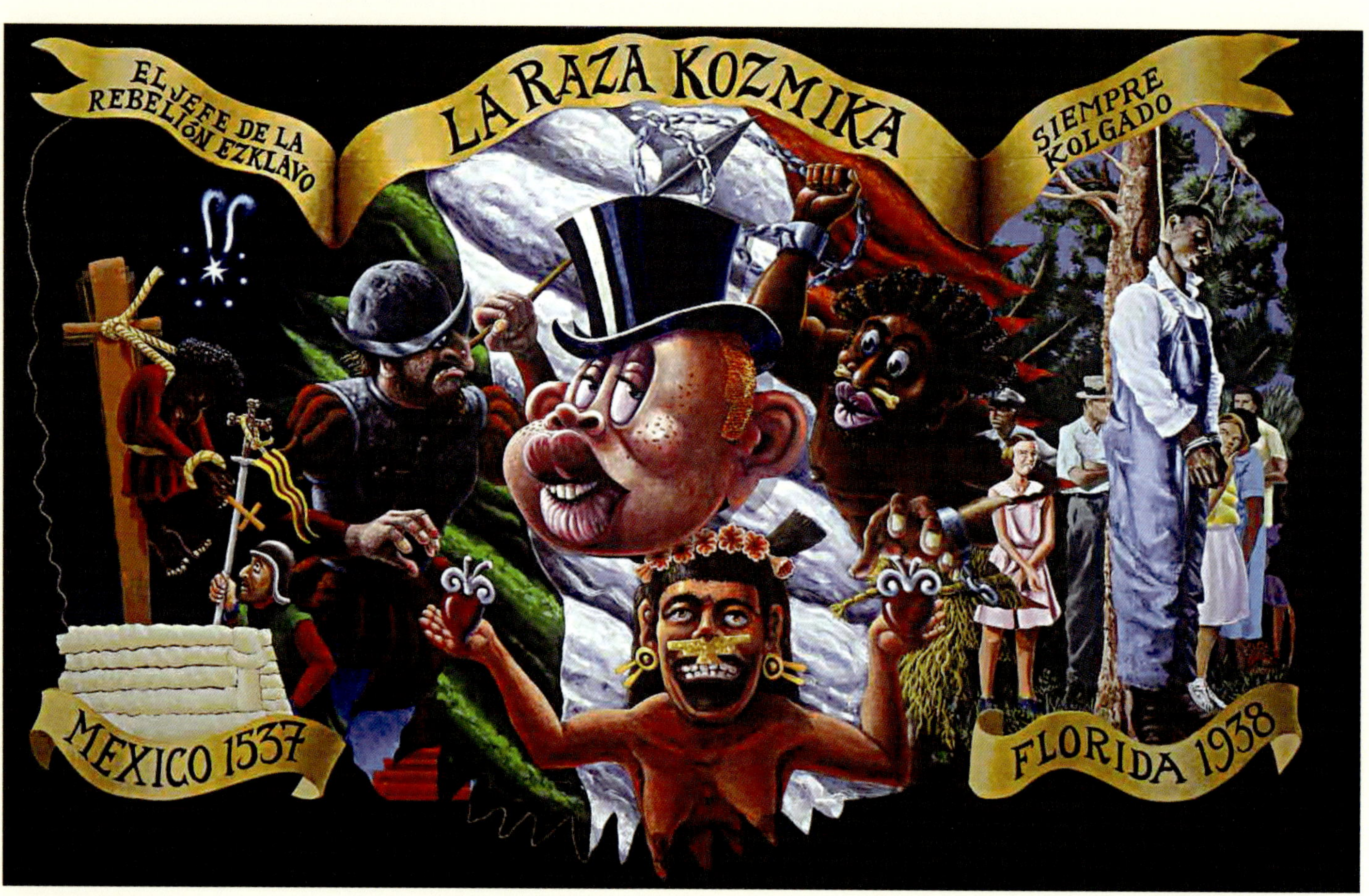

Alfred J. Quiroz (b. 1944)
The Kozmic Race
La Raza Kózmica
2005, acrylic on wood panel
64" x 95 1/2" x 3 1/2" (162 x 242.5 x 8.9 cm.)
Collection of the artist
Photo: Wilson P. Graham

Racism in Mexico:
Exposing the Myth

By Maria Rosario Jackson, Ph.D.

I am the U.S. born daughter of an African American man and a Mexican woman. I grew up in a Black neighborhood in Los Angeles, but spent my first 18 summers in Mexico City, where my mother's family lives. My childhood home in Los Angeles was a place where race mattered. My father was from the generation that was lashed by Jim Crow laws and then brought the Civil Rights Movement to its peak. He was also of the generation in which many African American artists and intellectuals left the U.S. to find refuge in Mexico. He was proud of his heritage and passed that on to me through family stories, Black history lessons he knew I would not get in school and the repeated reminder that, despite what society would try to lead me to believe, Black people made great contributions to civilization and "I did not come from trash."

My father loved Mexico until his death. He was fascinated by its history, culture, and people, and also, in his eyes, its non-whiteness. When he first encountered Mexico in the 1950s, coming from the U.S. where race was such a defining factor, he also loved the myth that, in Mexico, race did not matter. He was heartened by the freedoms that African Americans enjoyed in Mexico, without Jim Crow segregation. He saw art by African Americans in major cultural venues when these artists' work would not be shown in the U.S. African Americans could also establish businesses and own property without dealing with racial covenants preventing this, as was the case at home. He suspected that the notion that Mexico was completely free of racism was not altogether true, and over time, his suspicions were confirmed, sometimes painfully. But he continued to love the country anyway. He loved it as one loves family—warts and all.

My mother is fiercely Mexican—a small *mestiza*[1] woman full of fire and life. At home, she spoke only in Spanish to my brother and me—Spanglish was not allowed. She made sure we knew Mexican customs and could "properly" read and write in her language. Our household celebrated saints' days and *16 de Septiembre,*[2] and our yearly summer trips to Mexico were almost sacred. My mother loved my father and his family, but she admits that, particularly early in their marriage, she did not always understand how they viewed the world—why race was so important and why everyone in his family, ranging in color from almost white (or "high yellow," in the Black vernacular) to dark brown, were called Black. When I was a small child, my mother used to claim that there was no racism in Mexico—everyone was Mexican. It was not like the U.S.—obsessed with race and categories. She has now lived in the U.S. for almost fifty years and

---

[1] Spanish for "mixture," specifically implying a person whose ancestry is a mix of Spanish and indigenous Mexican

[2] Mexican independence day

Racismo en México: Develando el mito

Translated by Veronica Mercado

Soy la hija de un hombre afroamericano y una mujer mexicana. Crecí en un barrio Negro de Los Angeles; sin embargo, pase mis primeros 18 veranos en la ciudad de México, donde vive la familia de mi madre. La casa de mi niñez en Los Angeles era un lugar donde las diferentes razas importaban. Mi padre fue de la generación azotada por las leyes de Jim Crow que después llevaron al auge el Movimiento de Derechos Civiles. También fue de la generación en la cual muchos artistas afroamericanos e intelectuales dejaron los Estados Unidos para refugiarse en México. Mi padre estaba orgulloso de sus antepasados y nos trasmitió ese sentir a través de las historias familiares, lecciones de la historia de Negros que sabia que yo no aprendería en la escuela y el recordatorio constante de que, no obstante lo que la sociedad intentara hacerme creer, la gente Negra ha hecho grandes contribuciones a la civilización y por lo tanto "no vengo de la basura."

Mi padre amó a México hasta su muerte. Estaba fascinado por su historia, su cultura, su gente y, ante sus ojos, su no blancura. En su primer encuentro con México en la década de los cincuenta, viniendo de los Estados Unidos donde la raza era un factor definitivo, también amó el mito de que en México la raza no importa. Estaba fascinado por las libertades que los afroamericanos disfrutaban en México, y sin la segregación de Jim Crow. Vió el arte de los afroamericanos en los grandes espacios culturales, siendo que las obras de estos artistas no hubiesen sido exhibidas en los Estados Unidos. Los afroamericanos también podían tener negocios y ser dueños de propiedades sin tener que enfrentar los contratos racistas que lo impidieran, tal como sucedía en su país. Mi padre sospechaba, sin embargo, que la idea de que México estaba libre de racismo no era completamente verdadera, y el tiempo le dio la razón, a veces en forma dolorosa. Aun así, su amor por México siguió en pie. Amó a México, como se ama a la familia, con todas sus imperfecciones.

Mi madre es una mexicana de hueso colorado, una mujer mestiza menuda, apasionada y llena de vida. En casa se dirigía a mi hermano y a mí solo en español; no permitía el Spanglish. Se aseguro de que conociéramos las

says it has taken her decades and raising two "Black" children to better understand racial dynamics here and to see that even in Mexico, where everyone is Mexican, there is racism too.

My view of race and racism in Mexico is influenced by my parents' experiences as well as my own. As an African American Mexican woman, over the course of my life, I have felt the country's embrace and its sting. Looking at old pictures of myself as a small child among my Mexican cousins I am happy—laughing like all the rest of them—but I look somewhat different. My nose is a little flatter, my hair is much curlier, my lips are a bit fuller and I am a little darker than most of them. In Mexico City, walking through the markets with my aunts and grandmother, I was called "*Chata,*[3]" "*Chinita,*[4]" "*Trompudita,*[5]" "*Morena*[6]"—with affection, I think. I looked somewhat distinct from most people in Mexico City, but not completely unfamiliar. "*Parece costeñita,*[7]" people would say. My appearance sometimes caused people to pause briefly. They thought I was Mexican, but I was definitely not from D.F.—maybe a visitor from one of the Mexican coasts—Veracruz or Guerrero. I was often teased. People would talk to me in fake *costeño*[8] accents and I didn't understand why. In retrospect, I can see that they were acknowledging my African features even though they may not have made the connection with Africa. They claimed me as Mexican. But they viewed me as a curiosity that belonged at the periphery of the country.

Even as a small child, despite my mother's claims that race was unimportant in Mexico, I knew that Mexicans were keenly aware of people's phenotypical characteristics and that they were not all equal. Lighter skin and hair appeared to be preferable to darker skin and hair. A thin nose and lips were preferable to a thick nose and lips—the former being *fino* and the latter being *tosco*. I noticed that, when vendors wanted to curry favor with their clients in the markets, they would call them "*güero*" or "*güera*."[9] I noticed that adults warned children about staying in the sun too long and becoming too black. If it happened, one wasn't exactly in trouble, but it was clear that they preferred that we were mindful of the sun's effects (not so much because of skin cancer). It could make one look more Indian or even black. When I watched television with my grandmother, I noticed that for the most part, the rich people on the *telenovelas*[10] looked white while the poor usually looked definitively Indian. Occasionally there were black people on these shows, but they were usually from the country and were either buffoonish, had special mystical powers, or were very good people with extremely tragic lives and who talked like people talked to me sometimes when they were trying to tease me.

---

[3] Spanish for thick/flat nosed
[4] Spanish for curly/tightly coiled haired
[5] Spanish for having full lips
[6] Spanish for being dark skinned and/or having dark features
[7] Spanish for "She looks like she's from the Coast."

costumbres mexicanas y supiésemos leer y escribir apropiadamente en su lengua. En nuestro hogar se celebraban los Días de los Santos así como el 16 de septiembre, y nuestros viajes anuales a México eran casi sagrados. Mi madre amaba a mi padre y a su familia, aunque admite que al comienzo de su matrimonio no siempre entendía como veían ellos el mundo –las razones por las cuales la raza era tan importante y por que todos en la familia de mi padre, desde los de piel casi blanca (el denominado "high yellow" , en el idioma Negro vernáculo) hasta los de piel más oscura se les denominaba "Negros". Cuando yo era pequeña, mi madre solía decir que no existía racismo en México, que todos eran simplemente mexicanos. No era lo mismo que en Estados Unidos, donde la gente estaba obsesionada por la raza y las categorías. Mi madre lleva viviendo casi cincuenta años en Estados Unidos y dice que tuvieron que pasar décadas y criar dos hijos "Negros" para entender mejor la dinámica racial y darse cuenta de que en México también existe el racismo, aún cuando todos sean mexicanos.

Mi visión sobre la raza y el racismo en México esta influenciada por las experiencias de mis padres al igual que las mías. Siendo una mujer afroamericana y mexicana, a lo largo de mi vida he vivido tanto el abrazo como el aguijón del país. Cuando veo fotos de cuando era niña, me veo feliz entre mis primos mexicanos, riéndome como todos ellos; sin embargo, hay algo que me hace diferente a ellos. Mi nariz es un poco más aplanada, mi cabello mucho más risado, mis labios más carnosos y mi piel más oscura que la de ellos. De compras por los mercados en la ciudad de México, en compañía de mis tías y mi abuela, la gente se refería a mi con afecto, al menos eso creo, utilizando expresiones como las de "Chata", "Chinita", "Trompudita", "Morena". Mi apariencia era en cierta forma distinta a la de la mayor parte de la gente de la ciudad de México, aunque no completamente desconocida. La gente solía decir "parece costeñita". En ocasiones hasta se detenían por breves momentos. Pensaban que era mexicana, pero no del D.F., quizá proveniente de una de las costas de México, Veracruz o Guerrero. Con frecuencia se burlaban de mí. La gente solía hablarme con un acento costeño falso. Yo no comprendía la razón. Viéndolo en retrospectiva me doy cuenta de que se percataban de mis facciones africanas, aunque pudieran no haber hecho la conexión con África. Me aceptaban como mexicana, pero me veían como una curiosidad que pertenecía a los confines del país.

As I grew older I became more knowledgeable about African-American history and my father's interpretation of Mexican history, which included black presidents, Morelos and Guerrero, and indigenous groups (e.g. Olmecs) with African connections. I started to identify similarities in the call and response of West African music and *Son Jarocho*[11]. I traveled to Acapulco and Veracruz and saw people who looked like me, my family in the U.S., and people back in my Black neighborhood in Los Angeles. As I shared what I was learning and seeing with family and friends in Mexico, I began to feel some resistance to my views and beliefs. For example, my Mexican family elders told me that they had never heard that Morelos and Guerrero were of African ancestry and that they doubted it. My claims about the Olmecs were rejected for the most part. Also, when I started asking questions about why so many people from the states of Veracruz and Guerrero looked like Black folks in LA, I was told that that's just how those people look. "*Son Mexicanos. Así son. Así los hizo Dios*[12]. " When I suggested that there might be a history tied to Africa that they were ignoring or not telling me, I was dismissed and told that I needed to put my energy into thinking about other things. The U.S. was consumed with race and it was affecting me. Interestingly, despite their reluctance to engage in a discussion about race and their admonishment that I should put my mind to other uses, I don't think that they were harboring a secret. It wasn't as if they knew something that they were hiding and wanted to keep from me. They were already victims of the brainwashing that relieved Mexico of Africa decades before and, as such, were satisfied with the explanation they had given me and were eager for me to move on to some other topic that did not challenge their view of the world. Being a teenager, my desire to engage them only increased. I continued with my heretic assertions, asked questions, made them tired and irate. My mother would recommend to them that they should go to the Museum of Anthropology in Chapultepec to see the *casta* paintings[13] and the Olmec head. Then she would give me pleading looks to let it go. She assured me that they meant no harm, they just didn't think about things the same way we did in the U.S. Hadn't they always treated my father and his family with respect and affection? They had.

When my father and I were in Mexico together we developed a secret language of looks, nods, and nudges to signal our recognition of Mexico's palpable negritude. We spent many afternoons registering with each other evidence of the history that was denied and forgotten—references to African deities in Mexican music, African names on Mexican maps, the postures of black women with hands on their hips in Puerto Marquez, the *blanquito*[14] with tightly coiled hair and

---

[8] Spanish for someone from the coast
[9] Spanish for being light skinned
[10] Spanish for soap opera[s]
[11] A Mexican musical genre with strong African roots

Desde niña, y a pesar del argumento de mi madre de que la raza no importaba en México, sabía que los mexicanos estaban al tanto de las características fenotípicas de la gente y que no todos eran iguales. Se prefería a la gente de piel blanca y cabello rubio frente a los de piel y pelo negro. Una nariz y labios finos eran preferibles a unos gruesos, a los primeros se les decía fino, a los segundos tosco. Me percataba de ello cuando los vendedores querían que la clientela les comprara en los mercados al llamarlos "güero" o "güera". Notaba que los adultos aleccionaban a los niños que estaban mucho rato en el sol de que se pondrían prietitos, y si esto sucedía, uno no se metía precisamente en problemas con sus padres, pero estaba claro que preferían que se tuviese en mente los efectos del sol -no tanto por el cáncer de piel- sino porque uno podía verse más indígena o inclusive negro. Cuando veía televisión con mi abuela, me percataba de que la gente rica de las telenovelas solía ser de piel blanca mientras que los pobres siempre parecían indígenas. En tales programas había ocasionalmente gente negra; pero cuando esto sucedía por lo general era gente del campo representando el papel de bufón, poseían poderes místicos especiales o era gente muy buena con vidas extremadamente trágicas y que hablaban como la gente que se dirigía a mi cuando trataban de burlarse de mí.

A medida que fui creciendo, también fui conociendo la historia afroamericana, así como la interpretación de mi padre sobre la historia de México. Esta historia incluía a líderes políticos negros, tales como José María Morelos, uno de los líderes más importantes en la lucha por la independencia de México, Vicente Guerrero, el segundo presidente de México y grupos indígenas, como los Olmecas, con vínculos africanos. Empecé a identificar semejanzas (en los llamados y respuestas) de la música africana occidental y el Son Jarocho. Viajé a Acapulco y Veracruz y vi a gente parecida a mí, a mi familia en los Estados Unidos y a la gente Negra de mi vecindario en Los Angeles. A medida que compartía con mi familia y amigos de México lo que aprendía y veía, empecé a encontrar rechazo a mis opiniones y creencias. Por ejemplo, los ancianos de mi familia mexicana me decían que nunca habían escuchado que Morelos y Guerrero fueran de ascendencia africana por lo cual lo ponían en duda. La mayoría también rechazaba mis ideas sobre los Olmecas. También, cuando empecé a preguntar porque tanta gente de los estados de Veracruz y Guerrero se parecía a los Negros de Los Angeles, me decían que esa era la forma como la gente se ve. "Son mexicanos. Así son. Así los hizo Dios." Cuando sugería que podría haber una historia vinculada a África, que ellos desconocían o no me

thick lips. One evening, however, we could no longer keep quiet. We had managed to keep our thoughts about the omission of African influence in Mexico to ourselves, for the most part. But this evening my father and I had joined my mother's family to see a Mexican vaudeville and burlesque style show at the Teatro Blanquita. Part of the show included a comedy skit that poked "fun" at people from Veracruz. The characters in this skit were supposed to be black *Jarochos* confronted with everyday problems. The skit involved actors in black face moving about the stage with monkey-like actions and speaking grammatically incorrect Spanish in dialect—a modern day minstrel show of the worst type. I watched my father as the show progressed. He sat there, mouth open, angry, but more than anything, hurt. He looked at me and I acknowledged what he was witnessing. We left the theater. My mother's family stayed on, oblivious to why we had left. After the show was over and we met in the parking lot they asked what had happened. Did we not feel well? Had the show bored us? My father spoke up and said he had been offended by the *Jarocho* skit. The family did not understand why. He pointed out the black face, the monkey-like movements, and the speech pattern. Then almost in tears he told them that black people had dignity and integrity. They were professionals, intellectuals, artists, writers, inventors. He asked them if they had any idea how long his family had struggled to refute those stereotypes. How many lives had been sacrificed for Blacks to be respected? They assured him that the skit was innocent and that it was certainly not a reflection of how they thought of him and his family. Hadn't they always treated him and his family with respect and affection? They had. What they had not done was recognize the bonds that existed between my father and the legacy of Africa in Mexico—that presence that Mexican society, for the most part, denied and denigrated—the bonds that made him and me feel that there was a place for us in that country.

I have no question that, with regard to its African heritage, Mexico is in denial. What's worse is that the denial is almost effortless and the denigration that follows goes unchallenged. That said, I am also certain that African heritage has managed to live on in Mexico. It is deep in the music, dance, food, language, customs, beliefs, and on the faces of the many Mexicans who still physically carry signs of Africa in their hair, features, or in their skin. It is a disgrace that this legacy is not celebrated and that as a consequence, such racism goes unchecked with serious domestic and global consequences. Cultural amnesia and the negative effects that follow are difficult to rectify, but perhaps not impossible. Certainly the academic efforts to bring into relief the importance of

---

[12] Spanish for "They're Mexican. That's how they are. That's how God made them."
[13] Spanish Colonial paintings of the social caste system in Mexico
[14] Spanish for a light skinned person

contaban, solían ignorarme y decirme que dedicara mis esfuerzos a otras cosas. Estados Unidos estaba obsesionado con la raza y eso me afectaba. Interesantemente, a pesar de su rechazo a involucrarse en discusiones sobre la raza y su amonestación de que debía utilizar mi mente para otras cosas, no creo que mantuvieran un secreto. Es como si supieran algo que quisieran ocultarme y alejarme del mismo. Ellos eran víctimas de un "lavado de cerebro" que desvinculaba a México de África desde hacía décadas, por lo cual estaban satisfechos con las explicaciones que me daban y estaban ansiosos de que me ocupara de otro tema que no desafiará su visión del mundo. Siendo una adolescente, se incrementaba mi interés por involucrarlos. Así, continúe con mis aseveraciones heréticas, preguntaba, los cansaba e irritaba. Mi madre les recomendaba ir al Museo de Antropología en Chapultepec a ver las pinturas de castas y las cabezas olmecas. Luego me rogaba con una mirada que no le diera importancia. Me aseguraba que ellos no trataban de hacerme daño, simplemente no pensaban de la misma forma como nosotros en Estados Unidos. ¿No habían tratado a mi padre y a su familia con respeto y afecto? Y sí lo habían hecho.

Cuando mi padre y yo estábamos juntos en México, desarrollamos un lenguaje secreto de miradas, asentimientos y códigos para señalar nuestro reconocimiento de la evidente negritud en México. Pasamos numerosas tardes juntos registrando evidencias de que la historia era negada y olvidada -alusiones a deidades africanas en la música mexicana, nombres africanos en los mapas mexicanos, las posturas de las mujeres negras con las manos en sus caderas en Puerto Marquez, el blanquito con el pelo rizado y labios gruesos. Una tarde, sin embargo, no pudimos continuar callados. En lo general, conservábamos para nosotros mismos, nuestras ideas sobre la omisión de la influencia africana en México. Pero esa tarde mi padre y yo acompañamos a la familia de mi madre a ver un espectáculo satírico mexicano en el Teatro Blanquita. Una parte del espectáculo incluía una escena que hacía burla de la gente de Veracruz. Los personajes de esta escena eran supuestamente jarochos negros que se enfrentaban a los problemas de la vida diaria. La escena involucraba actores con la cara pintada de negro que se desplazaban en el escenario con movimientos parecidos a los monos y hablando un mal español, como en un moderno espectáculo del peor tipo donde se hace burla de los negros. Miraba a mi padre conforme avanzaba el espectáculo. Sentado ahí, con la boca abierta, enojado, y ante todo, herido. Me miraba y reconocía lo que presenciaba. Nos salimos del teatro. La familia de mi madre se quedó hasta el final y sin saber porque nos habíamos marchado. Después de haber terminado la función y encontrarnos en

Mexico's third root are a step in the right direction. Similarly, grassroots efforts on the Mexican coasts that celebrate afromexicanos are significant. However, more aggressive efforts in Mexico are necessary. But Mexico can't achieve the cultural enlightenment it needs on its own. It requires the support of nations where the struggle for the eradication of racism has been long fought. It also requires that people of African ancestry from other countries reach out and assertively claim Mexico as part of the African diaspora. Mexican identity is not complete without acknowledgement of its African heritage.

el estacionamiento nos preguntaron qué había ocurrido. ¿No nos sentíamos bien? ¿Nos aburría el espectáculo? Mi padre les dijo con franqueza que la escena del jarocho lo había ofendido. La familia no entendió porque. Él mencionó la cara pintada de negro, los movimientos de mono y la forma de hablar. Entonces, al borde del llanto, dijo que la gente negra tenía dignidad e integridad. Las personas negras eran profesionistas, intelectuales, artistas, escritores e inventores. Les preguntó si tenían alguna idea de cuanto tiempo había luchado su familia para rechazar esos estereotipos. ¿Cuántas vidas se habían sacrificado para que los Negros fueran respetados? Le aseguraban que la escena era inocente, y que no reflejaba lo que pensaban sobre él y su familia. ¿No lo habían tratado siempre con respeto y afecto a él y a su familia? Ellos lo habían hecho. Lo que no habían hecho era reconocer los lazos existentes entre mi padre y el legado de África en México, esa presencia que la mayor parte de la sociedad mexicana niega y denigra, los lazos que le hacían sentir un lugar para él en ese país.

No me queda duda alguna de que México niega su herencia africana. Peor aún, dicha negación casi siempre es sin esfuerzo y la denigración posterior permanece indisputada. Después de haber dicho lo anterior, también estoy segura que la herencia africana ha sobrevivido en México; está enraizada en su música, sus bailes, su comida, su lengua, sus costumbres, sus creencias y en los rostros de muchos mexicanos, quienes todavía cargan rasgos físicos de África en su pelo, en sus características y en su piel. Es una desgracia que esta herencia no sea reconocida y que, como consecuencia, tal racismo pase desapercibido con serias consecuencias a nivel doméstico y global. La amnesia cultural y los efectos negativos que derivan son difíciles de rectificar, pero quizá no imposibles. Ciertamente, los esfuerzos académicos por sacar a relucir la importancia de la tercera raíz de México es un paso que va por buen camino. De igual forma son significativos los esfuerzos de los grupos de base que se llevan a cabo en las costas mexicanas para celebrar lo afromexicano. Sin embargo, se requieren esfuerzos más agresivos en México. México por sí mismo no puede alcanzar la ilustración cultural que requiere. Requiere el apoyo de países que han luchado durante mucho tiempo por erradicar el racismo. También requiere que la gente de ascendencia africana de otros países demande que México sea parte de la diáspora africana. La identidad mexicana no está completa sin reconocer su herencia africana.

Selected Bibliography

Aguirre Beltrán, Gonzalo. *"Cuijla: Esbozo Etnográfico de un Pueblo Negro." Obra Antropológica VII. México*, D.F.: Fondo de Cultura y las Artes, 1989.

——. *"El Negro Esclavo en Nueva España, La Formación Colonail, la Medicina Popular y Otros Ensayos." Obra Antropológica XVI*. México, D.F.: Fondo de Cultura Económica, S. A. de C.V. 1994.

——. *"El Proceso de Aculturación Y el Cambio Socio-cultural en México." Obra Antropológica VI*. México, D.F.: Fondo de Cultura Económica, S. A. de C.V. 1994.

——. *"La Población Negra de México: Estudio Etnohistórico." Obra Antropológica* II. México D.F.: Fondo de Cultura Económica, 1989.

Americas Society Art Gallery. *New World Orders: Casta Painting and Colonial Latin America*. New York: Americas Society, 1996.

Aptheker, Herbert. *"One Continual Cry" David Walker's Appeal to the Colored Citizens of the World (1829-1830): Its Setting and Its Meaning*. New York : Humanities Press, 1965.

Artes de México. *La Pintura de las Castas*. México, D.F.: Artes de México, 1998.

Baños Delgado, Albel E. *Retumbos de mi Querencia*. México, D.F.: Daga Editores, 2001.

Bautista, Sharon S., Anthea Kraut, Charles Chen, Ethan Plaut, Gregory Foster-Rice, and Souyeon Woo. "Wall of Respect on the Web." Mary and Leigh Block Museum of Art, Northwestern University. October 3, 2005 <http://www.blockmuseum.northwestern.edu/wallofrespect/main.htm>.

Beardon, Romare, and Harry Henderson. *A History of African-American Artists from 1792 to Present*. New York : Pantheon Books, 1993.

Bennett, Herman L. *Africans in Colonial Mexico: Absolutism, Christianity, and Afro-Creole Consciousness 1570-1640*. Bloomington, IN: Indiana University Press, 2005.

Berry, Faith. *Langston Hughes: Before and Beyond Harlem*. Westport, CT: L. Hill, 1983.

Brenson, Michael. "Form that Achieves Sympathy: A Conversation with Elizabeth Catlett." *Sculpture Magazine*. Vol. 22, No. 3 (April 2003). October 5, 2005 <http://www.sculpture.org/documents/scmag03/apr03/catlett/cat.shtml>.

Carera, Magali M., *Imagining Identity in New Spain: Race, Lineage and the Colonial Body in Portraiture and Casta Paintings*. Austin, Texas: University of Texas Press, 2003.

Carey, Brycchan. "Slavery, Emancipation, and Abolition." February 7, 2005. Personal Website. October 3, 2005 <http://www.brycchancarey.com/index.htm>.

Carrigan, William D. "The Lynching of Persons of Mexican Origin or Descent in the United States, 1848 to 1928." Winter 2003. Carnagie Mellon College of Humanities and Social Sciences. June 24, 2004. <http://www.looksmarttrends.com/p/articles/mi_m2005/is_2_37/ai_111897839>.

Carroll, Patrick J. *Blacks in Colonial Veracruz: Race, Ethnicity, and Regional Development*. Austin, Texas: University of Texas Press, 1991.

Cerdan, Raquel Torres, and Doris Elena Careaga Gutierrez. *Recetario afromestizo de Veracruz*. 1st ed. Vol. 2. México, D.F.: Dirección General de Culturas Populares e Indígenas, 2003. 1-83.

Clark, Jonathan. "Here in Mexico, I am a Man." *Miami Herald, México Edition*. February 22, 2004.

Cockcroft, Eva, James Cockroft, and John Weber. *Toward a People's Art: The Contemporary Mural Movement*. New York: E. P. Dutton & Co., Inc., 1977.

Cole, Maria, and Louie Robinson. *An Intimate Biography of a Beloved Star: Nat King Cole.* New York: William Morow & Co., Inc., 1971.

"De Familias y Calidades en el México Colonial," *Saber Ver, Lo Contemporáneo del Arte: La Nación Mexicana Retrato de Familia*. México D.F.: Fundación Cultural Televisa, 1989: 17-25.

De la Parra, Manuel González. *Luces de Raíz Negra*. Spain: Universidad Veracruzana, 2004.

de León, Arnoldo. *Racial Frontiers: Africans, Chinese, and Mexicans in Western America, 1848-1890*. Albuquerque, NM: University of New Mexico Press, 2002.

Díaz Pérez, María Cristina. *Queridato, matrifocalidad y crianza entre los Afromestizos de la Costa Chica.* México, D.F.: Consejo Nacional para la Cultura y las Artes, 1a edición 2003.

Dillon, Merton L. *Slavery Attacked: Southern Slaves and Their Allies: 1619-1865*. Baton Rouge, LA: Louisiana State University Press, 1990.

Dzidzienyo, Anani, and Suzanne Oboler, eds. *Neither Enemies Nor Friends: Latinos, Blacks, Afro-Latinos.* New York: Palgrave Macmillan, 2005.

Emanuel, James A. *Langston Hughes.* New York: The City College of the City University of New York, 1967.

Finnegan, Michael, and Mark Z. Barabak. "Villaraigosa's Support goes Beyond Latinos." May 19, 2005. Los Angeles Times Online. October 5, 2005 <https://ensim3.interlix.com/zope/antonio2005.com/news?id=0088>.

Flug, Michael, Cynthia Fife-Townsel, and Belinda L. Robinson-Jones. January 2000. "Chicago Renaissance: 1932-1950: A Flowering of Afro-American Culture, Images, and Documents from the Vivian G. Harsh Research Collection." Chicago Public Library Digital Collections. October 4, 2005 <http://www.chipublib.org/digital/chiren/>.

Gehman, Mary. 2001-2002. "A scholar researches the descendants of Creole émigrés who fled racial prejudice." *Louisiana Cultural Vistas*. Louisiana Endowment of the Humanities. November 23, 2005 <http://margaretmedia.com/mexico-creole/connection.htm>.

Gleaton, Tony. *Contact Sheet.* Syracuse, New York: Light Work Inc., 2002.

———. "Mexico Letters." Personal Correspondence. January 1, 1985 – April 1, 1985.

———. "Tengo casi 500 años." Artist's Statement for the exhibition *Tengo Casi 500 Años: Africa's Legacy in Mexico, Central and South America, Photographs by Tony Gleaton.*

Gray, Mary Lackritz. *A Guide to Chicago's Murals*. Chicago, IL: University of Chicago Press, 2001.

Grossman, Ron, and Hal Dardick. "Honored by city, still disdained by cops . . ." *Chicago Tribune.* May 13, 2004.

Gúzman, Edgar Pavía. *Machomula: Población Negra en Guerrero.* Chilpancingo, Gro.: Cortesia de El Rancho Implementos y productos agropecuarios, 1a edición Enero de 1986.

Haskins, James, and Kathleen Benson. *Nat King Cole*. New York: Stein and Day Publishers, 1984.

Hernández Cuevas, Marco Polo. *African Mexicans and the Discourse on Modern Nation.* Lanham, MD: University Press of America, 2004.

Herzog, Melanie Anne. *Elizabeth Catlett: An American Artist in Mexico*. Seattle, WA: University of Washington Press, 2000.

Hill, Richard, and Peter Hogg. *A Black Corps d'Élite: An Egyptian Sudanese Conscript Battalion with the French Army in Mexico, 1863-1867, and its Survivors in Subsequent African History*. East Lansing, Michigan: Michigan State University Press, 1995.

Horne, Gerald. *Black and Brown: African Americans and the Mexican Revolution,1910-1920*. New York: New York University Press, 2005.

International Workers of the World. "Lucy Parsons: Woman of Will." Lucy Parsons Center. October 5, 2005 <http://www.lucyparsons.org/>.

Katz, William Loren. *Black Indians*. New York: Atheneum Macmillan Publishing Co., 1986.

Katzew, Ilona. *Casta Painting: Images of Race in Eighteenth-Century Mexico*. New Haven, CT: London University Press, 2004.

LeFalle-Collins, Lizzetta and Shifra M. Goldman. *In the Spirit of Resistance / En el espíritu de la resistencia: African-American Modernists and the Mexican Muralist School.* New York: Studio Museum in Harlem, American Federation of the Arts, 1996.

Littlefield, Daniel F., Jr. *Africans and Creeks: From the Colonial Period to the Civil War.* Westport, CT: Greenwood Press, 1979.

Lowndes, Joe. "Lucy Parsons (1853-1942): The Life of an Anarchist Labor Organizer." Free Society. Vol. 2, No. 4 (1995). Lucy Parsons Center. October 5, 2005 <http://www.lucyparsons.org/>.

Martínez Montiel, Luz María. *Presencia Africana en México*. México, D.F.: Consejo Nacional para La Cultura y las Artes, 1a edición 1994.

Matthews, Tracye. *Harold Washington: The Man and The Movement*. Pamphlet from the exhibition *Harold Washington: The Man and The Movement* at the Chicago Historical Society, 2003-2004.

Memoria del V Encuentro de Afromexicanistas en Morelia, Mich., del 25 al 27 de octubre de 1995. Carbajal, María Chávez (coordinadora). El Rostro colectivo de la nación mexicana. Morelia, Michoacán: UMSNH Instituto de Investigaciones Históricas, 1997.

Memoria del 11 Encuentro Nacional de Afromexicanistas. Montiel, Luz Ma. Martinez, Juan Carlos Reyes G., ed. *Afromexicanistas III encuentro nacional de Colima*. Colima, Colima: Gobierno del estado de Colima, 1993.

Menchaca, Martha. *Recovering History, Constructing Race: The Indian, Black, and White Roots of Mexican Americans*. Austin, TX: University of Texas Press, 2003.

Mulroy, Kevin. *Freedom on the Border: The Seminole Maroons in Florida, the Indian Territory, Cuahuila, and Texas*. Lubbock, TX: Texas Tech University Press, 1993

Murray, Bobbi. "Black, White, and Brown All Over." May 5, 2005. *Los Angeles City Beat*. October 5, 2005 <http://www.lacitybeat.com/article.php?id=2018&IssueNum=100>.

Page, Clarence. "Judging the Content of a Cartoon." *Chicago Tribune*. July 13, 2005.

Palmer, Colin A. *Slaves of the White God: Blacks in Mexico, 1570-1650*. 1st ed. Vol. 1. Cambridge: Harvard University Press, 1976.

Paral, Rob and Timothy Ready. "The Economic Progress of US- and Foreign-Born Mexicans in Metro Chicago: Indications from the United States Census." *Research Reports*. Vol. 2005.4. University of Notre Dame, Institute for Latino Studies, May 2005.

Parsons, Lucy. "The Principles of Anarchism: A Lecture by Lucy E. Parsons." (ca. 1878). Lucy Parsons Center. October 5, 2005 <http://www.lucyparsons.org/>.

Peters, Troy. "Understanding Pickanninies and Improving the Race." July 21, 2005, Issue 147. Black Commentator. October 5, 2005 <http://www.blackcommentator.com/147/147_guest_peters_pickaninnies.html>.

Pérez-Rocha, Emma and Gabriel Moedano Navarro. *Aportaciones a la investigación de archivos del México colonial y a la bibliohemerografía afromexicanista*. Serie Bibliografías. México D.F., México: Instituto Nacional de Antropología e Historia, 1992.

Price, Richard. *Maroon Societies: Rebel Slave Communities in the Americas*. 3rd ed. Baltimore, MD: The John Hopkins University Press, 1996.

Prignitz, Helga. *El Taller de Gráfica Popular en México: 1937-1977*. México D.F., México: National Institute of Fine Arts (Instituto Nacional de Bellas Artes), 1992.

Prigoff, James, and Robin J. Dunitz. *Walls of Heritage, Walls of Pride: African-American Murals.* San Francisco: Pomegranate, 2000.

Porter, Kenneth W., Alcione M. Amos, and Thomas P. Senter, Eds. *The Black Seminoles: History of a Freedom-Seeking People*. Gainesville, FL: University Press of Florida, 1996.

Rampersad, Arnold, and David Roessel, eds. *The Collected Poems of Langston Hughes.* New York: Alfred A. Knopf, 2001.

Restall, Matthew. *Beyond Black and Red: African-Native Relations in Colonial Latin America*. Albuquerque, NM: University of New Mexico Press, 2005.

Reid Andrews, George. *Afro-Latin America 1800-2000*. New York: Oxford University Press, 2004.

Rippy, J. Fred. "A Negro Colonization Project in Mexico 1895." *Journal of Negro History*, Vol. 6, No. 1 (1921). Chicago: University of Chicago.

Rodríguez, Carlos R. *Versos, música y baile de artesa de la Costa Chica*. 1st ed. Vol. 1. México, D.F.: El Colégio de México, 2004. 1-91.

Singleton, Theresa A., and Mark D. Bograd. *The Archaeology of the African Diaspora in the Americas*. Guides to the Archaeological Literature of the Immigrant Experience in America, Columbian Quincentenary Series, No. 2. Ann Arbor, MI: The Society for Historical Archaeology, 1995.

Sotelo Ríos, Gina. "África en México." Universo No. 134 (1997). October 4, 2005 <http://www.uv.mx/universo/55/index.html>.

——. "No Somos Negros…" Universo No. 55 (1996). October 4, 2005 <http://www.uv.mx/universo/55/index.html>.

Steck Baños, Daniela. *Jamiltepec y sus alrededores*. México D.F.: Palabra en Vuelo, 1a edición 2004.

Sweet, David G., and Gary B. Nash, eds., *Struggle and Survival in Colonial America*, Berkeley: University of California Press, 1981.

Thompson, Ginger. "Uneasily, a Latin Land Looks at Its Own Complexion." May 19, 2005. *The New York Times*. October 5, 2005 <http://www.nytimes.com/2005/05/19/international/americas/19mexico.html?8hpib>.

Triedo, Nicolás. *Ébano*. México, D.F.: Instituto Nacional de Antropología e Historia, 1a edición 1999.

Vaca, Nicolás C. *The Presumed Alliance: The Unspoken Conflict Between Latinos and Blacks and What it Means for America*. New York, NY: Harper Collins, 2004.

Van Sertima, Ivan. *They Came Before Columbus: The African Presence in Ancient America*. New York: Random House Publishing, 1976.

Vaughn, Bobby. "Race and Nation: An Examination of Blackness in Mexico." Mexico Connect. October 5, 2005 <http://www.mexconnect.com/mex_/feature/ethnic/bv/ful.htm>.

Velázquez, Maria E., and Ethel Correa. *Poblaciones y culturas de origen Africano en México*. 1st ed. Vol. 1. México, D.F.: Instituto Nacional de Antropología e Historia, 2005. 1-454.

Vincent, Theodore G. *The Legacy of Vicente Guerrero, Mexico's first Black Indian President*. Gainesville, FL: University Press of Florida, 2001.

Wilson, William. "His Camera is Aiming to Get Past the Subject of Color." *Los Angeles Times*. February 3, 1997.

Winfield Capitane, Fernando. *Cimarrones de Mazateopan* Xalapa Veracruz, Mexico: Editora del Gobierno del estado de Veracruz, 1992.

Wittliff Gallery of Southwestern & Mexican Photography, Wittliff Gallery Series. *The Edge of Time: Photographs of Mexico by Mariana Yampolsky*. Austin, TX: University of Texas Press, 1998.

ya Salaam, Kaluma. *The Oxford Companion to African American Literature*. New York: Oxford University Press, 1997.

Zamudio Grave, Patricia. "La juventud es el precio: Veracruz, los nuevos en la aventura migratoria." *Masiosare*. No. 242, August 11, 2002. Journal of UNAM (Universidad Autónoma Nacional de México). November 25, 2006 <http://www.jornada.unam.mx/2002/08/11/mas-zamudio.html>.

Zimmerer, Kathy. "Tony Gleaton." Art Scene: The Guide to Galleries and Museums of Southern California. October 3, 2005 <http://artscenecal.com/ArticlesFile/Archive/Articles1997/Articles0197/TGleaton.html>.

Other Online Sources:

"Aboard the Underground Railroad: A National Travel Registry Itinerary." Park Net, National Park Service. October 3, 2005 <http://www.cr.nps.gov/nr/travel/underground/>.

"The Black Renaissance in Washington 1920's – 1930's." June 2003. Public Library District of Columbia. October 3, 2005 <http://www.dclibrary.org/blkren/>.

"Elizabeth Catlett." International Sculpture Center. October 5, 2005 <http://www.sculpture.org/documents/catlett/cat_special.shtml>.

"Elizabeth Catlett's Life and Career." Cleveland Museum of Art. October 5, 2005 <http://www.clevelandart.org/exhibcef/catlett/html/4578495.html>.

"History: Brown Berets." October 21, 2005. Watsonville Brown Berets. October 26, 2005 <http://www.brownberets.info/history/>.

Lucy Parsons Project. October 5, 2005 <http://www.lucyparsonsproject.org/>.

"Maxine goes for Antonio." March 24, 2005. LA Observed. October 4, 2005 <http://www.laobserved.com/archive/003275.html>.

National Underground Railroad Freedom Center. October 2005. October 3, 2005 <http://www.freedomcenter.org/index.cfm>.

"Negro League Baseball: Timeline of Events in Professional Black Baseball." Negro League Baseball Dot Com. November 25, 2005 <http://www.negroleaguebaseball.com/timeline.html>.

"Underground Railroad." October 5, 2005. Wikipedia, The Free Encyclopedia. October 5, 2005 <http://en.wikipedia.org/wiki/Underground_railroad>.

"Wall of Respect." American Studies, University of Virginia. October 3, 2005 <http://xroads.virginia.edu/~UG01/hughes/mural.html>.

"What Was the Black Panther Party?" The Black Panther Party. October 26, 2005 <http://www.blackpanther.org/legacynew.htm>.

Videos:

Guerrero Festivo: La Fiesta del Señor Santiago. Conaculta INAH, Museo de las Culturas Afromestizas "Vicente Guerrero Saldaña." Universidad Autónoma del Estado de Morelos, 1992.

La Raíz Olvidada, Nuestra herencia africana: Un documental de Rafael Robollar. México, D.F.: México Antiguo: Imágenes de una cultura. Producciónes Trabuco, 2002.

La Tercera Raíz: Danzas de la Costa Chica. Museo de las Culturas Afromestizas "Vicente Guerrero Saldaña," 2003.

Olivares, Roberto. African blood. Ojo de Agua Comunicación, 2004.

Perversidad Infinita: XV Encuentro de la Danza de Guerrero y Oaxaca. Conaculta INAH: Museo de las Culturas Afromestizas "Vicenta Guerrero Saldaña," 2001.

"The Death of Harold Washington," Harold Washington: On the Air. Chicago, IL: The Museum of Broadcast Communications, 1992.

Additional Reading:

Aguirre Beltrán, Gonzalo. "The Integration of the Negro into the National Society of Mexico." *Race and Class in Latin America*, ed. Magnus Morner. New York: Columbia University Press, 1970.

Aguirre Beltrán, Gonzalo. "The Slave Trade in Mexico." *Hispanic American Historical Review*, 24 (August 1944): 412-31.

Carrera, Magali M. *Imagining Identity in New Spain: Race, Lineage, and the Colonial Body in Portraiture and Casta Paintings*. University of Texas Press, 2003.

Hamilton, Kendra. "The Afro-Mestizo connection: scholars team up to study Southern Mexico's African roots." *Black Issues in Higher Education*. Cox, Matthews & Associates, May 9, 2002.

"Los mexicanos negros, y el mestizaje y los fundamentos olvidados de la 'Raza Cosmica': Una perspectiva regional." *Historia Mexicana*, 44.3 (enero-marzo 1995): 403-438.

Love, Edgar F. "Marriage Patterns of Persons of African Descent in a Colonial Mexico Parish." *Hispanic American Historical Review*, 51 (February 1971): 79-91.

———. "Negro Resistance to Spanish Rule in Colonial Mexico." *Journal of Negro History*, 52.2 (April 1967): 89-103.

"Mandinga: the Evolution of a Mexican Runaway Slave Community, 1735-1827." *Comparative Studies in Society and History*, 19.4 (October 1.977): 488-505.

Ngou-Mve, Nicolas. El Africa Bantu en la Colonización de México: 1595-1640. Madrid: Consejo Superior. ND.

Presencia Africana en México. México D.F.: Dirección General de Culturas Populares, 1994.

Exhibition Credits

The African Presence in México: From Yanga to the Present

Curators
Cesáreo Moreno
Sagrario Cruz Carretero

Exhibition Coordinator
Raquel Aguiñaga-Martínez

Exhibition Design
Cesáreo Moreno
Angelina Villanueva

Registration
Raquel Aguiñaga-Martínez
Rebecca D. Meyers
Andrew Rebatta
Ixchel Fuentes Reyes- Museo de Antropología de Xalapa, Veracruz
Jorge Duarte Bouchez- Museo de Arte del Estado de Veracruz
María del Pilar Leñero de Glennie- Museo Soumaya
María del Refugio Cárdenas Ruelas- Patrimonio Artístico, Banamex

Didactic Panels and Labels
Angelina Villanueva
Claudia Herrera
Raquel Aguiñaga-Martínez

Installation Crew
Cesáreo Moreno
Oscar Sánchez
Raquel Aguiñaga-Martínez
Claudia Herrera
James Perry
Luis Tubens
Joe Rodriguez
Jorge Duran
Rudy Hernández
Raul Lopez
Frank García
Leo Ruíz
Victor Pérez
Analu María López

Who Are We Now? Roots, Resistance, and Recognition

Curator
Elena Gonzales

Exhibition Design
Angelina Villanueva
Elena Gonzales

Registration
Rebecca D. Meyers
Raquel Aguiñaga-Martínez
Andrew Rebatta

Installation
Oscar Sánchez
Jorge Duran
Frank García
Rudy Hernández,
Analu López
Victor Pérez
Jim Perry
Joe Rodriguez
Leo Ruíz
Luis Tubens

Labels and Texts
Elena Gonzales
Dolores Mercado
Nancy Villafranca

Design and Production of Labels, Text, and Graphics
Angelina Villanueva
Citlali Díaz
Claudia Herrera
Raquel Aguiñaga Martínez
Jeannette Rocha

Translation
Clara Lozano

Editors
Laurence Gonzales
Carolyn Lorence

Sponsors:

This exhibition has been made possible by
Esta exposición es presentada por cortesía de

National Sponsor:

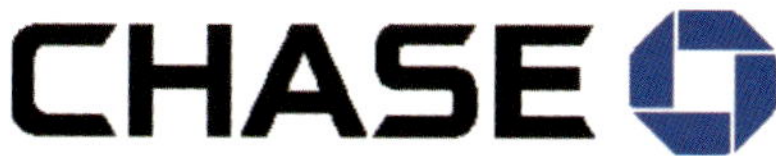

Chicago Sponsors:

Sara Lee Foundation

The Boeing Co.

Additional Exhibition Sponsors:

Wallace Foundation

National Endowment for the Arts

Polk Bros. Foundation

Kraft Foods

Woods Fund of Chicago

Ford Foundation

Joyce Foundation

Albert Pick, Jr. Fund

Nathan Cummings Foundation

Chicago Public Schools

Chicago Park District

Chicago Department of Cultural Affairs

Illinois Arts Council

Media Sponsor:

Radio Arte 90.5 FM

The African Presence in México Steering Committee

Carlos Tortolero
Juana Guzmán
Randy Adamsick
Raquel Aguiñaga-Martínez
Jacqueline Atkins
Sagrario Cruz-Carretero
Amina Dickerson
Elena Gonzales
Joan Gray
Maria Rosario Jackson
Tracye Matthews
Ricardo Millett
Cesáreo Moreno
Angela Rivers
Phillip Thomas
Jorge Valdivia
Nancy Villafranca

MEXICAN FINE ARTS
CENTER MUSEUM

Staff

Administration
Carlos Tortolero - President
Juana Guzmán - Vice President
Rachel Blanco - Special Events Coordinator/ Administrative Office Manager
Sonia González - Special Events Associate Coordinator
Antonio Rosales - Receptionist
Alma Delia Hernández - Administrative Assistant

Business Office
Silvia Z. Cisneros - Chief Financial Officer
Eimy Rosales - Associate Business Director
Melissa Herrera - Administrative Assistant

Development
Randy Adamsick - Development Director
Elena Gonzales - Associate Development Director
Juan Francisco Orozco - Development Program Officer
C. Sophia Kintis - Development Program Officer

Public Relations
Bonny Martinez - Publicity Coordinator

Education
Nancy Villafranca - Education Director
Dolores Mercado - Sr. Arts Education Coordinator
Montsserrat Hernández - Museum Educator
Gabriel Villa - Yolocalli Arts Reach Coordinator
Argelia Morales - Education Programs Coordinator

Education Tour Guides
Luis Tubens, Luis Guzmán, Rayberth Arroyo, Carina Yepez, Crystal Barrios, Marilyn Lara, Vanessa Sánchez and Jose L. Gutierrez

Gift Shop
Raquel Rios - Retail Manager
Maria Tortolero - Associate Retail Manager
Maria Luisa Estanislao - Gift Shop Assistant
Eric Leon - Gift Shop Assistant
Analí Guzmán- Gift Shop Assistant

Museum Image & Design
Angelina Villanueva - Museum Image & Design Director
Yolanda Rolón- Production Assistant

Permanent Collection
Rebecca D. Meyers - Registrar/ Permanent Collection Director
Andrew Rebatta - Preservation and Research Assistant

Visual Arts
Cesáreo Moreno - Visual Arts Director/Curator
Raquel Aguiñaga-Martínez - Visual Arts Associate Director and Registrar for Incoming Loans
Oscar Sánchez - Arts Preparator
Claudia Herrera- Visual Arts Assistant

Operations
Ignacio Guzman - Building Operations Consultant
Juan Lopez - Operations Assistant
Luis Martin Gámez - Maintenance Supervisor
Lucas Martínez - Custodian
Enrique Huizar - Custodian

Performing Arts
Jorge Valdivia - Performing Arts Director

Radio Arte WRTE 90.5 FM
Silvia Rivera - General Manager
Monica Ferro - Associate General Mgr.
Shaaron L. Resendiz - Training Program Director

Mission

To sponsor special events and exhibits that exemplify the rich variety in visual and performing arts found in the Mexican culture;

To develop, preserve, and conserve a significant permanent collection of Mexican art;

To encourage the professional development of Mexican artists; and

To offer educational programs